RIEN D'AUTRE QUE LA VIE

CLAIRE CASTI DE ROCCO

City
Roman

Couverture : © Fotolia / Angelus Photography / Déborah Pierrat
ISBN : 978-2-8246-1001-6
Code Hachette : 69 3977 2

Collection dirigée par Christian English & Frédéric Thibaud
Catalogue et manuscrits : city-editions.com

Dépôt légal : Juin 2017

« [...] nous restons vivants tant que quelqu'un se souvient de nous. »

Carlos Ruiz Zafón

Pour Raphaël et Arthur.

À Jacquelin,
qui a rejoint les étoiles.

Prologue

Il est parfois curieux de constater à quel point les joies de la vie sont incertaines. On pleure en riant, on rit en pleurant, c'est déconcertant… Surprenant, même. La vie est une route semée d'embûches.

Je l'aime et je la déteste. Elle me sied quand cela m'arrange et me fait sombrer dans les pires désillusions quand je suis dépassée, lorsqu'elle me déçoit. Surtout quand je ne m'y attends pas. Je reste seule, à méditer. J'ai l'impression que personne ne me comprend. La mémoire pleine de mes meilleurs souvenirs, j'ensevelis mes peines au fond de moi, en me disant qu'après tout, beaucoup sont passés par là. D'autres ont connu les pires malheurs, sans parler de guerres ou d'accidents, de détention, de crimes sans nom. Je ne parle pas non plus de désespoir tranquille, cette dépression qui s'installe et paralyse tous vos rêves, pour tuer vos beaux projets. Non. Je parle de la douleur du passé, de cette petite musique qui fait mal et qu'on appelle mélancolie.

Quand votre vie se vide et que vous vous sentez seul, affreusement seul. Les douleurs mûrissent, grandissent, et on attend chaque fois leur total épanouissement pour en guérir. Personne n'ignore qu'une plaie mal pansée ne pourra se fermer de la façon qui convient. Je sais que je suis épargnée des plus pesantes souffrances de ce monde, mais rien ne défend mon âme de se désoler, pessimiste. De toute évidence, d'autres maux verront le jour alors que je ne m'y attendrai pas. À coup sûr, il y aura des joies aussi. Ainsi va la vie. Elle nous condamne, nous met à l'épreuve. Du bonheur qui devient lourd naîtront de l'anxiété, de mauvais pressentiments… Alors apparaîtront des déceptions qui reviennent de loin. C'est souvent comme cela que les choses se passent. C'est un cycle. Une fatalité. Et la durée en est variable.

Pas facile, la pensée positive, quand les défaites se succèdent, quand les échecs se multiplient. Envolés, les moments de liesse, les éclats de rire, la belle complicité.

Alors, comment remonter cette pente devenue raide sans se plonger dans le désespoir d'un regard sur le passé ? Revenir en arrière et tourner les rouages du temps, avec recul et bienveillance : telle est la clef. De la nostalgie, pas de la mélancolie.

Je vais vous parler d'une période qu'il m'a été donné de connaître un jour dans ma vie, de personnes qui ont jalonné de rires un passage de cette existence qui est la mienne. Une infime partie où se mêlent partage et sensibilité. Des morceaux de vie, oscillant entre complicité et amitié fraternelle, un peu à l'image d'une famille. Ce que j'ai découvert en eux a dépassé mes convictions en matière d'amitié sincère. À leur contact, mes préjugés ont été écartés de façon radicale, comme autant d'erreurs de parcours qui nous déroutent un peu plus chaque jour. Leur fidélité sans bornes, leurs intentions, loyales, m'ont démontré qu'une jeune fille peut s'amuser sans réticence avec une bande de garçons, et ne pas être l'objet de propos douteux. Plus âgés que moi, plus mûrs, ce sont des personnes remarquables avec qui j'ai eu la chance de vivre des aventures de jeunesse exceptionnelles. Aujourd'hui ma vie est vide de leur présence et de leurs voix.

Je vais vous décrire des instants presque sans taches, pleins de promesses… Et vous parler d'un homme que j'ai adoré tant, que je suis incapable de démêler l'amitié de l'amour.

Je vais vous faire entrer dans une époque formidable.

Anna, 1992.

1

La nouvelle

Septembre 2007

Des cartons entassés çà et là jonchaient le sol, éparpillés aux quatre coins de la pièce principale. Tout dans ces lieux n'était que poussière. Laurent n'était plus, et faire le tri dans ses affaires était une corvée pour Lise. Elle savait cette opération incontournable, nécessaire, mais ô combien pesante à son goût. Tout près d'Orléans, la petite maison enfouie sous les arbres, baignée dans la pénombre de cette fin d'après-midi, dominait un jardin à l'abandon. Dans le salon où ils étaient installés, seuls les rayons d'une lumière diffuse filtraient à travers le carreau exposé à l'ouest.

— Regarde ce que j'ai trouvé… annonça Sébastien, en haussant les sourcils.

— Tiens, une photo… Jamais vue, fit Lise, avec un sourire teinté de mélancolie.

— Et c'est étrange, regarde : il y a une lettre avec, on dirait…

La jeune femme s'empara des documents posés sur le bureau d'un geste plus brusque qu'elle ne l'aurait voulu.

— Montre. C'était son écriture. L'écriture de Laurent.

Les yeux de Lise, trente-deux ans, s'emplirent de larmes une nouvelle fois. Sa voix chevrotait. Elle s'était assise pour déplier la feuille qu'elle sentait frêle entre ses mains.

Elle parcourait à présent la fine écriture, sobre et minutieuse. Ses yeux caressaient le papier, l'embrassaient, avides des lignes rédigées de la main de son frère, à la recherche des dernières traces qu'il avait laissées. Des vestiges d'une vie si vite envolée. Son compagnon, en retrait, avait pris place sur le fauteuil voisin du sien. Mal à l'aise, il attendait, n'osant rompre ce moment si intime. Un moment qu'il sentait important pour elle.

Ils étaient la sœur et le meilleur ami respectifs de Laurent. Et ils formaient un couple. La vie fait parfois d'étonnantes associations.

Laurent, du haut de ses trente-six ans, était décédé une journée plus tôt. Une âme envolée, entre brusquerie et ironie du sort. La maladie ne l'avait pas laissé en réchapper. Le cancer des poumons, sombre et sournois, n'avait pas eu pitié… Il était déjà installé, perfide, quand se manifestèrent des toux chroniques vaguement louches, des douleurs thoraciques permanentes. Mais c'était trop tard. Il l'avait assailli en traître, indélogeable parasite. Et Laurent avait dépéri pendant près d'un an.

Il s'était séparé d'Amélie, deux ans plus tôt. Il laissait derrière lui deux enfants de six et neuf ans. Son ex-compagne, d'ailleurs, devait débarquer d'un instant à l'autre pour récupérer des effets leur appartenant, ainsi que des objets personnels de Laurent, qu'elle leur remettrait plus tard. Amélie et Laurent ne s'étaient jamais mariés.

Sa lecture terminée, Lise observa la photo, les joues ruisselantes de larmes. Son œil sagace se posa sur les traits fins de la jeune femme qui étreignait Laurent. Ce n'était pas Amélie. C'était bien avant. Cela datait d'au moins quinze ans en arrière, d'après un bref jugement de l'air juvénile de son frère. Ils devaient avoir dans les vingt ans tous les deux… Laurent affichait une légère gêne, pétrie de fierté, et néanmoins trahie par une retenue un peu alanguie. Il n'avait jamais été très démonstratif en amour. Mais là… Lise fut forcée de reconnaître qu'il ne s'agissait pas d'amitié. Non, Laurent ne se serait pas laissé enlacer de cette façon, même pour une photo. Il semblait s'enivrer du parfum de cette fille, et Lise se surprit à penser que la main d'ordinaire si timide de son frère emprisonnait son épaule pour mieux la retenir, la ramener plus près de lui. Elle détailla enfin la jeune femme. Jolie. Brune, les cheveux longs. Insouciante. Et surtout, amoureuse. Ses yeux étaient éclairés du feu brûlant de la passion, ses joues, rosies de l'ardeur de la jeunesse. Sorte de bonheur perdu au milieu du temps. Car c'était bien cela. Ils incarnaient l'amour. Lise retourna la photo à peine écornée. « Laurent et Anna – Juin 1992 » était inscrit au dos. Écriture inconnue. Laurent avait dû en prendre grand soin, vu son état intact. Que fabriquait-il avec cette photo ? Pourquoi avoir écrit cette lettre ?

— Qui est cette superbe fille ? demanda Sébastien, sans préambule.

— Je ne sais pas…

— Tu ne la connais pas… ?

— Non.

Lise, muette, fixait la vieille moquette, la mine songeuse.

— Jamais vue ?

Elle fit un signe de négation de la tête, les yeux dans le vague. Ses cheveux, ébouriffés, accentuaient l'incrédulité peinte sur son visage.

— La lettre… Elle lui est destinée ?… À la fille de la photo ? se hasarda-t-il, l'étincelle de la curiosité dans les yeux.

— Oui, il faut croire. Elle s'appelle Anna, c'est forcément la même.

— Fais voir, fit-il en tendant le bras vers elle.

Il examina les inscriptions au verso.

— C'était il y a quinze ans… constata-t-il.

— Oui. Une partie de son passé qu'il ne nous a pas racontée. Tu le connais, il n'était pas très expansif.

— Ce devait être au moment de ses études en dehors du département. Cela correspond à cette période.

Sébastien l'observait d'un regard en coin, guettant sa réaction. En posant la photo à côté de Lise, il s'aventura à lui demander :

— Et alors, que dit-elle, cette lettre ? Tu avais l'air bouleversée.

— Tiens… balbutia-t-elle dans un sanglot, en se levant.

Sébastien, hébété, prit la feuille qu'elle lui tendait de sa main tremblante. Il savait à quoi s'attendre. Car, s'il avait su masquer le secret de Laurent pendant des années à Lise, ce n'était pas pour tout lui dévoiler, maintenant qu'il était mort. Lise découvrirait elle-même ce que Laurent souhaitait qu'elle accomplisse. Il se rappela ce qu'Anna avait représenté pour Laurent. Et il n'en était resté que l'écume d'un amour inachevé, le sel de ses sentiments inavoués. Son regard troublé de l'émoi qui s'était invité en lui, Sébastien se redressa comme il commençait à lire, tandis que Lise s'éloignait, chancelante, vers la cuisine.

*

— Tu es vraiment impossible !

— Non, je suis juste sur les nerfs… Tu me tapes sur le système, j'ai beaucoup de mal à faire face en ce moment, expliqua Anna, essoufflée. Ses joues rouges venaient animer un visage trop pâle ces derniers temps.

— Ça va être ma faute maintenant ! s'indigna Guillaume en haussant ses épais sourcils bruns.

— On t'a déjà dit qu'il ne faut pas contrarier une femme enceinte ? Tu en as eu l'expérience deux fois déjà, quand même.

— J'imagine bien qu'à presque huit mois c'est dur, mais

ce n'est tout de même pas la peine de m'en faire subir les conséquences… ! maugréa-t-il en tirant une chaise pour s'asseoir.

— Tout ce que je veux, c'est que tu m'épaules. Je me sens pas épaulée, là comme ça…

Son visage fané lui montrait combien elle était lasse.

— C'est un dialogue de sourds, là… soupira-t-il en ouvrant la fenêtre.

Sa voix était devenue rauque, un peu voilée, même. Il roulait de gros yeux, au comble du désespoir. Elle terminait de remplir le lave-vaisselle, sans égard pour les casseroles et les plats qui s'entrechoquaient.

Dehors, les cris d'enfants qui jouaient s'amplifiaient, une odeur de grillades se répandait. Guillaume songea soudain que les voisins, même à trente mètres, pourraient entendre leur querelle. Il se radoucit, et tenta de conclure, en se levant :

— On ne se comprend plus. On discutera de tout ça plus tard. Tu es exténuée, va donc te reposer.

Elle se retourna d'un coup, balayant l'air de ses cheveux devenus électriques. Sa mine rougie, ses yeux plissés, exprimaient toute sa colère.

— Exténuée ? Moi ? C'est sûr que quand je te vois assis sans rien faire, je commence à l'être, exténuée !

Il souffla et se rassit, lassé de cet échange stérile.

— Anna, tu veux toujours tout diriger. Tout ce que je fais, ça ne te plaît pas. Ce n'est jamais fait comme tu voudrais. Je te connais par cœur. Voilà pourquoi j'ai laissé tomber avec toi. Mais encore une fois, on tourne en rond…

À peine cette dernière phrase fut-elle achevée qu'elle quitta la pièce en claquant la porte, le laissant pantois sur sa chaise. Le soleil, piquant, perçait à travers la vitre de la véranda. Celle-ci, attenante à la cuisine, la prolongeait. Édifiée sur le flanc de la ferme à colombages, elle s'ouvrait sur une cour pavée ornée d'un jardin fleuri. Dommage que l'automne arrivât… Leur petit village de Normandie avait encore des accents estivaux à cette période.

Cette matinée mouvementée laissait Guillaume perplexe. Près de quinze ans de vie conjugale avec Anna venaient de s'écouler. Il avait beau se défendre de vouloir décharger sa femme, il ne tentait plus de l'apaiser, puisqu'elle persistait à se comporter en éternelle insatisfaite. Il attribuait la manifestation de son mauvais caractère à sa grossesse, la fatigue prenant le dessus un peu plus chaque jour. En dépit de tout cela, il avait le sentiment de s'occuper à merveille de ses deux filles. Marianne, la ténébreuse, une adolescente de tout juste quatorze ans, indépendante et secrète ; et Lilou, un bout de chou de quatre ans et demi, pleine de vie, représentaient à elles deux le trésor de leur petite famille.

Guillaume était un homme tranquille. Ses trente-sept ans lui conféraient respectabilité et crédibilité, mais il ne se prenait pas le moins du monde au sérieux. C'était un grand enfant. À l'image des adolescents, il s'habillait très large, plutôt « cool ». Il pouvait passer des heures en pyjama à taquiner le clavier de son ordinateur, ce qui avait le don d'exaspérer Anna. De façon paradoxale, il était assez manuel, sa créativité n'avait de cesse d'étonner son entourage. Encore fallait-il qu'il ait de bonnes idées de décoration pour la maison ou pour l'ornementation du jardin. Frôlant l'obsession, son goût pour la perfection avait le don d'être une source d'agacement pour beaucoup. Son métier de technicien informatique l'y obligeait certes, et même dans sa vie privée, le travail bien fait s'imposait comme une évidence dans tout ce qu'il entreprenait. Rares étaient les fois où il s'énervait.

Sa peau mate donnait à Guillaume un petit air d'Italien du Sud. Grand, brun. Robuste. Son regard teinté de gris, jamais triste, était pénétrant car il était vrai. C'était un sportif, adepte de course à pied, qu'il aimait pratiquer avec Anna.

Ces derniers temps, Guillaume avait mis de côté le sport pour mieux gérer les enfants. Du reste, il se retranchait davantage derrière son ordinateur et ses jeux, lesquels, selon Anna, n'avaient ni queue ni tête. Mais ces activités, qui semblaient inutiles, le détendaient. La part du quotidien avait pris tant d'ampleur ces semaines passées, qu'il avait un grand besoin d'isolement pour faire face aux changements qui s'opéraient.

L'arrivée inattendue de Marianne au tout début de leur relation n'avait pas facilité les choses. Anna et Guillaume avaient vécu une quantité d'événements depuis leur rencontre. Ils étaient tombés l'un sur l'autre, dans l'une des bibliothèques de Caen, un heureux hasard. Il commençait alors son premier job de technicien informatique. D'innombrables beaux moments avaient succédé, des déboires aussi. Quatre années en arrière, à l'arrivée de Lilou, ils avaient bien failli se séparer. Quelle catastrophe cela aurait été pour les filles... La vie n'était pas meilleure non plus en ce moment. Il fallait croire qu'aux perturbations à venir, tout basculait. La peur de l'avenir, l'angoisse de l'inconnu. Une anxiété s'installait et fragilisait les caractères, chamboulait le semblant d'harmonie déjà précaire, presque instable.

Anna, trente-trois ans, était sans conteste la femme la plus admirable qu'il ait connue jusqu'à ce jour, et son épouse depuis dix ans. Débordante de vie, cette grande et jolie brune à la longue crinière était professeur de sport dans un collège. Le charme de son envoûtante voix grave exerçait toujours son effet de fascination sur Guillaume. Sa silhouette évoluant au fil des mois, fine et imparfaite à la fois, lui allait à ravir. Son caractère était loin d'être facile, mais le sachant, il n'avait jamais cherché à lui en faire changer et, la plupart du temps, s'en accommodait sans rechigner. Au contraire, le côté bienveillant de Guillaume venait à point pour tempérer le trop-plein d'ardeur d'Anna. En arrêt depuis deux mois maintenant, elle sentait cette inactivité forcée lui peser comme un poids mort. Et elle disposait d'un peu plus de raisons valables de faire rugir son foutu tempérament.

Il savait qu'il devait se modérer encore. Le visage défait de sa femme le lui faisait trop bien comprendre. Quelle difficulté pour lui qui, bientôt à bout de nerfs, s'abstenait de le montrer. Il s'interrogeait sur les prochaines années de cet avenir à cinq, sur les combats qu'il leur faudrait encore mener, quand la sonnerie du téléphone vint le tirer du vagabondage de ses pensées moroses.

Il y répondit sans grand entrain.

— Allô oui ?… Non, c'est Galion notre nom… Oui. C'est ça. C'est ma femme, oui.

Silence. La mine surprise qu'il affichait ne le quitta que lorsqu'il se leva.

— Attendez, vous voulez bien ? Je vais vous la chercher.

Le combiné à la main, il sortit par le vestibule, les sourcils froncés, ne sachant où la trouver d'emblée.

— Anna, téléphone ! jeta-t-il à la volée en traversant le rez-de-chaussée.

Il continuait de marcher, troublé, arpentant la maison de pièce en pièce. Comme dans un jeu de cache-cache, il prit une expression amusée :

— Anna… Où es-tu… ?!

Il enjamba les trois premières marches de l'escalier qui menait à l'étage.

— Anna ?

Il continua. Arrivé au premier niveau, il entra dans leur chambre.

Il s'immobilisa, regarda autour de lui.

— Anna, tu es là ?

C'est là qu'il la vit adossée au mur perpendiculaire à la fenêtre ouverte. L'air frais du matin se répandait par vagues légères, et on entendait le chant des oiseaux. C'était agréable. Anna aimait s'accouder à la fenêtre pour respirer la campagne.

— Anna, ma chérie, téléphone pour toi, annonça-t-il d'une voix douce.

— Je l'ai entendu sonner. Je pensais que c'était ta mère, dit-elle sans grand intérêt.

Elle ne le regardait pas. Sous son attitude détachée, son profil affichait sa rancœur. Il sentait sa colère pas tout à fait refroidie.

Elle leva soudain la tête, ses longs cheveux noirs en bataille, puis oscilla, demandant avec une curiosité manifeste, l'œil étincelant :

— C'est qui ?

— C'est une certaine Lise. (Il avait plaqué contre lui l'émetteur du combiné pour que son interlocutrice n'entende pas.) Et le truc surprenant, c'est qu'elle t'a demandée par ton nom de jeune fille.

Les yeux qu'elle écarquillait ne cachèrent pas son étonnement. Ils s'éclairèrent soudain d'une lumière troublante. De sa vie, elle n'avait entendu qu'une seule fois ce prénom. *Lise.*

— Ah… ? Et que me veut-elle ?

— Aucune idée… Tiens, lâcha-t-il en lui présentant le sans-fil.

Elle agrippa le combiné en fronçant les sourcils, le colla à son oreille puis, sans se presser, passa devant lui. Guillaume la regarda se diriger vers le bureau. Il entendit le bruit d'une porte que l'on ouvre, puis les bribes d'une conversation feutrée, masquée par le vrombissement d'une tondeuse à gazon. Sans se poser de questions, il s'éloigna à petits pas rejoindre les marches de l'escalier.

2

La décision

Anna sentait palpiter son cœur sous sa poitrine gonflée et, haletante, tentait d'apprivoiser le peu de souffle qui lui restait. Elle s'était assise dans le grand siège face à l'antique bureau, devenu le témoin de bien des maux.

Le téléphone posé près de sa main encore moite, elle venait de mettre fin à cette conversation aussi improbable qu'insensée. Affalée, enceinte quasi jusqu'au cou, la nouvelle l'avait touchée au plus profond de son être. La peau de son ventre rond était tendue, comme prête à se fissurer. Elle souleva sa tunique pour mieux jauger avec ses mains. Ses veines, bleues, en marbraient la surface. À l'intérieur, tout se contractait. La douleur, intense, la tenait immobilisée.

Laurent n'était plus. Que penser maintenant ? Après ce que sa sœur, cette Lise, venait de lui révéler…

Une lettre.

Une lettre qui parlait d'elle, de moments qu'ils avaient vécus peut-être, qui s'adressait à elle. Elle se rappelait presque la chaleur de la peau de Laurent en cet été 1991. Son parfum enivrant lui revenait. Force fut de constater que lui non plus ne l'avait pas oubliée après toutes ces années. Elle en était chamboulée… En quelques minutes, elle avait été transportée dans le passé. Pantelante, sa respiration redevenait mesurée, mais la tiédeur de ses mains égalait à peine leur tremblement. Le flot continuel de ses interrogations lancinantes, dérangeantes, lui donnait le tournis. Son corps se trouvait gorgé de palpitations étranges.

Elle avait follement pensé à lui, quand ils se séparèrent, des années plus tôt. De nombreuses fois. Tous les jours, même. Quand il avait dû partir pour ne plus jamais revenir à elle, il avait hanté tous ses rêves. Elle l'avait imaginé, lui et sa vie trépidante. Toujours joyeux, avec ses amis, ceux de chez lui, qu'il connaissait depuis des années. Puis dans les bras d'une autre… Heureux. Ensuite, elle y avait de moins en moins songé. Puis elle l'avait oublié… Là, tapi dans un coin de son esprit. De son cœur aussi. Il dormait quelque part en elle. Toujours le sourire taquin, l'air désinvolte. Père d'un ou deux enfants sans doute, marié peut-être.

Mais là, quel bouleversement s'opérait. Il était mort. La vérité toute crue. Et c'était elle qu'on avait appelée. Anna Galion. Peut-être avait-il dressé une liste des personnes qui avaient compté ? Jusqu'à la fin, il avait pensé à elle. Inouï que tout cela. À la fois flatteur, mais culpabilisant, et déchirant pour toute femme ayant refait sa vie *après*. Toutes ces années qu'ils n'avaient pas passées ensemble.

Lise avait lu à Anna deux passages de la lettre au téléphone. Son cœur en était encore tout secoué. Quel choc… Maintenant, elle devait en parler à Guillaume. Il lui fallait avouer son désir irrépressible de se rendre à l'enterrement, ce qu'il désapprouverait à n'en pas douter, vu sa grossesse déjà bien avancée. De Caen à Orléans, il y avait quand même trois cent cinquante kilomètres. Elle-même était partagée : elle y tenait, elle voulait, elle *se devait* d'y aller. Prête à se disputer avec Guillaume, s'il le fallait. Laurent comptait sur sa présence, elle le savait maintenant. Mais dans son état, n'était-ce pas la chose *à ne pas faire* ? Le risque de trop ?

Il fallait qu'elle y aille. Et il y avait cette lettre. Elle avait à cœur de la récupérer. Même si cela lui faisait mal d'y penser, mal de lire son contenu, et qu'il était éprouvant d'entreprendre un tel voyage… Sans parler du moment de l'enterrement, qu'elle redoutait, triste à jamais. Comment était-ce arrivé ? Un cancer à trente-six ans ? Comment aurait-elle pu se figurer pareil sort pour un être si cher à son cœur, qu'elle croyait avoir négligé dans sa mémoire ? Un amour de jeunesse, une amitié intense, trop vite éteinte.

Il avait quand même eu deux enfants. Quel malheur… La dénommée Lise attendait son appel dans la soirée. Rien de plus n'avait été dit. « Je vous appelle car mon frère Laurent est décédé hier [...] J'ai trouvé sur son bureau une lettre qu'il a écrite pour vous, et une photo sur laquelle vous apparaissez – enfin, c'est ce qu'il y a d'écrit dessus… Je me suis dit que vous voudriez peut-être les récupérer en mains propres. »

Et c'est en la questionnant, abasourdie par le chagrin qui sourdait en elle à l'annonce de cette nouvelle, inattendue, qu'Anna comprit qu'il était nécessaire qu'elle aille à ces funérailles. Pour Laurent, pour elle, pour clore un chapitre resté trop longtemps en suspens.

Perdue dans le méandre de ses souvenirs, elle se remémorait les faits, d'aussi loin qu'ils fussent arrivés. Quinze ans. Quinze ans qu'il était parti sans prévenir. Quinze années d'existence de leurs aventures enfouies, enterrées là, dans son âme solitaire. La petite voix en elle lui enjoignait de ne pas s'attarder sur ces rives abandonnées. Mais les choses paraissent toujours plus belles quand on les perd…

Devoir se remettre debout lui arracha un cri et, en sueur, elle délaissa le lourd fauteuil encore chaud. Partie retrouver son mari, convaincue de son aptitude à lui expliquer la situation sans heurt, elle avait à cœur de lui faire comprendre le sens de sa décision. Un dernier geste de sa part… Ce n'était pas impossible à accomplir ? Ses pas la portaient plus vite qu'elle ne le souhaitait, et, non préparée, elle se retrouva nez à nez avec Guillaume près du potager qu'il était sur le point d'arroser.

*

C'était une belle journée de fin d'été, d'un mois de septembre à demi consommé. Marianne aimait la clarté de ces jours-là pour passer de longues heures à jouer de son piano, ou écouter les grands compositeurs classiques qui la faisaient vibrer. Le souffle léger du vent venait lui chatouiller les narines chaque fois qu'elle ne fermait pas la fenêtre.

Elle n'avait plus que trois heures de cours et elle entrait dans un week-end on ne peut plus contrarié. Pas facile, la vie d'adolescente… Et la sienne se compliquait entre incompréhension et abattement, ces derniers jours. Elle avait de nombreux amis, autant garçons que filles, mais elle s'était disputée avec l'une de ses bonnes amies. À vrai dire, avec sa meilleure amie, Julie. Elle ne savait comment s'y prendre pour voir revenir leur entente. Mais un problème en appelle souvent un autre… Et c'est tourmentée comme jamais qu'elle vivait cette rentrée récente.

Marianne était entière. Très intelligente, un caractère fort, et surtout, faite de cette sensibilité qui caractérise si bien sa mère. Impénétrable et parfois ombrageuse, elle se renfermait sur elle-même au moindre conflit. Autonome, d'une maturité précoce, elle faisait la joie de ses parents. Elle était dotée d'une étonnante débrouillardise. Brillante élève pour sa dernière année au collège, elle suscitait la jalousie manifeste d'autres élèves, et dont elle se serait bien passée d'ailleurs. Plutôt de grande taille, son corps gracile abritait de belles formes. Sous le poids de ses cheveux clairs, elle rayonnait au fil de ses humeurs changeantes. Marianne était l'ombre, la lumière, le soleil de son jeune âge. Elle était tout cela à la fois, et se voyait adorée dans son cercle amical.

Puis il y avait eu cette dispute avec Julie, et si regrettable soit-elle, elle avait bien eu lieu la veille. Marianne en faisait encore les frais. Son amie ne semblait pas avoir l'intention de lui pardonner ses sombres paroles, que Marianne, amère, regrettait déjà. Parce qu'elle avait une réelle foi en l'amitié, et qu'elle pensait que la fidélité en était un pilier, elle ne parvenait à se résoudre à perdre l'espoir d'une proche réconciliation. Et quand bien même la déception qui s'installait la minait de toute évidence, elle ne pouvait en vouloir davantage à Julie. Conséquence malheureuse, elle assumait en ce sens bien plus que sa part des dégâts, portant le lourd fardeau de la culpabilité qu'elle avait fait sienne.

De retour à la maison, c'est l'air préoccupé qu'elle s'était saisie de ses partitions. Elle avait occupé longtemps le piano droit dans le salon voûté. Les notes envolées des touches bicolores avaient résonné entre les murs anciens de la fermette. Menant un boucan de tous les diables quand les morceaux choisis s'emballaient, quand les partitions se compliquaient, elle jouait à merveille les brillantes mélodies de Mozart et Chopin. Ces accords, à chaque fois, ravissaient ses parents affairés dans leurs occupations respectives.

Ses bras agités de mouvements saccadés projetaient des ombres étranges sur le mur de pierre. Personne n'osait rompre ce flot musical qui la mettait en transe. Mais cette fois-ci, c'était Anna qui se risquait à la bousculer, quitte à se frotter un peu plus tard à la mauvaise humeur de sa fille.

L'instrument refermé, au terme de près d'une heure de musique, elle traîna ses pas du côté de la cuisine d'où on l'appelait pour le déjeuner, en flairant l'odeur inimitable des légumes grillés, la mine maussade, la tête ailleurs.

*

— Tu n'y penses pas ? tonna Guillaume, la rougeur de ses tempes trahissant sa stupeur tandis qu'ils entraient dans la cuisine.

Il tira une chaise vers lui et s'assit.

— Si, si. C'est pour cette raison que je t'en parle, répondit Anna, impavide, postée contre le bâti de la porte. Je sais bien que ce n'est pas la plus raisonnable des décisions, mais j'y tiens... Et je me dis que tu pourrais être conciliant sur ce coup-là.

— Conciliant ? Non mais on parle d'un trajet de plus de trois cents kilomètres, donc six cents allers-retours, et tu voudrais que je sois « conciliant » ? Dans un mois tu es à terme. C'est de la folie, Anna !

— Tu n'es pas compréhensif.

Les bras croisés, Anna affichait un air impérieux qui sonnait faux.

— Comment veux-tu que je le sois ? Imagine qu'il t'arrive quelque chose, que le travail se mette en route ? Comment tu ferais ?

— Cela n'arrivera pas...

— Comment peux-tu en être si sûre ? Y as-tu seulement pensé ?

— Je le sens... dit-elle, comme frappée d'une révélation.

— Non, je suis désolé, Anna. Tu ne peux pas m'affirmer cela sur une simple intuition. Soumets-moi une vraie solution en cas de pépin... : ce que tu envisages s'il y a quoi que ce soit ; et là je te dirai si je suis d'accord, ou pas, allégua-t-il, sans détour.

Elle expira d'une manière qui ne cachait pas son agacement.

— OK. Je pars en train. En cas de souci à l'intérieur du train : signal d'alarme. Imagine que c'est à l'aller, avec un peu de chance si je ne suis pas trop loin, je pourrai rejoindre la maternité, celle où je dois accoucher.

— Et de quelle façon, s'il te plaît ?

Il l'observait d'un regard loyal. Elle ne s'expliquait pas cette patience qu'elle n'avait de cesse de lui faire mettre à l'épreuve. C'est vrai qu'il ne s'énervait quasi jamais...

Sans se départir de son assurance, elle poursuivit :

— C'est très simple : tu restes joignable. Dans ce cas précis, les pompiers sont censés arriver. Toi, tu te dépêches de venir me chercher pour m'emmener à la clinique. Disons que cette solution sera applicable dans un rayon de cent kilomètres.

— C'est beaucoup trop.

— Cinquante alors.

— Et supposons que cela se produise hors de ce rayon ?

Le tic-tac de la pendule s'imposa entre eux pendant trois secondes. Elle reprit :

— Eh bien, ce n'est pas compliqué non plus : le train s'arrête, les pompiers arrivent, me conduisent à la maternité la plus proche et tu me rejoins le même jour. Je prends mon dossier médical avec moi, expliqua-t-elle, inflexible.

Guillaume l'écoutait avec attention, mais son scepticisme affiché décontenançait Anna, ce qui ne l'empêcha pas de suivre son raisonnement :

— Même chose pour le retour… Si cela arrivait à environ cinquante kilomètres de la maison, première solution. Si c'est au-delà, ce sera la deuxième. Eh bien ? Ne fais pas cette tête. Disons que c'est un « cas de force majeure ».

Il toussa tant et si fort pendant cinq secondes, que sa chaise bascula presque sur le côté.

— … Excuse-moi, j'ai failli m'étouffer !

Guillaume se redressa, le pic de son cure-dent dans sa main droite, son noyau d'olive dans l'autre. Ébahi, il argua :

— C'est dingue, un « cas de force majeure »… ! C'est un enterrement ! Depuis quand un enterrement est un « cas de force majeure »… ? Non mais dis-moi s'il te plaît, parce qu'on en apprend tous les jours, ici.

— Depuis que le défunt en question est quelqu'un qui a beaucoup compté dans ma vie passée – et tu le sais. Je ne le reverrai jamais et il me tient à cœur d'aller lui rendre hommage. Il « compte sur moi » en quelque sorte.

Elle haussa les sourcils d'une façon exagérée. Guillaume fit de même.

— Pardon ? Je ne suis pas sûr d'avoir bien compris. Qui « compte sur toi »... ?

— Oui, tout à fait, affirma-t-elle, sur la défensive. Comme je te l'ai déjà expliqué, il a écrit un mot. Ou plutôt une lettre. Et dans cette lettre il parle de moi, enfin il me l'a adressée aussi : j'avoue que c'est assez complexe. Bref. Il ne m'a pas oubliée avant de mourir. La moindre des choses que je puisse faire est d'aller à ce dernier rendez-vous... Après, terminé, tu n'en entendras plus parler. Je te le promets.

Anna ouvrit le placard avec une délicatesse qui ne lui ressemblait pas.

— Peu importe, là n'est pas le problème. C'est juste que le moment n'est pas bien choisi pour y aller. Dans ton état, ce serait un cas de force majeure, effectivement, de ne pas assister à ces funérailles. Et ton ami dans son cercueil le comprendrait très bien, j'imagine.

Elle sortit les assiettes les unes après les autres, puis, plus pondérée, asséna :

— Non, Guillaume. Tu n'as rien compris. C'est important pour lui que j'y aille, mais c'est aussi important *pour moi*. Tout ira bien, tu verras.

— C'est un coup de tête ! s'écria-t-il, bientôt irrité par l'aplomb dont faisait preuve sa femme.

Un silence écrasant les domina pendant cinq secondes, que seul le tic-tac de la pendule perça par intermittence. Guillaume ajouta sa petite pointe de sarcasme, en abattant sa dernière carte, la culpabilisation :

— Et tu as pensé à tous ces pauvres gens qui devront subir l'arrêt de ce train si tu le fais stopper ? Je te trouve égoïste, en fait. Tu pars tout en sachant qu'il peut y avoir un problème en route...

— Et ? Depuis quand une femme enceinte ne peut-elle plus voyager ? Je te rappelle que la date d'accouchement prévue n'est pas dans une semaine ou deux, ni dans trois jours. En théorie, il n'y a pas de risques. Et cela dit, les signaux d'alarme dans les trains ne sont-ils pas conçus à cet effet ? C'est pour les cas de problèmes, donc d'« imprévus », et ça pourrait l'être pour moi, comme pour n'importe qui d'autre d'ailleurs. Fin de la discussion, annonça-t-elle, sèche, les assiettes entre les mains.

— Tu as l'air bien déterminée… Je suppose que je ne pourrai pas t'en empêcher. Fais comme tu veux. J'espère vraiment pour toi que ça se passera sans soucis, marmonna-t-il en se levant.

— Alors on est d'accord ? Je pars demain avec le train de dix heures trente. L'enterrement a lieu le lundi matin. Je reviendrai avec le train de dix-sept heures.

Il se retourna, médusé.

— Tu as déjà regardé les horaires des trains… ?!

Elle nota dans son regard clair un soupçon de raillerie à peine voilée.

— Eh bien, oui. Pour pouvoir en parler avec toi. Il valait mieux, non ? Côté organisation, c'est bien de savoir où l'on va. Le trajet dure environ quatre heures et demie, et il y aurait un changement à Paris, ou dans une autre ville, selon les horaires.

— C'est sûr… J'ai toujours été fasciné par ton obstination à te fourrer dans des ennuis aussi grands que des montagnes… : on les voit des kilomètres à la ronde.

Elle ne répondit rien à ce qu'elle prenait pour un persiflage de plus.

Le son du tic-tac devenait oppressant comme jamais.

Guillaume, pensif, inspira et ne put se retenir de lancer, grinçant :

— Et si ça arrive pendant l'enterrement ? Imagine, tu perds les eaux dans l'église…

Elle attendit pour répondre, non sans réticence :

— Eh bien c'est que cela devait arriver… J'avoue que

c'est risqué, je le sais, mais dans ce cas encore une fois on s'en tiendra au plan B… Solution numéro 2, je veux dire.

— Tu parles d'un enterrement… Super, le jour de la naissance de notre enfant…

Il lui tourna le dos pour masquer l'exaspération qu'il s'était efforcé de retenir en lui depuis qu'il était entré dans la pièce. Anna savait que c'était lui qui avait raison, elle voyait bien que cette angoisse commençait à le bouffer. Ce voyage n'était pas fondamental. Il représentait une contrariété pour tout le monde. Une source de stress à tous les niveaux. Mais Anna ressentait son accomplissement comme un devoir. Quelque chose qu'elle devait à Laurent. Un gage de reconnaissance, après cette lettre, en souvenir des moments qu'ils avaient vécus. Et pour avoir pensé à elle, plus souvent qu'elle ne l'avait supposé. Pour ne l'avoir pas oubliée. Quelle folie tout de même ! Elle atteignait le fond du gouffre de sa pensée, quand une porte claqua.

Guillaume mettait le couvert, silencieux. Anna demeurait minée de le voir ainsi, se sachant l'entière responsable de son affliction. D'une voix mal assurée, elle déclara, espérant le rassurer :

— Écoute, je sais que tu m'en veux, mais je te promets que je ferai attention à moi. Ce n'est pas une grossesse à risque. Il n'y a pas de raison pour que le petit arrive avant, ajouta-t-elle en lui prenant la main et l'attirant à elle dans un geste tendre.

— On n'est jamais sûr de rien dans la vie, protesta-t-il. Et depuis quand t'intéresses-tu plus aux morts qu'aux vivants ? Vois un peu dans quel contexte notre fils entrera dans cette vie… !

— Un décès, une naissance… C'est équitable, lança-t-elle, imperturbable.

— Arrête, Anna. Pas sur ce terrain-là. Ne joue pas avec les mots, la situation est vraiment pénible.

Il se sentait lassé.

Elle sourit, comme pour garantir que rien de fâcheux n'arriverait pendant ces deux jours. C'est alors que Marianne fit son apparition, hésitante. Elle devina sans mal leur humeur pesante d'un désaccord encore chaud.

Elle s'enhardit néanmoins à demander :

— Vous en faites des têtes ! Qu'est-ce qui vous arrive ?

Ses parents lorgnèrent de son côté et d'un bref coup d'œil se considérèrent l'un l'autre, stupéfaits. Comme s'ils croyaient pouvoir masquer à leur propre fille les traces d'un conflit à peine dissimulé.

— Où est Lilou ? demanda-t-elle.

— En train de jouer dans la cabane, dehors, dit Guillaume.

Anna tira le rideau de la véranda. On apercevait derrière la vitre l'enfant qui maniait ses jouets multicolores, se livrant à maints allers-retours à l'aide d'une brouette en plastique.

— Je l'appelle pour manger, s'exclama Marianne en contournant la table.

Elle s'exécuta et une fois revenue dans la pièce, elle prit place face à ses parents qui, blêmes, n'avaient pas quitté leurs mines pathétiques.

C'est Anna qui, désireuse de dédramatiser une fois de plus la situation, informa Marianne de son voyage improvisé, qui durerait deux jours, tout au plus. Celle-ci, interloquée, ne prononça pas un mot à l'annonce de cette nouvelle. Elle gesticulait, les fesses sur le bord de la chaise qui ne cessait de grincer.

— Tu ne dis rien ? l'interrogea Anna, en haussant les sourcils.

Guillaume les regardait, impassible. Sa fille avait le regard vague, et le signe de tête qu'elle leur adressa indiqua qu'elle ne souhaitait pas s'en mêler. Sans nul doute, cette gamine était un monde à elle seule… Parfois, il est difficile de sonder le flot des réflexions d'un adolescent. C'est ce qu'Anna était en train de se dire au moment où son petit ange blond de quatre ans entra pour enlacer son père avant de s'installer à déjeuner. Et là, elle sut que ce serait davantage compliqué à gérer… Guillaume lui jeta un regard désapprobateur, avec un air qui semblait lui enjoindre de bien choisir ses mots avant de se lancer dans des explications. Le moment le plus délicat de cet improbable imbroglio était arrivé pour Anna.

Elle était mortifiée de devoir donner des motifs d'inquiétude à sa toute petite fille. Cette dernière ne jurait que par sa mère ces derniers temps, et son seul sujet de discussion tournait autour de son « petit frère ».

Anna se résolut à parler :

— Lilou ma puce, assieds-toi, s'il te plaît.

Guillaume, décidé à ne pas laisser sa femme s'empêtrer dans un discours empli de gêne, orienta ses premières paroles sur le sujet dont ils avaient fait grand cas dix minutes avant. Il enchaîna sans sourciller :

— Lilou, maman va devoir partir deux jours.

— Tu pars où maman ? Tu ne vas pas loin j'espère ?

Son petit visage innocent paraissait dire : « Mais pourquoi tu nous laisses ? Reste avec nous ! », et le blanc de ses yeux brillait de façon étrange. La perle d'une larme tergiversait sur le bord de son œil droit.

— Non, ne t'inquiète pas, ma chérie. Je dois aller voir un ami, fit-elle, désemparée.

— Euh… En fait maman doit aller à un événement important. Un de ses amis est décédé, il est parti au ciel. Et maman va aller lui dire au revoir, dit Guillaume avec douceur.

La petite laissa échapper, dubitative :

— S'il est parti au ciel, comment tu peux lui dire au revoir, maman ?

Anna fixa Guillaume, désespérée. Il lui fit un signe de tête. Enfin, elle trouva les mots appropriés.

— Ce n'est pas facile à expliquer, ma chérie. On dit qu'il est parti au ciel parce qu'il est décédé, comme papa te l'a dit. Il a les yeux fermés et il ne se réveillera jamais. Tu comprends ?

— Oui d'accord, je comprends : il est mort. Et tu es triste, maman ?

— Oui, car je n'ai pas pu lui dire au revoir avant qu'il n'aille dans le ciel.

La petite mine déconfite affichait une incompréhension qui la dépassait.

— Et est-ce qu'il avait des enfants ?

— Oui, deux je crois.

— Ils n'auront plus de papa alors ?

Anna, livide, s'était pincé les lèvres.

— Non.

— Et toi, tu ne vas pas mourir, maman ?

Discrètement, elle essuya une imperceptible larme, furtive, qu'elle sentit s'enfuir de son œil droit.

— Mais non... Enfin pas maintenant, ni demain, ma chérie.

Elle laissa partir un trémolo, accueilli par le regard noir de Guillaume, et dont Marianne ressentit le déchirement. Même si elle n'en disait rien, voir sa mère dans cet état accélérait les battements de son cœur. Sur le point de suffoquer, Anna ne put prononcer une parole de plus. Elle avait toujours couru après sa vie. Elle se disait que cet homme, qu'elle avait aimé autrefois, avait dû faire de même, passant peut-être à côté de l'essentiel, en laissant deux des siens, orphelins du père qui ne les regarderait pas grandir. En cette heure et en ce lieu, Anna se voyait gagnée par une amertume qui l'étourdissait.

Ces circonstances devenaient intolérables. De prime abord, elles n'apparaissaient pas comme étant évidentes à gérer, mais il fallait en outre que les proches d'Anna subissent les conséquences de ce qui l'atteignait. Cela lui transperçait l'âme et le cœur. Elle se rendait compte à quel point imposer tout cela à sa famille était bien plus complexe que cela en avait eu l'air. Sans compter qu'elle était davantage vulnérable depuis plusieurs mois, son état de santé se prêtant à exacerber son émoi qui déréglait ses réactions.

Ce fut après quelques secondes de silence qu'elle s'éclipsa en lâchant un « Excusez-moi, je reviens ». Elle quitta la pièce, à demi effondrée dans le couloir, puis se dirigea droit vers la salle de bains pour calmer ses émotions en pagaille. Elle s'y enferma. Assise sur le rebord de la baignoire, la tête entre les mains, elle éclata en sanglots lourds. C'est ainsi que Guillaume, qui débarqua cinq minutes après, la découvrit. Parvenant à trouver les mots qui l'apaisèrent, il l'enlaça et ils restèrent longtemps ainsi. À bloc, ses nerfs achevaient de lui marteler le cerveau, entre devoir et culpabilité. Prostrée contre le mur, elle se concentra sur sa respiration. Le calme de la salle de bains, associé au son de la voix lointaine de Lilou, contribua à l'illusion d'un sentiment de bien-être. Guillaume la soutint pour la reconduire à la cuisine. Ils décidèrent ensemble que rien ne pressait et qu'elle se reposerait après le déjeuner.

3

Voyage vers le passé

Ça y était. Le dimanche tant redouté était venu, et Anna, plus résolue que jamais, avait quitté sa jolie maison normande, située à l'écart du village de Goustranville. Les décisions que l'on prend vont parfois à l'encontre du bon sens. Quarante-huit heures avant, on n'en parlait même pas. Anna avait laissé mari et enfants à neuf heures trente du matin pour être à présent installée sur la banquette d'un train de province. Sa nuit avait été agitée et troublée par d'étranges rêves. Elle se sentait à la fois bizarre et apeurée. Des sensations inconnues l'envahissaient petit à petit, l'appréhension se faufilait, le doute surgissait. La crainte de l'inconnu ravissait presque la place à la tristesse de la perte de Laurent, mêlée à l'angoisse d'accoucher en route. Tout cela s'accommodait tant bien que mal et faisait frémir son cœur meurtri depuis la veille. Trop de questionnements encombraient son esprit.

En jetant un regard vide vers la fenêtre, de laquelle elle voyait le paysage défiler, elle ressentait une peur irrationnelle la gagner. Comment se passerait cette première entrevue avec Lise ? Le contact s'établirait-il sans gêne ? À l'évidence, d'un côté comme de l'autre, ce serait délicat. Anna était calme en apparence et se sentait différente de la veille. Mais sa tête était tout embrouillée, le tourbillon de ses pensées se perdait dans un océan de contradictions plus incohérentes les unes que les autres. Laurent avait-il rédigé sa lettre à l'approche de sa mort ? La veille ? Ou était-ce il y avait un mois, ou plus longtemps ? Aurait-elle au moins la réponse à ses questions ? Il ne l'avait pas oubliée depuis toutes ces années… Quel drame. C'était un peu comme pour elle. Sauf que la puissance de ses sentiments de l'époque s'était affaiblie, ils avaient disparu pour laisser s'installer une rancœur désagréable, une mélancolie déroutante, opposés à ses souvenirs qui s'acharnaient sans relâche. Leur histoire avait donc *vraiment* compté pour lui ? C'était à peine croyable, elle revoyait la quasi-totalité de leurs moments vécus ensemble, évanescents, mais si forts, volés à la jeunesse éternelle. Des tranches de vie, restées en suspens entre l'espace et le temps.

Une fois le changement de gare effectué, ce fut installée dans la correspondance qu'Anna s'inquiéta de l'heure et consulta sa montre pour estimer la longueur du trajet restant à parcourir.

Elle ne savait pas si Guillaume s'alarmait de son côté, mais une petite anxiété sans crier gare lui commandait de le prévenir afin de faire cesser l'ombre d'une angoisse à son sujet, quelle qu'elle fût. Elle lui envoya un message rassurant, tant pour se libérer de cette contrariété supplémentaire que pour le tranquilliser. Elle se dit que s'apaiser demeurait encore le meilleur remède pour s'assoupir un peu. Puis tout s'arrêta soudain. Elle se vit replonger dans des souvenirs épars. Ces moments de grâce à la dérive qui lui tournaient autour depuis le départ du train. Inouï, comme tout remontait à la surface et se heurtait, avec violence parfois. Comme si les scènes qui se jouaient défiaient sa mémoire et n'avaient cure de tant d'années vécues au côté d'un autre, des enfants qu'elle avait eus, et de la vie qu'elle avait menée depuis que son chemin s'était séparé de celui de Laurent. « Deux ans d'amitié, d'amour même, ça ne s'oublie pas comme ça. » Égarée ainsi dans ses pensées clandestines, elle aspirait sans le vouloir au repos de son esprit, à la fois tourmenté du contexte actuel – pénible et douloureux, et nostalgique de sa jeunesse envolée il y avait près de quinze ans. Elle basculait peu à peu vers un sommeil où se mêlaient excursions fraternelles, fêtes improvisées, tendres confidences. Amitié sincère. Amour fou. Laurent. Un cercueil, une église bondée, un corps sans vie, venaient noircir et détraquer la mécanique des décors qu'elle inventait sans le vouloir. À mesure que le train filait sous la lumière d'un soleil hésitant, traversant la campagne luxuriante, propice aux songes, Anna arpentait malgré elle et sans détour sa mémoire un peu malade. Le sommeil sans tranquillité dans lequel elle s'enfonçait la propulsait à des lieues du siège confortable qu'elle occupait, en apparence paisible. La main sur son ventre rebondi, comme pour bercer son enfant lui aussi endormi, elle lui chuchotait à demi-mot de ne pas s'effrayer de tout ce chahut intérieur. Car le train qu'elle avait quitté en toute inconscience était sur le point de la conduire vers la mémoire de Laurent.

*

Marianne errait dans la fermette, l'âme en peine. Sa mère partie, elle se sentait presque abandonnée. Même si elle n'en avait rien laissé paraître, Anna lui manquait terriblement. Déjà. La maison sans elle semblait vidée, désolée, un peu perdue. Sa mère avait une telle prestance, ce charisme incomparable, ensorcelant. Déjà deux heures d'absence, le son de la voix d'Anna évanoui dans la conversation de la veille, et ses tourments à elle qui resurgissaient… Sa situation personnelle lui devenait à peine supportable, et ce n'est pas à son père qu'elle avait l'intention d'ouvrir son cœur. Ressentant soudain un puissant besoin de réconfort, elle se recentra sur elle-même pour trouver des paroles rassurantes. Elle traîna dans la maison, de pièce en pièce, puis eut l'idée de se réfugier dans le bureau, par chance inoccupé. Le meilleur endroit selon elle pour retrouver une forme de paix de l'esprit. Elle ne se lassait jamais d'en franchir le seuil, et quand elle y pensait il représentait un havre d'apaisement pour toute personne en quête de sérénité. Situé à l'arrière de la maison, son emplacement offrait une magnifique vue sur la vallée. On apercevait plus loin, à l'est, la cime de grands arbres nus, derrière d'immenses sapins érigés en barrière naturelle sur les hauteurs. Dans cette salle en sous-pente, d'environ quinze mètres carrés, l'odeur du bois était saisissante, à l'instar d'un vieux chalet de montagne. D'ailleurs, les poutres apparentes fournissaient au décor cette tranquillité qu'inspirait le lieu, les lambris vernis y accentuaient la rusticité, de même que le parquet au sol. Des objets uniques, choisis et disposés un à un par Anna, côtoyaient çà et là des livres éparpillés, empilés sur des recoins de meubles. Anna avait créé une atmosphère paisible et reposante, tout à fait à l'opposé d'elle. Peut-être avait-elle besoin d'un endroit pour canaliser l'élan de vie qui bouillonnait en elle ? Deux bibliothèques emplies d'ouvrages variés se faisaient face, et au milieu d'elles trônait un authentique bureau en chêne massif et rutilant, datant du siècle dernier. Toutes ces choses en faisaient un espace feutré, un cocon douillet, propice au repos ou à l'éveil de l'esprit, selon ce qu'on y faisait. Anna en franchissait souvent la porte pour y écouler de longues heures à lire de la littérature anglaise, sa préférée entre toutes. Marianne elle-même montait et s'appropriait le canapé quand le piano la lassait ; elle s'y sentait dans sa bulle. Elle regrettait que ce ne soit pas le cas de son père, pour qui l'usage était plus fonctionnel ou ludique, la plupart du temps pendu à son ordinateur sans lever les yeux pour apprécier tous ces détails qui en rendaient le cadre si enveloppant.

Elle se tenait debout, au centre, et observait tout cet univers. De ce climat curieux, pénétrant, envoûtant même, elle respirait l'air à peine poussiéreux, semblable à une odeur de livres anciens. Elle s'approcha de la fenêtre, écarta les rideaux épais, jaunis par le temps, et s'attarda plusieurs secondes derrière la vitre pour admirer la vue sur la vallée, baignée de la lumière des rayons d'un soleil franc. Certains matins, il lui arrivait de rester des minutes entières ainsi. C'étaient aux heures matinales qu'elle appréciait le plus le tableau exceptionnel que lui présentait la nature. Puis elle se demanda soudain si Anna était arrivée, si la météo se montrait clémente pour elle aussi. Elle l'imaginait fatiguée après ce voyage éprouvant.

Elle recula et fit deux pas pour s'asseoir sur le canapé de velours râpé, suranné, qui avait été récupéré chez tante Lucie, la tante d'Anna, et donc sa grand-tante à elle. C'était un canapé sur pieds sculptés – impossible d'en déterminer l'époque – toujours est-il que quand on s'y installait, on n'était jamais sûr de pouvoir se relever. Tante Lucie, qui était en maison de retraite, était une vieille dame excentrique, mais par bonheur pour Guillaume, elle avait oublié de léguer à Anna un autre meuble, une bibliothèque de taille monstrueuse, travaillée de tous côtés. Anna en adorait le style, tandis que Guillaume ne s'accommodait pas de son aspect hors du temps.

De façon assez bizarre, Marianne repensait à tante Lucie, tout en sillonnant de ses yeux bleus les étagères d'une des bibliothèques au charme désuet, moins classique à son goût. Son regard se promenait entre les différentes reliures, et passait les rangées de livres au peigne fin, à la recherche d'elle ne savait quoi. S'attardant sur les dernières étagères, elle remarqua bientôt tout en bas, à l'extrême droite du meuble, un tiroir qui n'en était pas vraiment un. Il était sur le côté, une espèce de petite caisse dépassant sous la bibliothèque. Comme un faux tiroir qu'on avait rajouté, une sorte de cachette mystérieuse. Ainsi stimulée par la découverte d'un possible secret, elle se dit qu'elle ferait bien d'y jeter un coup d'œil. Elle se redressa, tout émoustillée, mais en quittant la banquette, non sans effort, pour venir s'agenouiller tout près de ce compartiment caché, elle remarqua des feuilles éparpillées tout près de la place qu'elle avait occupée. Elles avaient été posées, pêle-mêle. Une dizaine étaient même tombées sur le parquet. En regardant tout autour d'elle, elle en vit d'autres derrière le dossier, sur le sol. Quelle ne fut pas sa surprise lorsqu'elle découvrit cette pile de papiers entassés, des feuilles manuscrites de l'épaisseur d'une ramette neuve. Une écriture penchée en noircissait les pages. Elle se saisit de quelques-unes d'entre elles. Qu'était-ce donc ? Des lettres ? Des mots d'amour ? De qui ? Pour qui… ? Non… Sans doute des informations confidentielles, comme des actes notariés, des estimations de valeur. À la main ? Cela datait de ses grands-parents alors. Ou plutôt de la paperasse appartenant à tante Lucie… Son testament peut-être. Toutes ces interrogations ne rimaient à rien, le mieux était encore de s'en assurer. Elle n'avait pas l'intention de s'arrêter en si bon chemin. Mais… La raison prenait le dessus : cela ne se faisait pas. Après tout, elle n'y était pas obligée. Elle pouvait, là, maintenant, choisir de reposer ces documents là où elle les avait pris, sans y lire le moindre mot, et tout ranger en lieu sûr. Ni vu, ni connu. C'était aussi simple que cela. Mais les choses simples l'ennuyaient, et elle ne voulait pas rentrer dans les cases, elle avait un penchant singulier pour le risque. « Au diable les préjugés ! On s'en fiche de la morale… » On ne peut pas dire que c'était le climat bienveillant de l'endroit qui l'incitait à agir, mais Marianne était persuadée que de se retrouver seule dans une pièce que l'on aime et y faire une telle trouvaille, ce n'était pas donné à tout le monde. Autant en profiter. Et puis, ce n'était pas grave, en soi. C'était un peu comme une sorte de jeu captivant. Enfin, tout dépendait du contenu de ces feuillets, et aussi de la notion que l'on se faisait du mot « gravité ». Après tout, il y avait des documents écrits, étalés là, bien en évidence pour être découverts, et d'ailleurs pour être lus. On n'avait eu qu'à les ranger pour les préserver, afin qu'ils ne soient pas trouvés. Sa curiosité piquée au plus haut point, elle s'enhardissait de plus belle, et l'envie d'en savoir davantage se fit pressante.

Elle se retourna et regarda autour d'elle, méfiante. Elle ne souhaitait pas être prise en train de fouiller dans les affaires de ses parents. Ni par sa sœur, ni par son père. Que dirait-il ? Une voix claire s'élevait en elle, et lui dictait d'insister. Sans faire de bruit, elle rassembla les papiers et, avec une extrême délicatesse, réunit le tout en une pile compacte. Puis elle se dit soudain que c'était sa mère, dans son bouleversement de la veille, qui avait dû rechercher des documents et les laisser là. Elle n'en resta pas moins stupéfaite. Un tel désordre ne ressemblait pas à Anna.

L'ambiance feutrée de la pièce devenait oppressante. Venait l'amplifier le brouhaha que Marianne entendait dans la maison, plus bas, entre les allers-retours de son père, les cabrioles de Lilou, qui montait des marches, ou bien les descendait… Malgré la résonance des sons dans la maison, elle n'était pas rassurée pour mener à bien son entreprise. Choisir un moment plus opportun aurait été judicieux, par exemple quand son père irait faire une course, emmenant sa petite sœur avec lui. Bien qu'impatiente, elle mit de côté le tas de feuilles et le glissa sous la bibliothèque, bien au fond vers le mur. Attendant sagement d'être récupérées et déchiffrées, elles ne bougeraient pas jusqu'à son retour. Et Marianne ne comptait pas en rester là. Autant aller au bout des choses. Dans l'immédiat, il lui fallait s'assurer de l'inoccupation de l'étage. Elle vérifia qu'aucune autre feuille ne traînait, et se leva avec de désagréables fourmillements dans les jambes qui la firent presque chanceler. À pas lents, elle se dirigea vers la porte sur la pointe des pieds. Elle y colla son oreille inquiète, à l'affût. Puis, avec adresse, elle s'empara de la poignée et la tourna. La porte s'entrouvrit, et elle la tira de manière à s'avancer jusqu'au seuil, puis s'aventura d'un pas dans le couloir. Un silence troublant s'imposait. Toujours aux aguets, elle s'aperçut qu'au final toute l'agitation se situait à l'étage inférieur. Rien ne bougeait alentour : elle était maintenant certaine que l'immobilité régnait en maître entre ces murs. Soulagée, elle revint dans le bureau et referma la porte derrière elle. Elle hésita une seconde puis poussa le verrou. Après tout, si quelqu'un essayait d'entrer, elle n'aurait qu'à dire que son devoir de maths nécessitait une grande concentration et que, par pur réflexe, elle s'était enfermée. Cela la rebutait, car elle n'avait jamais rien à cacher, elle ne souhaitait pas que l'on croie le contraire. Pourtant c'était bien le cas… Et c'était plus sûr.

Retournant vers la bibliothèque, Marianne s'abaissa et empoigna le paquet de feuilles pour l'examiner de plus près. Rapide, elle souleva les pages pour en jauger encore la densité. Son regard se posa sur des textes, paragraphes se succédant les uns aux autres avec soin. Elle constata qu'il y avait eu un souci manifeste de mise en pages. Elle discernait des mots alignés en écriture noire régulière, fraîche. Marianne remarqua sans mal que l'auteur avait fait en sorte de satisfaire le potentiel lecteur, tant la disposition était soignée, la présentation parfaite. Il y avait même des parties, sous forme de chapitrage. Le narrateur s'exprimait à la première personne, c'était une espèce de journal intime, romancé. « Un manuscrit… » Elle resta coite devant le tas de feuilles glissant de ses genoux, elle n'en revenait pas. « Mais qui a bien pu écrire tout cela ? » ne cessait-elle de se répéter. Elle ne reconnaissait aucune des écritures de sa mère ou de son père. « Voyons un peu de qui il s'agit… » Elle put voir qu'il y avait un titre. « Comme une famille ». Un roman ? De plus en plus intrigant… Elle tournait les pages les unes après les autres, étudiant chacune d'entre elles à la recherche d'un nom, ou bien d'une date et, jusqu'à la dernière, elle tritura les papiers sans lever le mystère. Pourtant, quelqu'un les avait déposées là, à la recherche d'une information, semblait-il. Elle était quasi convaincue qu'il s'agissait de sa mère. Depuis près de deux heures elle occupait les lieux, et il était grand temps de les vider afin d'éviter les soupçons de part et d'autre. Il était bientôt midi, son père allait l'appeler pour le déjeuner, et déjà elle entendait la musique du poste de radio qu'il avait allumé. Elle ne tenait pas à ce qu'il la cherche partout dans la maison et la surprenne, enfermée dans le bureau avec ces pages éparses, qu'elle rangerait à la va-vite. Peut-être celles qu'il avait écrites, qui sait ? Elle voulait éviter coûte que coûte de lui mettre la puce à l'oreille. Il lui fallait sortir de cette pièce et en vitesse. Descendre, tranquille, et disciplinée, mettre le couvert comme d'habitude.

Frustrée, elle entreprit de fourrer le tout dans une boîte qu'elle trouva non loin de la bibliothèque, puis de la placer sous le meuble pour la cacher, mais elle était trop étroite. Elle sépara donc la pile en deux, et hissa tant bien que mal chaque moitié derrière la bibliothèque. Ayant désormais en tête l'idée saugrenue de percer le mystère de son insolite découverte, elle savait déjà à quoi elle passerait son après-midi. Après sa dissertation. Non, avant. C'était trop tentant. Il fallait à tout prix qu'elle lise ces lignes, c'était impératif. Quelqu'un s'était donné la peine de les rédiger, au fond. Elle se sentait tout enthousiaste à cette perspective. C'était comme une carte au trésor, une énigme à résoudre. Se sentant investie d'une mission, et quoique gênée de mettre les pieds dans un plat qu'elle redoutait d'apprécier, elle était partagée entre un effroyable sentiment de culpabilité et la crainte de ce que ces écrits pourraient lui apprendre. Elle réalisa soudain que ce fait inattendu l'avait aspirée tout entière, et que ses petites manigances lui avaient fait oublier ses contrariétés de façon littérale. Ce qui était une bonne chose, car c'est l'esprit absorbé par ce nouvel événement qu'elle sortit du bureau. En sifflant, elle dévala l'escalier et rejoignit dans la cuisine son père activé aux fourneaux.

4

La tentation de Marianne

Ce jour-là, le déjeuner se déroula sans heurt ; Guillaume était attentif à ce que tout se passe au mieux et que ses filles ne manquent de rien à table. D'ordinaire, les repas étaient, sans exception, préparés par Anna. C'était elle la cuisinière de la maison. Et en son absence, Guillaume souhaitait que tout soit transparent pour les filles.

C'était spécial de faire un repas à trois, sans Anna. Le vide était si grand sans elle. Tous le ressentaient, en souffraient. Le début du repas fut morose, un silence contrit s'était invité à leur table. Mais très vite il fut chassé par Lilou qui, loquace comme toujours, posait des questions perpétuelles entre deux bouchées de frites, ce qui amusait beaucoup son père.

Marianne, rêveuse, était quant à elle retombée sous l'emprise de son imagination, égarée dans des réflexions qu'elle tournait et retournait sans aucune pitié pour ses méninges, avides d'une curiosité presque déplacée. Ses gestes, suspendus, elle était loin, très loin, de ceux qui l'entouraient. C'était exaltant. Elle oubliait ses tracas, qui étaient, au fond, d'insignifiants soucis qui la tenaillaient et lui faisaient douter d'elle-même. Elle commençait à relativiser. Sa maturité encore une fois prenait le dessus, et sans crier gare celle-ci la guérissait de tous ses maux. Son esprit ne se focalisait plus sur ces faux problèmes, mais chevauchait vers des routes nébuleuses, évasives, où tout était possible. Elle se sentait bien consciente d'avoir mis la main sur un authentique manuscrit, un peu comme dans les films. Jamais elle n'aurait cru que ce genre de découverte puisse un jour lui arriver, à elle. C'était tout à fait insensé ! Il ne lui restait plus qu'à lever le voile. Elle avait à cœur d'inspecter les abords de la bibliothèque avec précision, dans l'espoir de déceler des indices sur l'auteur de ces pages. Elle fouillerait jusqu'aux confins des étagères, et procéderait de même avec l'autre bibliothèque, celle d'en face. Quand elle avait survolé les premières pages, elle avait eu la sensation désagréable qu'il manquait des lignes, ou qu'une page avait été retirée. Peut-être à dessein, pour ne pas que l'on sache de quelles mains elles avaient été rédigées. Marianne les avait toutes remises en ordre, suivant la pagination, mais aucun nom ne s'inscrivait. Elle décida qu'après le déjeuner, elle prendrait le temps de chercher des indications, à défaut de savoir qui, elle aurait au moins la possibilité de savoir quand. Et elle s'attarderait volontiers sur cette énigme. Les jours suivants même, s'il le fallait.

Guillaume n'était pas dupe. Il distinguait l'étrange étincelle qui luisait dans les yeux de sa fille. Cette dernière était sans nul doute accaparée par des préoccupations différentes de la veille. Elle n'était plus taciturne, mais plutôt captivée. Par quoi ? Il se le demandait. Elle semblait réfléchir à un projet passionnant. Malgré son ignorance de ce qui l'obnubilait de la sorte, il se réjouissait de ce changement. La voir ainsi à table l'inquiétait moins que lorsqu'il l'avait croisée au lever. Il se hasarda néanmoins, pour vérifier que ses troubles précédents avaient bien disparu :

— Marianne, tu es avec nous ? questionna-t-il, un rictus au coin de la bouche.

— Oui… Oui, oui. Qu'est-ce qu'il y a, papa ?

Elle cligna des yeux, distraite, laissant tomber sa fourchette contre son assiette, ce qui la fit sursauter.

— Tu as l'air rêveuse. Tout va bien ?

— Oui, tout va bien, je t'assure, affirma-t-elle, confuse.

Évitant le regard interrogateur de son père, elle fixait le tableau devant elle, représentant un vase contenant des fleurs séchées.

Il poursuivit :

— Je me demandais… Comment ça va à l'école ?

— Ça va ; j'ai trop de devoirs ce week-end, mentit-elle. Mais je vais m'en sortir. Une dissertation, des leçons d'histoire à réviser, des exercices de maths…

— Tu as besoin d'un coup de main ? Je peux prendre une heure ou deux pour t'aider si tu veux, te donner des explications sur un devoir que tu as du mal à comprendre… ? Je sais que les maths ne sont pas ton truc…

— Je te remercie papa, mais je pense que ça va aller. Je devrais pouvoir me débrouiller toute seule. Tu as assez à faire avec Lilou, maman n'est pas là donc ne te tracasse pas pour moi.

— Comme tu le sens ; en tout cas si tu as besoin, je suis là, rétorqua-t-il avec un sourire encourageant.

— Je te remercie. Je travaillerai dans le bureau comme ce matin. Ça ne te dérange pas ?

Admiratif, Guillaume jeta un œil étincelant vers sa fille.

— Non… Si tu t'y sens bien. Vas-y, il est tout à toi !

— D'accord. J'y passerai une bonne partie de l'aprèsmidi, je pense. J'aime bien faire mes devoirs dans cette pièce, sourit-elle.

En son for intérieur, Marianne jubilait. Elle n'avait en réalité qu'une dissertation, et une seule leçon d'histoire à réviser. Cet excès de devoirs n'était qu'un prétexte pour occuper le bureau et au temps probablement infini qu'elle y passerait. C'était formidable de pouvoir se dire qu'elle n'allait pas être dérangée pour effectuer ses recherches clandestines. Elle s'impatientait de se retrouver à nouveau dans le cadre feutré de cette pièce si douce à vivre.

On n'entendait plus que le bruit des couverts dans les assiettes. Avec une vague hésitation, Marianne s'enquit de nouveau :

— Papa… ? Tu ne vas nulle part avec Lilou cet après-midi ?

— Non… Pourquoi cette question ? s'étonna-t-il.

— Comme ça ; je croyais t'avoir entendu dire que tu voulais aller chez ton ami Gérard pour lui livrer les pommes.

— Ah, mais j'avais oublié ! Tu fais bien de me le rappeler. Eh bien dans ce cas, Lilou peut rester avec toi… ? Non, laisse tomber. Avec tes devoirs ça va être compliqué. Elle viendra avec moi.

— D'accord, papa. Tu me préviendras juste quand vous partirez.

— Pas de souci, ma fille, lança-t-il, complice.

— Au fait, maman n'a pas appelé pour dire qu'elle était arrivée ?

— Non, pas encore. J'ai reçu deux messages écrits de sa part, dont le dernier juste avant le déjeuner. Elle ne devrait pas tarder.

— Et si nous, on l'appelait ? proposa-t-elle. Maintenant ? On n'a qu'à lui téléphoner…

Guillaume, pris au dépourvu, acquiesça, et toujours souriant, il se demandait pourquoi il n'y avait pas pensé plus tôt.

*

Anna était allongée sur le lit de la chambre de l'auberge, les yeux rivés au plafond. C'était tout compte fait comme une chambre d'hôte de campagne : douillette, ornementée d'une façon désuète, tout ce qu'il y avait de plus agréable pour le dépaysement dont elle avait besoin en cet instant. Le mobilier rustique dominait, et tout était arrangé avec soin. Quelle sensation étonnante de se retrouver dans un endroit inconnu, pour deux jours. Elle avait pris possession des lieux dès son entrée. Elle observait tous les détails alentour, elle décompressait. Elle ne sentait pas l'épuisement auquel elle s'était attendue, s'en voulant à elle-même et à Guillaume d'avoir quelque peu dramatisé au sujet de ce voyage qu'ils avaient supposé risqué. Peut-être parce qu'elle avait dormi pendant une grande partie du trajet. Mais cela aurait pu se passer d'une tout autre manière… Elle savait bien qu'elle était chanceuse. Et bien que nerveuse, elle ne se sentait plus coupable d'être partie.

Ses cheveux relevés en chignon mettaient en valeur son visage un peu bouffi, terne – imperfections dues à la grossesse et dont elle se serait bien passée –, et dégageaient ses fines épaules, la laissant paraître plus fatiguée qu'elle n'était.

Elle songea tout à coup qu'elle avait omis de passer son fameux coup de fil à Guillaume, pour l'avertir de son arrivée à bon port, comme convenu ensemble. Comme on dit, « pas de nouvelles, bonnes nouvelles » se surprit-elle à raisonner. La culpabilité reprenant ses droits, elle se dit que pour le coup, il ne valait mieux pas jouer à ce jeu-là avec lui, connaissant ses appréhensions initiales. Il n'aurait de cesse de se tourmenter tant qu'il n'aurait pas entendu le son de sa voix, et les filles pourraient le ressentir dans son comportement anxieux. Non, elle ne pouvait pas rester immobile et continuer de regarder en l'air, placide, tandis que lui était au comble de l'inquiétude. C'est avec difficulté qu'elle s'accouda pour mettre la main sur son téléphone. Elle ne l'avait pas encore attrapé que celui-ci vibrait, annonçant que c'était lui.

— Allô ? Les grands esprits se rencontrent. J'étais sur le

point de t'appeler, dit-elle d'emblée, comme pour modérer l'irritation tant redoutée de son mari.

— Je commençais à me faire du souci, déclara-t-il, ne cherchant pas à cacher sa réprobation. On parlait de toi avec Marianne ; c'est elle qui a eu l'idée de te téléphoner.

— C'est vrai ? Ma chère Marianne… Elle va mieux ? Elle avait l'air bien contrariée hier.

— Écoute, ça va. J'ai l'impression que le moral est meilleur qu'hier. *A priori* elle a pas mal de devoirs. Mais parlons plutôt de toi. Tu as fait bon voyage ? Tu as pu te reposer dans le train ?

— Mon cher monsieur, si tu veux tout savoir… : je n'ai rien à déclarer d'anormal, dit-elle si réjouie que Guillaume pouvait entendre son sourire au téléphone. Et je ne suis même pas fatiguée, annonça-t-elle, d'un air blasé qui sonnait faux.

Deux secondes s'écoulèrent, le temps que Guillaume digère cette allégation, qui de prime abord le fit douter un peu. Il s'éloigna à grandes enjambées vers le couloir puis insista :

— Tu ne dis pas ça pour me rassurer j'espère ? Pas de douleur bizarre ? Le moindre signe d'affaiblissement ? Ou alors tu ne ressens rien pour le moment, et demain tu auras du mal à te lever tant tu seras exténuée…

Marianne cette fois tendit l'oreille et s'approcha de la porte entrouverte pour suivre la conversation avec attention. Elle supposait que son père en faisait trop.

Anna reprit, comme pour s'apaiser elle-même :

— Ça va, je te dis. J'ai dormi pendant le trajet, ne t'en fais pas. Je suis vraiment bien, là. Je vais déjeuner et me coucher. Ensuite j'ai rendez-vous avec la sœur de Laurent vers dix-sept heures trente. Ce sera parfait pour demain.

Il se rembrunit :

— Parfait est un bien grand mot, quand on sait quel genre de journée ce sera.

— Guillaume… Cesse donc d'être rabat-joie. OK ce n'était pas prudent, OK ce ne sera pas joyeux, mais tout va bien. Plus que demain et je rentre. Vraiment pas de quoi t'en faire, je t'assure.

— Tout ce que je souhaite, c'est que tu ne me mentes pas. S'il y a un réel danger pour ta santé, je veux en être informé. Je veux savoir à quoi m'attendre, dit-il d'un ton sans appel.

— Il me semble que je l'ai bien compris. Fais-moi confiance, s'il te plaît.

— OK. Tout est bien alors. Et donc, tu as rendez-vous avec la sœur de Laurent à quel sujet ?

— Eh bien… Je dois être une des seules personnes qui ne soit pas proche de la famille et qui vient d'une autre région… Alors elle s'est dit qu'il valait mieux nous rencontrer avant la cérémonie pour pouvoir parler ensemble de la lettre qu'elle va me remettre… et qu'elle me la remette. Elle avait peur d'être trop à droite et à gauche le lendemain, après les funérailles : il va y avoir du monde, tu sais. En plus je lui ai dit que je ne souhaitais pas rester après : je les laisse en famille. Et du même coup, elle m'indiquera les formalités de l'enterrement vu qu'elle ne m'a rien envoyé – adresse, etc. expliqua-t-elle en chassant des mèches folles venues lui effleurer le visage.

— Mais est-ce bien nécessaire ? Ce ne serait pas une espèce d'attitude un peu curieuse qu'elle a ? demanda Guillaume, l'air sincère.

La diplomatie n'avait jamais été le point fort de Guillaume. Ces temps-ci, cela amusait de moins en moins Anna.

— Non, je ne pense pas. C'est quelqu'un d'accueillant, c'est tout, ça tient peut-être de famille… Laurent était assez prévenant, malgré son côté dissolu.

— Dissolu ?

— Oui, un peu « fêtard »... Enfin à vingt ans, à quarante, je ne sais pas.

Elle s'adossa au mur pour s'asseoir sur le lit.

— Avec sa maladie, ça ne devait plus être le cas, lança-t-il à la limite de l'ironie. Aussitôt gêné de cette impertinence, il se dépêcha d'ajouter :

— Bref, vous vous rencontrez juste pour parler d'une lettre... ?

— Oui enfin, qu'est-ce que tu cherches ? s'agaça-t-elle en triturant le couvre-lit. Il y a encore un problème d'après toi ? lança-t-elle, en se levant d'un bond.

— Non, non, aucun, répondit-il, désinvolte. Mais ce doit être une sacrée lettre alors. Du genre lettre d'amour ou quelque chose de grave. Pas de simples mots griffonnés sur une feuille, pour qu'elle te propose de te voir avant.

— Écoute, je ne sais pas, et je ne te cache pas que j'appréhende un peu ce que je vais découvrir. C'est vrai que tout ce cérémonial est assez étrange, maintenant que tu le dis, avoua-t-elle, marchant de long en large à côté du lit. Avec tout le foin qu'on a fait à la maison au sujet de cette cérémonie, je n'y ai pas trop pensé, et, à vrai dire, je n'en avais pas envie, ajouta-t-elle, le regard vide.

— Bon, ne te mine pas, en tout cas. Tu y es, à présent. Tu liras sa lettre, demain tu te rendras à son enterrement. Je pense que c'est honnête de ta part.

— Oui, c'est exactement ça ; je serai satisfaite et repartirai sans scrupule. Sinon... je voulais te dire... fit-elle avec une once d'hésitation dans la voix. Merci d'être compréhensif. Quand même. Je sais que ce n'est pas facile pour toi.

— Comme pour toi, ma chérie. C'est pour ça que je ne t'en ai pas empêchée. Je suis capable d'identifier l'importance d'une situation à risque. Mieux valait que tu y ailles, plutôt que tu me fasses une dépression aiguë pendant le week-end. Là pour le coup ton stress aurait pu mettre le bébé en route.

Anna aimait le côté complaisant dont son mari faisait si souvent preuve dans les circonstances difficiles, pour la préserver malgré une anxiété manifeste.

— Donc cette fois on est d'accord ? Tu es rassuré ? osa-t-elle demander.

— Oui, en partie. Mais toi, promets-moi de ne pas t'angoisser pour cette lettre et pour demain… Tu n'as pas l'air tout à fait tranquille.

— Je vais essayer… Je suppose que c'est normal de ne pas être à l'aise dans un tel cas, mais c'est parce que c'est l'inconnu tout ça pour moi, admit Anna, mal à l'aise, tout en continuant ses pas.

— Si tu veux, tu m'appelles dans la soirée pour me raconter… Mais si tu ne le souhaites pas, je comprendrai, dit-il d'un ton compatissant.

— Oui, je suppose… Enfin, je ne sais pas si je te téléphonerai après, je ne peux pas te dire. On verra selon mon humeur et la fatigue, d'accord ? décida-t-elle, cessant de marcher, et sentant son embarras s'accentuer.

— On va dire ça, dit-il sur un ton qui ne cherchait pas à dissimuler sa déception. Alors peut-être à tout à l'heure. Quoi qu'il arrive, tu m'appelles demain avant le départ du train.

Marianne choisit ce moment de leur discussion, pour revenir à sa chaise. Elle sentit son père plutôt serein et empathique.

— C'est d'accord. Alors je t'embrasse, fit Guillaume, le téléphone à la main.

Anna marqua une légère hésitation.

— Mon chéri…

— Oui ?

La seconde de silence qui suivit les troubla tous les deux. Il passa la main dans ses cheveux.

Elle articula tout juste :

— Je t'aime.

— Moi aussi. Prends bien soin de toi, surtout.

Après avoir raccroché, Anna posa le combiné, et s'échoua sur le lit, entre déroute et admiration. *J'ai un mari en or...* se surprit-elle à penser. Il avait bien saisi l'importance de son voyage et n'avait presque pas montré la souffrance qui avait été la sienne jusque-là. Car il avait compris que cette histoire avec Laurent avait pesé lourd dans sa vie d'hier, et de toute évidence dans celle d'aujourd'hui. Et il l'avait accepté. Avec le recul, elle voyait combien il avait fait montre de permissivité à son égard... Mais il avait fait bien plus que ça : il avait été magnanime.

Au-delà de ça, elle n'y avait pas réfléchi mais... Guillaume voyait juste : pourquoi rencontrer Lise avant ? Cette dernière avait bien insisté sur ce point pourtant. Cette lettre devait avoir sa valeur, une signification forte, sans aucun doute. Lise pourrait croire qu'en venant, Anna s'était laissé emporter par ses émotions, que ce n'était qu'un coup de tête. Au diable ce que Lise pensait. Elle ne la connaissait pas. Anna seule savait que c'était de sa part une intention sincère envers Laurent.

Cependant, une drôle d'appréhension l'envahit une nouvelle fois. Elle n'oubliait pas que Laurent était parti sans explications. Allait-elle découvrir un fait qui allait la bouleverser plus encore ? Était-elle sur le point de déceler quelque chose qui aurait pu changer le cours de sa vie si elle l'avait su *à l'époque ?* Elle frémissait à l'idée que Guillaume ait pu avoir ce genre de réflexions, lui aussi. Il était assez psychologue et n'avait aucun mal à se glisser dans la peau des autres pour comprendre les situations les plus complexes. Mais elle se rassérénait car le cas présent ne le concernait que par procuration, et avec un peu de chance l'imagination fertile de son mari devait être brouillée par ses sentiments et son anxiété. Elle était lasse de toutes ces incursions par la pensée, et plus que tout, elle désirait fermer son esprit et se rallonger sur le lit. Elle resta un long moment à observer les tableaux accrochés çà et là, interrompant sans s'en rendre compte le cours dérangeant de ses divagations.

Soudain, elle eut dans la tête l'image d'une baignoire emplie de mousse. Oui, un bon bain chaud était tout indiqué pour calmer ses nerfs avant une sieste. Plus rien d'autre ne comptait.

Elle alla vérifier si la salle de bains pouvait lui offrir ce dont elle avait besoin, là, maintenant. Puis, revenant satisfaite vers son bagage en sifflotant, elle huma le délicat parfum floral du gel douche de l'hôtel qui se répandait dans la chambre, prêtant à peine attention au son de l'eau qui jaillissait et lui promettait un moment de détente imminent.

*

C'est le cœur battant à tout rompre que Marianne quitta la cuisine. Malgré le repas achevé depuis plus d'une demi-heure, il persistait dans la maison une entêtante odeur de friture, qu'elle trouvait particulièrement écœurante.

N'ayant en tête que de tourner les pages de l'obsédant manuscrit, elle se dépêcha de grimper l'escalier pour rejoindre le bureau qu'elle retrouva avec plaisir, tant il y avait eu de bruit en bas. Tout agitée qu'elle était d'être revenue sans obstacle à sa petite entreprise malhonnête, elle s'apaisa au contact de cet espace empli de sérénité. Elle appréciait plus que jamais l'harmonie qui y régnait. La pièce était plus ensoleillée que le matin. L'odeur réconfortante de vieux papier et de bois avait d'emblée gorgé ses narines, comme à chaque fois qu'elle en franchissait la porte.

Debout, la main sur la poignée de la porte, et bien que pantelante, Marianne était sur la retenue. Comme si elle avait oublié quelque chose, elle s'assit d'abord sur le vieux canapé, pour réfléchir. Bien sûr… Elle devait mettre en scène son occupation à faire ses devoirs : il fallait qu'elle légitime l'utilisation du bureau telle qu'elle l'avait expliquée à son père. Elle sortit de la pièce, et c'est munie de ses livres et cahiers qu'elle y revint en hâte. Elle disposa le tout en ordre sur le bureau, agenda à la date du lundi suivant et cahier ouvert au milieu, sur lesquels elle posa deux stylos décapuchonnés, plusieurs livres empilés sur le côté. C'était plus vrai que nature. Elle gardait à l'esprit qu'il lui faudrait, quoi qu'il arrive, s'y installer afin de faire vraiment ses devoirs. Réjouie de sa petite manigance et un peu moins angoissée à l'idée que son père ou sa sœur puissent la surprendre, elle sourit.

Tout à son aise désormais, elle s'avança vers la bibliothèque derrière laquelle elle avait dissimulé les pages. Elle s'accroupit, se plaqua contre le mur pour récupérer la première moitié, frissonnant presque. La main moite qu'elle tendit vers le meuble était trop brutale. Elle multiplia les tentatives pour tout attraper en une seule fois, tant le bloc de feuilles était serré entre le meuble et le mur. Elle combattit sa profonde envie de s'acharner sur ce meuble en voyant que des pages demeuraient coincées. Elle tira et en déchira trois. Elle s'en blâma et tenta de récupérer ce qu'il restait.

Ce qu'elle redoutait le plus en cet instant, c'était qu'il manquât des pages, qu'elles aient glissé plus bas. Quelle frustration ce serait… « Impossible » s'entendit-elle dire. Contre toute attente, elle conservait un calme exemplaire. S'affoler était inutile. Enfin quoi, c'était ridicule… Une histoire de vieilles feuilles cachées par elle-même, tel un trésor, emprisonnées au dos d'un meuble, et son euphorie des dernières heures envolée… Cela ne pouvait pas être gâché par une dizaine de feuilles récalcitrantes. Non, vraiment, c'était tout à fait absurde. Comme si tous ses espoirs étaient réduits à néant en cinq minutes. Elle avait tant pris cette découverte au sérieux. Ce n'était plus un jeu, là. Et dire que c'est ce qui la motivait depuis la fin de la matinée. La journée, tout à coup, n'avait plus la même saveur. Elle se sentait piégée, juste pour avoir voulu braver un interdit.

L'irritation s'emparait de Marianne et elle se leva, acculée par cette vaine manœuvre. Elle resta immobile de longues minutes, en proie à une immense déception. Se sentant étouffer, elle ouvrit la fenêtre. Il y avait du vent. Elle entendit Lilou qui criait dans le jardin de l'autre côté. Elle fixa la cour pavée, à la recherche d'une solution.

Abasourdie, elle s'apprêtait à se résigner. Après tout, pourquoi s'obstiner à vouloir déplacer un meuble ? Si ces feuilles ne se laissaient pas prendre malgré ses tentatives désespérées, c'est que cela devait se passer ainsi.

L'excitation retombée à plat, elle se sentit bientôt spoliée. Elle se résolut à chasser ses émotions qui ne l'aidaient pas à avancer d'un pouce. Elle ne pouvait décidément pas se résoudre à abandonner ses investigations prometteuses, et c'est investie de l'entêtement qui la caractérisait qu'elle reprit ses tentatives de déblocage de ces pages, toute excitation mise de côté. Cette fois, elle se concentra du mieux qu'elle put pour agir avec une extrême finesse. De longues minutes passèrent, au terme desquelles elle se désolait de ne jamais pouvoir y arriver… Mais au bout du compte, ses efforts furent récompensés quand elle réussit, émerveillée, à désenclaver enfin – par elle ne savait quel miracle – les pages coincées. Dans son inconscience, elle s'auto-félicita de ne pas avoir renoncé si vite à ce projet. Elle caressa le papier devenu calleux, mais qui cependant glissait si bien sous ses doigts. Elle exécuta les mêmes gestes sur le côté opposé de la bibliothèque, pour réunir l'autre moitié du manuscrit.

La première chose qui lui vint à l'esprit est qu'il ne fallait pas remettre cet amas de feuilles dans cette cachette, sous peine de le perdre jusqu'au possible déplacement des meubles – autant dire pour toujours. Elle devait, avant de s'astreindre à la lecture de ces écrits, leur trouver une autre planque. Comment créer l'illusion que le manuscrit n'avait pas bougé sur le divan, sans qu'il tombe dans d'autres mains ? Anna voudrait sans doute le récupérer puis le ranger en rentrant. Le manuscrit avait été oublié dans sa hâte de partir, c'était sûr. Mais pour le moment c'était une question à laquelle elle n'aurait sans doute pas la moindre chance d'avoir une réponse.

Elle avait repris goût à l'interdit au contact du papier entre ses mains. Elle avait toujours à cœur de mener une recherche sur les rayonnages des deux bibliothèques se faisant face, dans l'intention de s'emparer d'indices concernant l'auteur des pages qu'elle avait trouvées le matin même. C'était dans son esprit une condition indispensable pour reconstituer ce puzzle.

Avide, elle se remit à tourner les pages qu'elle avait sur les genoux, mais elle s'en détourna vite car l'idée persistante d'en connaître le rédacteur ne la quittait pas. Elle s'affaira donc aussitôt à explorer les étagères de la bibliothèque à côté de laquelle elle était agenouillée. Elle parcourut le meuble de fond en comble, n'hésitant pas à déplacer des volumes, parfois épais et anciens, à les ouvrir à divers endroits, balayant la poussière par la même occasion. En une heure, elle ratissa sept étagères de livres, de deux mètres cinquante de large chacune. Elle fouilla comme un chat cherchant dans une poubelle les restes de poisson du dîner de la veille. Elle procéda à l'identique sur la seconde bibliothèque, qui comptait à peu de chose près une largeur similaire, et autant de rayons.

La lassitude de ne rien trouver commençait à gagner la jeune fille. Elle était tant pétrie de cette envie de connaître l'identité de celui ou celle qui s'était efforcé de noircir ces pages. C'est avec spontanéité qu'elle avait pensé à sa mère, bien qu'elle l'en crût tout juste capable. Car en dépit du fait qu'Anna cultivait l'amour des mots par la lecture, elle aurait très bien pu un jour avoir transféré sa passion sur l'écriture. Mais c'était trop simple. Il lui fallait une preuve officielle. Peut-être finirait-elle par obtenir sa réponse à l'intérieur du paquet de feuilles, posé, là, sur le vieux parquet ? Le besoin irrépressible de se lancer dans la lecture l'envahissait à mesure que les minutes s'écoulaient. Plus elle s'attardait sur sa quête, plus la tentation de lire les premières pages se faisait pressante.

Elle céda à son aspiration de parcourir sans plus attendre le contenu des premières pages qu'elle avait mis tant d'ardeur à libérer. Et c'est sous l'empire de la frénésie qu'elle parvenait à peine à maîtriser, qu'elle s'exécuta sur-le-champ, parcourant les paragraphes qui s'alignaient sous ses yeux.

5

Un air de fête

Mai 1991
PARTIE 1

Je m'ennuyais ferme à la soirée de mon village, organisée comme chaque année à la veille de l'été. Ma mère avait participé aux préparatifs, faisant partie du comité des fêtes de la commune.

À cette fête assistaient mes parents, quelques jeunes de mon âge que je connaissais mais n'appréciais guère ; il y avait aussi les « commères » du village – ces affreuses colporteuses de ragots –, accompagnées de leur cher et tendre mari.

Ainsi, l'idée de me rendre à cette soirée « festive » (laquelle en vérité s'annonçait ennuyeuse à mourir) m'avait bien agacée. Je déteste assez passer une soirée avec des gens qui ne m'intéressent pas (et ce soir-là, il y en avait beaucoup). Mais en dépit de ce que me dictait mon cœur, je m'étais fait violence pour y aller, enfin disons plutôt… pour faire acte de présence. Et aussi, pour faire plaisir à ma mère. Car il n'y a aucun intérêt à faire bonne figure. J'avoue au fond, qu'isolée chez moi, je me serais peut-être plongée dans des idées noires, car j'avais le moral en berne. Et il aurait été probable que je fisse les cent pas. Je n'avais jamais passé l'une de ces fêtes seule comme c'était le cas pour celle-ci. J'étais, d'un an à l'autre, accompagnée d'amis, et il y avait aussi mes parents, ces derniers appréciant beaucoup l'ambiance de ces fêtes qui donnent un avant-goût de vacances d'été. Et moi qui faisais si souvent référence à la devise bien connue : « Mieux vaut être seul que mal accompagné », pour le coup je l'avais négligée et nullement appliquée – sans remettre en cause la présence de mes parents. Ce jour-là, et bien des jours avant, j'avais la conviction toute nette que mes amis n'avaient jamais constitué de vrais amis en bonne et due forme. Les groupes de jeunes de l'époque s'étaient divisés en plusieurs clans, dont la majorité avait fini par ne plus exister. Moi je n'appartenais plus à aucun groupe. D'ailleurs l'amitié qui nous avait unies, mes meilleures amies et moi, s'était brisée au bout de sept ans. En fin de compte, les liens étaient en train de s'effacer, et d'une façon presque naturelle, ils s'estompaient peu à peu. C'était, de chaque côté, l'effet recherché. Le ciment s'était effrité pour devenir débris. Leurs idées générales avaient changé, les miennes aussi. Il m'arrivait même d'éprouver du mépris pour elles, et j'ai toutes les raisons de penser que c'était réciproque. J'avais la sensation que les motifs du trouble qui nous divisait n'étaient pas partagés ; il n'y avait pas eu d'explication ou la moindre tentative de règlement de comptes, et je laissais aller… Nous nous contentions de chavirer vers l'hypocrisie et la duplicité, et cela en toute simplicité. Magnifique, non ? Et cependant nous avions été liées par un profond attachement, il y avait eu de véritables bons moments entre nous : c'est cela qui aujourd'hui est dérangeant. Elles habitaient dans des villages tout près du mien. Je m'employais déjà à chercher l'amitié ailleurs. Cette dernière initiative était pour ainsi dire quasi inutile quand on sait que les liens solides naissent de façon naturelle… Et la preuve en est, qu'au final, j'ai eu la chance d'avoir croisé le chemin d'un groupe de personnes tout à fait hors du commun, avec qui j'ai pu vivre une amitié particulière. Des gens formidables sans qui je n'aurais pu suivre de folles péripéties. Avec eux tous les coups étaient permis, et les bons moments, indénombrables. Des amis tels qu'on en rencontre rarement dans l'ère qui est la nôtre. Une amitié comme celle-ci s'immisce à l'improviste, vous prend par surprise. Si étonnante, qu'elle en devient grisante. Et de surcroît dans une vie semblable à celle qui était la mienne à ce moment-là, pavée d'indicibles tourments (mais qui me torturaient vraiment à l'époque), celle-ci est arrivée à point nommé pour me détourner de mes contrariétés du moment… Elle a été salvatrice. J'y ai laissé des envieux sur le bas-côté. Pourquoi ? Comment ? Parce que l'être humain est jaloux par nature, je dirais. Aussi impitoyable que cela puisse paraître. Mes anciens « amis » – avant la rencontre de ces personnes que je n'oublierai jamais –, avaient suivi des chemins différents du mien par le simple fait du hasard. Nous nous étions perdus de vue en somme, et pour reprendre une formule bien connue, « c'est la vie ». Au final j'en étais réduite à une espèce de solitude depuis près de trois mois. Ce qui ne me posait pas un problème insoluble, puisque j'étais quelqu'un d'assez solitaire. Mais je dois avouer que cela me devenait bientôt pesant. J'avais l'intime conviction que ce n'était que provisoire. En dehors de camarades de classe qui n'habitaient pas à côté de chez moi, de mes voisins, ou d'amis de la famille que je voyais une fois l'an dans le Midi de la France, force est de constater que je n'avais dans mon entourage que des connaissances. Question flirts, j'en avais eu quelques-uns, mais jamais cela n'avait duré… Des amours de jeunesse, comme on dit. À mon âge (dix-sept ans), la situation était loin d'être dramatique ou exceptionnelle, et cela dit je n'étais pas prête à m'installer ou à fonder une famille, donc je ne m'alarmais pas le moins du monde sur le sujet.

*

Le soir de la fête, j'étais donc peu disposée à m'amuser, mon état d'esprit ne s'y prêtait pas, la soirée ne m'emballait pas plus que ça. Je faisais en sorte de m'éloigner le plus possible des « copines » de ma mère, pour qui la principale distraction consistait à critiquer la plupart des habitants du village, certains même, là, sous leur nez. Les villageois se savaient l'objet de leurs commérages, un jour ou un autre. Tout portait à croire que c'était le loisir favori de ces mégères aigries. Ma mère les écoutait persifler sans grand intérêt, riait parfois, mais ne jugeait pas. Elle se rendait complice malgré elle de ces racontars inutiles. Par bonheur elle connaissait les limites de la plaisanterie, et elle n'était pas de nature contrariante, ce qui la desservait à bien des égards.

Le repas, dans la salle des fêtes du village, avait débuté par l'apéritif, dans une ambiance des plus conviviales. J'observais. Il y avait peu de personnes de mon âge. Je ne me mêlais d'aucune conversation, allant de temps à autre fumer une cigarette à l'extérieur. Puis vint le moment où la musique fit entrer en piste une infime partie de la salle. Je crus que l'atmosphère s'égaierait un peu, mais non, pas plus que ça. En comparaison des soirées d'« avant », c'était lourd d'ennui. Le style musical, perdu quelque part entre les années 1980 et 1990, me tapait sur le système. L'accordéon, je n'en parle même pas. Encore une chance que les anciens dansaient, sans quoi nous nous serions tous pendus. J'étais accablée et je peinais à m'accommoder de la compagnie de ces gens que je ne côtoyais jamais, pour la moitié d'entre eux. Seuls mes parents et les personnes qu'ils connaissaient bien donnaient l'impression de se réjouir de la fête. En voyant toute cette agitation qui m'échappait et que je ne pouvais contrôler, j'avais le sentiment d'être loin de tout ça, de ne pas leur ressembler. Que ma vie se dégradait… Une vie si jeune.

Pourtant je me rends compte à présent qu'il n'y avait pas de quoi avoir de telles impressions. J'ai en moi, à l'instant où j'écris ces lignes, d'inoubliables souvenirs, inondant ma mémoire, et que je ne soupçonnais pas à cet instant précis de la soirée. Et quand je note cela, je ne peux m'interdire de sourire… La nostalgie est tellement présente. J'écris en suivant pas à pas mes souvenirs, j'écris pour me rappeler les bons moments. Pour supporter le vide qu'ils ont laissé. Enfin, j'écris pour ne pas les oublier. Jamais.

Et c'est ce soir-là qu'il s'est passé cette chose étrange. Ce soir-là, que j'ai fait la rencontre inopinée de ces personnes qu'on ne pouvait que remarquer. Et le cours de ma vie a été dévié.

J'étais donc dans l'ignorance totale de ces nouvelles émotions qui allaient tout changer. Par le plus grand des hasards, ces gens étaient sur le point de venir me délivrer de mes préoccupations futiles et de m'en éloigner pour de bon.

Après le repas, j'étais lasse. Je me sentais dévisagée par tout un tas de quinquagénaires qui avaient l'air de me reprocher je ne savais quel méfait. Un paradoxe que j'aie pu danser une fois avec mon père. Je m'étais même efforcée de sourire, et même obligée à rire… J'étais fausse. Une escapade à côté des autos tamponneuses et je revenais à la salle dans laquelle le son de la musique était plus agaçant que jamais. Une chaleur intense se faisait ressentir. Je bavardais à l'occasion avec des voisins ou amis de mes parents, et la discussion ne s'attardait pas outre mesure. Mes regards continuaient d'être indifférents, mon attitude, désinvolte. Délibérément. La seule personne à qui j'avais fait l'honneur d'une longue conversation était notre maire – j'aimais sa bonhomie et son naturel grinçant, et je crois, mes parents aussi (c'est peut-être à cause de ça, d'ailleurs).

Ma mère, toutes les heures, venait me demander si ça allait bien. Ça se voyait tant que ça que j'étais au comble du désespoir ? Ou avait-elle peur que je m'ennuie ?

La soirée touchait presque à sa fin, et elle commençait à devenir intéressante, sauf que j'étais affligée d'un mal de pieds affreux, dont j'étais la seule coupable. Il devait être dans les deux heures du matin. Je ne me sentais plus capable de marcher avec les chaussures que j'avais chaussées par pure obstination – le coloris s'assortissant de façon impeccable avec la robe que je m'étais offerte le matin même. Des cloques douloureuses se formaient déjà derrière mes talons et je me résignais à devoir les supporter jusqu'à ce que mes parents décident de rentrer. Ne pouvant plus placer un pied devant l'autre, c'est nu-pieds que j'allai prendre place à une table libre et y étendis mes jambes en appui. Et pour une fois dans la soirée je m'amusais de ce que je voyais : les gens dansaient et chantaient à tue-tête autour des tables, ils étaient tous détendus, sans doute ivres de l'alcool qui avait coulé à flots dans les verres plastifiés. Certains titubaient, parlaient trop fort ou cherchaient leurs mots pour former une phrase cohérente. Il y en avait même qui dormaient sur une table, les bras croisés. Je ne devais pas être trop mal non plus, mes jambes sur la table. Des discours interminables démarraient pour d'autres. Aucun ne craignait pour sa réputation. C'était tout à fait burlesque. Nous devions être environ cinquante dans la pièce. Malgré mon sentiment d'inutilité, je regardais l'amusement général avec un plaisir presque sincère.

C'est alors, à cet instant précis, que je vis défiler devant moi, les uns derrière les autres, six garçons qui devaient avoir, à deux ou trois ans près, mon âge. Je les observais en tapinois, et je voyais comme ils avaient un regard curieux. Ils étaient entrés dans la salle avec des rires tapageurs et la nonchalance qu'ils affichaient était tout juste impertinente : il était impossible de les ignorer. Au même moment, une autre bande de jeunes que je connaissais, et que j'ignorais volontiers d'ailleurs, se dirigeait vers des tables vacantes, à l'opposé. Une seule fille se trouvait parmi eux et j'apercevais de loin ses regards moqueurs, sûre qu'ils m'étaient destinés. C'était déstabilisant. En dépit de cela, je faisais mine de ne pas en être affectée. J'étais là, presque affalée sur ma pauvre table, l'air misérable peut-être. Et alors ? Dans l'indifférence totale, je me demandais juste quand mes parents proposeraient de rentrer car, sans voiture, je ne pouvais aller bien loin en pleine nuit, seule, les pieds enflammés. La maison se situait à un kilomètre au moins.

En attendant que l'heure vienne, j'analysais de loin et en toute discrétion les visages des six nouveaux venus, dont la sympathie ne m'était pas insensible. J'y répondis par un sourire avisé mais, devant l'insistance de leurs regards amicaux, je détournai les yeux d'une façon timide.

Leur visage me parlait… Puis c'est sans crier gare que l'un d'eux s'avança d'un pas assuré vers moi. Je ne l'avais pas vu arriver. Un peu prise au dépourvu, je levai la tête vers lui comme si j'avais vu un spectre.

Il s'empressa de me saluer :

— Eh, comment vas-tu ? Anna… c'est ça ?

C'est à ce moment précis que son visage me revint. Je l'avais déjà vu. Tout en prenant un temps de réflexion assez bref pour être en mesure de retrouver son prénom, je répondais déjà :

— Oui… Ça va bien, oui… Et toi ? Et que fais-tu ici… ? François… ?

Il se pencha aussitôt pour me faire la bise. Un peu gênée de mon accoutrement, je me redressai sur mes pieds nus et, les bras croisés, j'attendis sa réponse.

— On a appris qu'il y avait une fête. On est venu faire un petit tour pour voir à quoi ça ressemble, dit-il comme s'il s'agissait d'une foire aux bestiaux. Et pourquoi pas s'amuser un peu, poursuivit-il le sourire aux lèvres.

— Eh bien, c'est tous les ans comme ça, dis-je sans grand enthousiasme. Mais je préférais les fêtes des autres années, on s'amusait mieux. Il y avait plus de jeunes et tout le monde s'aimait bien.

— C'est la première fois que j'entends parler d'un événement de ce genre ici.

— C'est parce que vous n'êtes là que depuis quelques mois, lui rappelai-je en essayant de remettre mes chaussures.

Il se tourna vers ceux qui dansaient encore.

Un petit silence s'immisça, et voyant son intérêt, je continuai :

— Je suis venue avec mes parents. Je viens en général tous les ans à la fête. C'est un peu comme une tradition. Mais là… J'ai trouvé le temps long. J'ai mal aux pieds, et je m'ennuie. Il n'y a pas de jeunes, à part vous, personne d'intéressant, conclus-je en écartant mes cheveux longs tombés sur mon visage.

Rassise, je bâillai sans retenue.

Il me regardait avec des yeux rieurs. Je n'aurais su dire s'il se moquait de moi ou s'il se trouvait quelque drôlerie dans mon explication.

— C'est sûr que comme ambiance, y a mieux, lança-t-il en riant presque. En fait nous, on s'emmerdait à la maison ; du coup on est venu par curiosité.

Aussitôt cette phrase achevée, les cinq autres s'approchèrent et, comme ils me tendaient leur joue avec simplicité, je leur fis la bise, tour à tour. On aurait dit des enfants, enjoués, leur apparence débordant d'une étrange insouciance. Je me sentis soudain perplexe.

Je fis donc la connaissance de Teddy, un Nordiste, Frédéric, et enfin d'un autre garçon dont j'ai oublié le nom. Quant aux autres, leurs visages curieux me confirmèrent que je les connaissais. Ils me regardaient tous comme une bête étrange, c'était embarrassant et grisant à la fois. En les observant de nouveau, je commençais à me rappeler… Il y en avait deux. Deux d'entre eux qui étaient présents au barbecue chez Cyril (camarade de classe de François). C'étaient les dénommés Jean-Christophe – que l'on nommait JC –, et Julien, qui était du coin. Ils appartenaient au clan des nouveaux venus…

Il se trouvait que, jusqu'en avril, seuls les élèves de la classe de terminale habitaient dans un lotissement de mon village. Les autres, en première et seconde, logeaient près du centre de formation. J'avais déjà eu le plaisir d'apprendre qu'il y avait aussi des étudiants préparant un diplôme supérieur, et qui occupaient désormais eux aussi quatre maisons du même lotissement, dans mon village. Ainsi, la classe de François avait été dans l'obligation de partager le territoire avec ces nouveaux arrivants, installés depuis deux semaines.

Comme eux, ils venaient tous d'horizons différents.

François était dans une classe qui suivait une formation en alternance de type bac spécialisé, depuis un an en classe de terminale, dans les nouvelles technologies d'énergie renouvelable, et leur école se situait dans un patelin tout près du mien. Ils habitaient des logements fournis par l'école car la majorité des élèves n'étaient pas de la région. C'était une sorte de quartier d'étudiants assez bien aménagé, en pleine campagne normande.

J'avais rencontré François deux mois avant, car une partie de sa classe (et pas la meilleure) avait voulu nous connaître, ma petite cousine – de passage à la maison – et moi. Les beaux jours venus, nous nous étions baladées dans les rues et les avions croisés par hasard : c'est lors de cette première rencontre que nous avions fini par connaître le reste de sa classe. Je ne m'étais pas sentie tout à fait à l'aise en leur compagnie. Il m'avait fallu une deuxième soirée, plus tard, pour comprendre qu'en définitive je ne partagerais pas une soirée de plus avec eux. Ces garçons-là étaient loin de représenter un groupe soudé, achevant de me décevoir de la vie en communauté. François faisait partie des moins dépravés d'entre eux ; néanmoins je m'en méfiais comme de la peste.

Il m'était arrivé d'en croiser deux ou trois de sa classe par hasard, et de ma part, cela se traduisait par des salutations sans engouement.

Nous observions les danseurs. François me demanda en souriant :

— Alors, je vois que tu vas bien sinon, depuis la dernière fois qu'on s'est vu. Tu te souviens, c'était chez Cyril ?

Je hochai la tête sans un sourire et répliquai :

— Au barbecue... Bien sûr, fis-je, prudente, en rajustant mon gilet de coton.

Évidemment que je m'en souvenais, pour qui me prenait-il ? C'était à ce moment-là, l'une des soirées les plus insensées de ma vie... Et c'était (encore heureux) la dernière en leur triste compagnie. J'y avais été conviée par Cyril, un de leurs camarades qui m'avait été présenté pendant la première soirée, celle de la fin du mois d'avril. Son invitation à cette seconde soirée avait été lancée sur la base de suppositions de ces garçons, qui me croyaient cupide ou artificielle (je ne sais pas vraiment ce qu'ils s'imaginaient, les pauvres...) Et cela juste pour avoir participé à cette toute première soirée d'avril avec eux. C'était là un fait que j'avais constaté avec un déplaisant dégoût au cours de cette seconde soirée.

Aussitôt, les souvenirs se mirent à danser. Je revenais au barbecue d'avril. À cette période de l'année, les premiers jours baignés d'un soleil encore timide qui s'attardait offraient d'agréables soirées à l'extérieur, bien que fraîches encore...

6

La douceur d'un soir

Avril 1991
Partie 2

Nous étions dans mon village, dans le petit lotissement dédié aux étudiants de la classe de François. J'entendais le brouhaha qui frappait la maison voisine de celle de Cyril. Des garçons, qui n'étaient pas de la classe des terminales, fêtaient l'anniversaire d'un certain Justin. Plutôt beau garçon, les mains enfouies dans les poches de sa salopette en jean sous laquelle il était torse nu, celui-ci se pavanait dans le quartier, ivre, et rendait visite au groupe que nous formions. Il scrutait les parages, tout près de la baie vitrée, tantôt les yeux rivés sur nous, tantôt levés vers l'horizon que la nuit était en train de rendre imperceptible. Je lui jetais un œil plutôt discret. Avec son air énigmatique et sa peau hâlée, il avait une classe folle. Mais il me paraissait hautain malgré son charme. Il avait les cheveux courts, châtain foncé, et cependant je distinguais mal la couleur de ses yeux, à cause du faible éclairage. Ignorant que son anniversaire était la raison d'être du tintamarre d'à côté, je piétinai les cailloux blancs pour passer devant lui avec un regard que j'espérai furtif. Lui me dévisagea à se dévisser le cou, le reste de son corps ne bougea pas d'un centimètre. Je n'avais aucune envie de faire sa connaissance.

Je revins sur la terrasse avec une cigarette à la main, au milieu des camarades de Cyril, duquel ces derniers se moquaient sans retenue. Le groupe des terminales s'était égaillé en petits attroupements. Certains garçons s'étaient réunis autour de la grande table, d'autres causaient près du feu, quelques-uns jouaient même au ballon. Un gentil chahut s'organisait. Je m'installai près d'une fenêtre, face aux grands peupliers qui bordaient le petit jardin. Le fond musical délivrait ses notes d'une douceur idéale.

Au cours de cette soirée, j'avais échangé plutôt longtemps avec un Marseillais dénommé Quentin. Il m'était apparu comme le seul du groupe semblant avoir du « plomb dans la tête ». Nous avions ri ensemble, un courant sans arrière-pensées passait bien entre nous. Néanmoins je ressentis de plein fouet une sorte de jugement de valeur parfaitement injustifié de la part des autres. Les suppositions très claires de certains dévoilaient leur véritable personnalité. Un pas de plus qui me faisait passer dans le rang des filles amorales. À côté de ça, je les entendais critiquer des tas de personnes que je ne connaissais pas, en toute impunité, et j'en étais gênée pour elles.

D'autre part, ils avaient une théorie selon laquelle les femmes ne devaient pas consommer la moindre goutte d'alcool, tandis qu'eux, voués à la débauche, avaient tout le loisir de boire à satiété. Je découvris d'ailleurs qu'ils passaient la majeure partie de leur temps à se saouler. Le débat que nous avons eu sur ce sujet m'entraîna de façon définitive vers le camp des écervelées. Me sentant à l'opposé de leurs vices et de leur fourberie, je ne cherchai pas plus loin. Je les méprisai. Ma véhémence à les contredire m'avait desservie, et c'était de loin le genre de mentalités que je fuyais d'ordinaire. Certains m'avaient écoutée, bouche bée, puis je tombai des nues et demeurai dépitée de m'être laissé embringuer en si navrante compagnie. Je déplorais leurs attitudes malsaines et immatures.

Comme si de rien n'était, et la lumière du jour déclinant, je résolus de rentrer. Mais avant cela, je pris le parti de me montrer plus froide que jamais ; autant profiter de ma présence encore pour mettre à mal leur dérision. Je ne m'étais pas sentie à ma place en leur présence. À tel point que je n'avais rien avalé. Désormais je faisais en sorte que leur esprit lent et dénué de pensée sociable comprenne que mon hostilité soudaine était de leur seul fait.

Bientôt, cette confusion fut rompue par un garçon de leur classe dénommé Lilian, un farfelu qui passait son temps à rire. Ma distance l'avait poussé, naïf, à m'offrir de manger autre chose que des grillades. Je me retrouvai vite dans la cuisine à ses côtés, une petite pièce où le désordre s'était approprié une large place. Et ce que je vis me consterna… Je restai de marbre devant le dépôt régulier de graisse sur toute la surface du plan de travail, qui était le même sur la bordure des vitres et sur les meubles. Écœurée, j'écoutai d'une oreille distraite Lilian qui n'avait de cesse de me servir des histoires étonnantes – et pour cette raison je doutais de son sérieux. Il était drôle, mais surtout agaçant, à parler sans jamais s'arrêter. Je fis mine de tirer sur la porte du frigidaire qu'il m'était impossible d'ouvrir ni même de toucher, tant j'imaginais que ma main resterait collée à la poignée.

C'est alors qu'en jetant un œil vers la porte d'entrée béante, j'eus tout le loisir d'observer un raffut assez divertissant. Des garçons qui se trouvaient dehors, que je n'avais jamais vus et dont j'ignorais de quels endroits ils débarquaient, se livraient à des conversations sans discrétion, braillant avec joie. Et les rires se multipliaient. L'alcool devait y être pour beaucoup. Leurs bouilles débonnaires étaient imprégnées d'une joie de vivre qui les poussait à se courir les uns après les autres, sans raison apparente. Jamais un mot vulgaire n'entachait leur chahut. Leur bonne humeur me gagnait et je m'attardais un peu, témoin de cette agitation, certes stupide, pour rire volontiers. Ces garçons ne faisaient pas partie de la classe de Cyril et François (les terminales), ils étaient sans doute dans celle de Justin (les étudiants).

Je ne prêtais plus attention aux va-et-vient qui s'opéraient dans cette cuisine, celle-ci étant le passage le plus souvent emprunté du fait de sa seconde porte qui s'ouvrait sur le trottoir. Les folles turbulences de la rue avaient répandu une gaieté un peu spéciale, et de temps à autre, l'un des compagnons pas trop misogynes de Cyril faisait une halte pour discuter avec moi, jovial, et sitôt repartait. Par exemple, un certain Cédric que je connaissais de vue m'avait tenu compagnie. Trop orgueilleux à mon goût, son allure un peu trop guindée me déroutait et j'achevais de le confondre avec Justin qui fêtait son anniversaire. Rencontrer tous ces garçons à la fois m'avait perturbée et je commençais à faire un véritable amalgame de leurs noms et de leurs visages.

C'était une soirée tout à fait inouïe. Je m'apprêtais à rejoindre la table du jardin, quand je vis, tour à tour, passer des garçons gais comme des pinsons. À peine avaient-ils abandonné tout ce joyeux bordel pour surgir dans la pièce où je me trouvais, qu'ils s'aventuraient déjà au-devant des voix qui provenaient du jardin. Je partis à leur suite, l'air de rien. Et moi qui n'attendais que ça, de les voir faire irruption dans la maison de Cyril ! Je m'en voyais enchantée. J'allais enfin passer une bonne soirée… Les éclats de rire fusaient, le volume du son était monté d'un cran, les discussions semblaient sérieuses. On entendait même des airs chantés dans la maison d'à côté.

Et là, c'est au milieu du brouhaha général que je le vis. Laurent. L'air viril, un charisme de feu. Un jeune homme grand, carré, avec un visage qui m'insufflait une confiance étrange. Ses cheveux étaient répartis en faibles ondulations sur son crâne, sa face était plutôt plate. Ses yeux marron à peine bridés avaient leur charme. Il me fixa sans détour. Accompagné d'un garçon de petite taille, rieur, et qui avait l'air jeune, il était surexcité. Les deux joyeux compères ne cessaient de parler, et j'ignore encore pourquoi leur présence rayonnante avait un intérêt qui me captivait presque. Leur apparence m'inspirait de l'honnêteté, et de leur personnalité s'échappaient une pointe d'insouciance, une note positive. Je l'avais remarqué dans la rue, au-delà de leurs jeux bruyants. Près du crépitement du feu, je discutais sans aucune gêne avec eux, le contact s'était établi de façon naturelle. Ils étaient en classe bac+2, ils préparaient un BTS. J'étais en classe de première Sport Études à cette époque. Nous nous présentâmes et parlâmes donc de nos études, des mois qu'ils venaient de passer dans une entreprise de leur région. Ils avaient entre vingt et vingt et un ans. Laurent menait le dialogue, s'exprimant avec dynamisme, usant d'un vocabulaire posé. Il semblait bien dans sa peau.

Ils finirent par me trouver des ressemblances avec une actrice américaine très en vogue à cette époque. Même si on m'en avait déjà fait la remarque plusieurs fois, je fus flattée de la comparaison mais je détournai vite la conversation. Ils n'avaient pas l'intention d'en rester là, car désormais ils voulaient une photo. Une photo ! Ils me faisaient tant rire d'en faire tout un foin… Une indicible frénésie m'envahissait. Évidemment, je protestai, on ne se connaissait pas. D'autant plus que nous étions entourés de personnes peu fiables – les terminales, alors je mesurais mes gestes et paroles. Je n'en demeurais pas moins amusée de la situation. Laurent était le plus têtu. Sur ce terrain-là, je testais sa patience pour savoir jusqu'à quel point il s'obstinerait à vouloir me photographier. L'appareil en main, il tournait autour de moi tel un moustique près d'une ampoule. Ne cessant de me défiler, j'achevai de sortir de la maison dans un rire retentissant et me lançai dans une course folle à travers la rue, lui à mes trousses. L'adrénaline me faisait un bien fou. Il n'eut aucun mal à me rattraper et je capitulai. J'avais lutté, c'était déjà ça. Nous revînmes vers la maison dans le calme.

Je consentis à la photo, mais moi seule dessus. J'adoptai la pose la plus simple qui fut – adossée au mur blanc, un sourire timide aux lèvres. Laurent sourit, malicieux, et déclencha la prise de vue. Il me remercia, l'air satisfait, et c'est animé du même entrain qu'il s'en retourna auprès de ses collègues de la maison voisine. Je restai dehors quelques secondes avec la vague sensation de ne pas lui être indifférente.

Quel tintamarre quand même. Une espèce d'allégresse confuse s'empara de moi au milieu de cette ambiance masculine, plaisante, bien que dissolue. Il était temps que je rentre.

Je m'engageai dans la maison pour saluer la compagnie et, surprise, je vis que les nouveaux arrivants avaient pris place autour de la longue table encombrée de vaisselle sale. Il y avait donc Laurent, et cinq autres de ses comparses, dont le petit brun qui l'accompagnait depuis le début. D'ailleurs, le son de la voix de ce dernier me confirma sa niaiserie quand il se mit à aligner trois mots et que j'entendis de nouveau son rire extravagant. Je sentais toutefois qu'une amitié profonde le liait aux autres. Il s'appelait Félicien, il avait la peau mate, les yeux clairs. Les autres se nommaient Jean-Christophe, robuste et carré, la peau bronzée, les cheveux ras ; Julien, plutôt petit, châtain, un visage affable aux yeux bleus. Un peu plus loin il y avait aussi Teddy et Frédéric, qui se ressemblaient : de taille moyenne et un peu roux, blancs comme des linges.

On était loin de l'ambiance terne du commencement de cette soirée chez les terminales. À eux six, ils en avaient redoré le blason. Leur bonne humeur était contagieuse et je me sentais beaucoup mieux. Du coup, j'étais moins encline à vider les lieux. J'avais peine à suivre le cours de leurs pensées qui se transformaient en fous rires partagés, et je n'en comprenais pas toujours les motifs. Une foule de questions me traversait cependant ; leur comportement un peu spécial m'intriguait… À quoi tenait-il ? J'assistais à une complicité fraternelle, quasi instinctive, et leur spontanéité me coupait le souffle. Certes, je n'avais pas bu une goutte d'alcool, mais ma vision n'était pas erronée et leur ivresse ne demeurait pas l'unique cause de tant d'allant. La preuve en est que ceux de la classe de Cyril se trouvaient être dans le même état d'ébriété, et paraissaient tellement différents.

Justin avait déserté les abords de la baie vitrée, sans doute parti s'enquérir de l'état de ses autres camarades dans la maison mitoyenne.

Sur le départ, je les considérai dix secondes d'affilée, pétrie de trouble. Ils me regardaient avec une curiosité presque innocente, comme interloqués, malgré des éclats de rire et une sorte de mystère venu se placer entre nous. Sans pour autant être lourds ou impolis, leurs compliments toujours en rapport avec cette actrice américaine achevèrent de me flatter et je regagnai la porte à pas décidés, ravie de l'issue de la soirée.

Attrapant mon sac, d'un signe je leur souhaitai une bonne soirée. En parcourant la cuisine, je trouvai Cédric, en grande conversation avec Justin. Les saluant au passage, Cédric me colla une bise inattendue sur les deux joues tandis que Justin contemplait la scène avec un regard étrange. Il me proposa de me raccompagner en voiture mais je refusai.

Il était vingt-trois heures passées. Je sortais de la maison qui faisait l'angle, puis la contournais, atteignant les buissons du jardin, lorsque j'entendis :

— … C'est une chic fille. Elle est très sympa, fit une voix rauque.

— Oui, je trouve aussi. Sans prétention. Jolie en plus. Et on sent qu'elle en a dans le crâne, dit une autre voix.

Ayant soudain la conviction qu'il s'agissait de moi, je me sentis rougir. À pas lents, je m'approchai.

— Et cette chevelure qu'elle a ! s'exclama une troisième voix. Elle est magnifique, cette gonzesse.

Des rires soudains s'élevèrent et il y eut un silence. Je stoppai le pas, collée au buisson, avide d'en savoir plus.

— Arrêtez de vous moquer ! C'est une personne intéressante… continua la voix.

— Ah elle te plaît, hein ? Avoue… ? T'aimerais bien te la faire, n'est-ce pas… ?! s'écria une autre voix, goguenarde.

Je reconnus celle de Bertrand. Je crus entendre retentir les battements de mon cœur sous ma poitrine.

— Vous pouvez m'expliquer, juste, chaque fois qu'un homme trouve une femme jolie, pourquoi tout le monde croit qu'il veut « se la faire » ?

Je reconnus le visage de Laurent qui s'adressait aux élèves de terminale. Il n'avait pas du tout l'air sociable, d'un coup.

— On se demande ce qu'elle cherche… dit un autre camarade de Bertrand, acerbe, essayant de détourner la conversation. Une fille qui accepte de passer une soirée avec des garçons… C'est louche. En plus, elle s'énerve pour rien, avait-il ajouté.

— Et alors, peut-être que tes airs de vicelard l'ont repoussée, et que vos manières et votre mentalité ne lui plaisent pas… !

Je fus surprise de voir à quel point Laurent prenait ma défense. Sa sincérité m'arracha un sourire. J'étais ravie qu'il ait cloué le bec de ces ignobles terminales de cette façon.

— C'est vrai que vous êtes un peu bourrus, les mecs. On se demande d'ailleurs pourquoi vous l'avez invitée, s'indigna Justin qui se levait (… tiens, il se souciait de mon sort, lui ?)

Les autres l'imitèrent, les pieds des chaises en plastique qu'ils rabattirent en même temps sous la table firent un bruit sourd, assez déplaisant à mon oreille. La fin de soirée prit soudain une autre dimension…

— Mais elle vient faire la belle, et pourquoi à votre avis, les gars ?

Laurent ne bougea pas, interdit. Ses yeux effarés en disaient long sur son agacement. Il renchérit :

— Eh, mais tu ne lâches pas l'affaire, toi. T'es lourd ! Si tu avais pris le temps de discuter avec elle, tu saurais qu'il n'y a pas qu'un cul à mater, et tes foutus préjugés qui comptent. Parce que t'as un vrai problème avec les préjugés, *a priori*.

— Ah, j'ai compris, t'es tombé amoureux… ! se moqua Bertrand. Mais c'est une fille facile, c'est dommage pour toi, sur le même ton moqueur.

— On n'est pas étonné avec vous, les terminales, aucun respect des femmes. J'avais cru comprendre que vous étiez un peu machos, en plus d'être faux-cul… Maintenant, c'est confirmé, assomma Julien, nonchalant. Te demande pas pourquoi Justin n'a pas voulu vous inviter à son anniversaire… avoua-t-il. (Il prit un air navré.) Euh, je suis désolé mon vieux, dit-il à Justin en se retournant vers lui. Je n'ai pas pu m'en empêcher…

Pour le coup, Justin semblait embarrassé. Julien, lui, faisait profil bas.

— Ah d'accord, c'est ça… continua Bertrand. Vous, par contre, vous n'êtes pas venus par hasard, sans qu'on vous le propose… Vous êtes venus la voir, elle, en fait ! lança-t-il, les yeux plissés, sans cacher son sarcasme. Je comprends mieux, maintenant.

Il fixait Laurent d'un air accusateur. Ce dernier s'avança vers lui et, sans hésiter, plongea son regard dans le sien. Il le menaça de son index qu'il pointait vers lui.

— Je suis venu avec Félicien pour vous demander une bouteille à nous dépanner… expliqua-t-il, pris de court. Ensuite nous avons fait sa connaissance. Et alors ? C'est sûr qu'il n'y a aucun intérêt à passer une soirée avec vous ! Je suis persuadé qu'elle était sur le point de partir quand on est arrivé.

— Donc, tu prétends qu'elle serait restée rien que pour tes beaux yeux, hein ? ironisa un autre des élèves de terminale. T'es un tombeur, toi, dis-moi ! railla-t-il encore.

Les autres de sa classe rirent sous cape et Laurent, le visage échauffé, fit signe à ses collègues qu'il s'en allait.

C'est à ce moment-là, la main près du grillage, que je me dis qu'il n'y en avait pas un pour rattraper l'autre dans cette classe de misogynes.

— Cette fois, c'est trop. Je me casse ! s'emporta Laurent en s'éloignant. Ils me soûlent vraiment, là ; rien dans la caboche, depuis une semaine que je vous le dis ! ajouta-t-il à l'adresse des cinq compagnons qui l'entouraient.

— Mais oui c'est ça, du vent ! répondit Bertrand en envoyant la bouteille de Coca vide contre le mur.

Je frissonnai au bruit du plastique écrasé sur le sol.

— Allez vider les bouteilles de vos copains d'à côté, s'écria une autre voix, tandis que Laurent s'en allait, suivi des cinq autres étudiants. Et vous avez oublié d'inviter votre copine ! lança encore la voix, qui s'évanouit dans un rire sardonique.

Laurent disparut dans l'obscurité, à première vue, fâché. Et dire que moins d'une heure avant ma rencontre avec ces étudiants, les terminales se félicitaient de les surnommer les « Messieurs parfaits »... J'étais persuadée que depuis leur arrivée, ces vilains leur avaient vendu l'illusion d'une relation amicale. Toute l'animosité que j'avais ressentie en première partie de soirée avait-elle donc existé à juste titre... ? J'en étais presque soulagée. Je n'étais pas la seule à trouver ces garçons odieux. Mais ce qui me bouleversait était plus fort... On ne pensait pas du bien de moi. Enfin, oui et non. Ce partage entre deux émotions m'ébranlait. J'avais soupçonné que ces terminales se trompaient sur mon compte, mais d'entendre leurs paroles acerbes me salir, même de leur bouche cela m'avait touchée. En parallèle, de savoir que Laurent et les autres étaient intervenus en ma faveur, j'étais rassérénée. J'en fus même attendrie. Et pourtant, j'étais perdue. Je me sentais être la principale coupable d'un malencontreux et inutile conflit entre eux, et cette situation inconfortable ne me rendait pas fière. D'autant plus que je n'étais pas censée le savoir.

Après tout, les insinuations misogynes de Bertrand et de ses amis avaient été suffisamment suggestives pour que je décide de ne jamais les revoir. En revanche, le petit pincement au cœur que j'eus m'indiqua que je regrettais beaucoup de me priver de la compagnie de Laurent et de ses amis.

Comme le destin n'est pas programmable et que l'inattendu fait toujours plaisir, je me disais que j'avais une chance de rencontrer les uns sans les autres pendant les jours qui viendraient. Je repris ma marche sous le clair de lune, comme un animal blessé et la tête farcie de mille questions.

Dans la salle des fêtes du village, en cette nuit et en ce lieu, encore troublée par cette petite irruption de mes souvenirs, je souris. Je n'avais pas revu ces terminales depuis cet incident.

Si je n'y prenais pas garde, mon aversion pourrait être visible. Je repoussai loin de moi cette idée.

— Tu danses ? me proposa Julien, un sourire en coin.

— Ah non, je suis désolée, lui dis-je, un peu étonnée. Mes pieds me font un mal de chien, je ne préfère pas…

Il dut se contenter de mon sourire navré. Je crus percevoir une once de déception sur son visage plutôt honnête.

Nous discutâmes de choses et d'autres et, mes parents me faisant signe de partir, j'adressai à mes compagnons un geste discret de la main, en déclarant :

— Le glas a sonné pour moi. Je dois vous abandonner. À une prochaine, peut-être.

Je les quittai sans un regard, trop heureuse d'aller retrouver mon lit.

Le lendemain matin était le jour de la brocante annuelle du village. C'était chaque année le même procédé : à la fête du samedi soir succédait le vide-greniers du dimanche, toute la journée. Une année sur deux il faisait beau. La brocante de l'année précédente ayant été pluvieuse, nous avions donc la chance de pouvoir vendre nos vieilleries sous les rayons d'un soleil radieux.

Mes parents s'étaient levés tôt pour aller préparer leur étalage et, par bonheur, en aucun cas il n'avait été question que je les aide. Je savais que cela frisait l'incorrection, mais j'avais eu la chance de dormir jusqu'à onze heures au moins.

Je rejoignis ensuite mes parents à pied, sous le soleil de midi. Leur stand se situait au centre du village, à vingt mètres des manèges.

Je me sentais à peine réveillée, assise sur le siège que ma mère avait déplié pour moi. J'observais d'un œil hagard les promeneurs, les enfants sur les attractions, mais aussi les gens derrière leurs stands, dont certains que je connaissais. Un frisson me parcourut l'échine quand le vent vint s'engouffrer dans notre petit coin d'ombre. J'avais les os glacés. « La fatigue… C'était la fatigue ».

Ma mère, qui paraissait déjà lasse, déballa le pique-nique qu'elle avait préparé pour nous. Nous attendîmes que mon père termine sa discussion passionnante avec notre voisin de stand du bout de la rue, pour commencer à manger. C'est avec trois parts de gâteau au chocolat qu'il revint. J'en humai l'odeur, mon estomac gargouilla de plus belle.

Je tentais d'arranger ma coupe de cheveux devant les passants qui abondaient, dont parmi eux des gens qu'il ne me plaisait pas de croiser. Avisée, je planquai mon regard ombrageux derrière mes lunettes de soleil, histoire d'éviter de me faire mal aux yeux.

Étant donné que j'avais banni le petit déjeuner, mon déjeuner fut rapide comme l'éclair. Avec un appétit d'ogre, je me jetai sur les chips, dévorai la salade de riz, ne fis qu'une bouchée du sandwich. Arrivée au dessert, je calai.

C'est alors que je vis, un peu plus loin, des têtes bien connues. Les cinq garçons de la veille. Les manifestations du village les intéressaient assez pour qu'ils décident de nous faire l'honneur d'une nouvelle visite.

Ils marchaient, en bermuda, et nonchalants, ressemblaient à des touristes. Il ne leur manquait plus que l'appareil photo en bandoulière. Je les guettais du coin de l'œil. J'attendais de voir si leur attention n'était pas trop distraite par les divertissements alentour, pour venir me saluer.

À notre stand, des personnes demandèrent le prix de certains articles. Avec ma part de gâteau dans la main, je les renseignai sans empressement, car je ne me sentais pas vraiment concernée par les bibelots que vendait ma mère. Nous parlâmes ensuite avec une dame qui habitait dans notre rue, ses gamins insistèrent pour acheter nos livres, puis le maire s'arrêta pour nous faire tirer un billet de tombola…

Plusieurs minutes s'écoulèrent ainsi.

Et tout d'un coup, je tombai nez à nez avec les cinq garçons. Je les avais presque oubliés.

— Bonjour ! leur lançai-je tandis qu'ils s'approchaient.

— Salut ! Alors tu vends bien ? me demanda Frédéric, l'air curieux.

— C'est ma mère qui se débarrasse de tout ça, je suis juste venue la voir, dis-je en montrant ma mère et ce qu'il y avait à côté d'elle. En même temps je bronze, ajoutai-je en souriant.

Je me levai et contournai l'étalage. Nous nous fîmes la bise. Je les écoutai parler quelques minutes. Ils avaient chacun un accent différent, c'était charmant.

— Et au fait, votre ami, là… Comment déjà ? Laurent ? Il n'est pas venu ? questionnai-je à la volée, l'air de rien.

— Il est rentré sur Orléans vendredi soir, rétorqua Teddy.

— Ah, il habite là-bas, c'est vrai, il me l'a dit l'autre soir… Sa copine l'attend, c'est ça ? hasardai-je, d'un air que je fis paraître pour innocent.

J'avais veillé à ce que mon intonation ne soit pas trop niaise. Il y avait bien une chance sur deux pour qu'il ait une petite amie… Sans attendre la réponse, je tressaillis malgré moi.

— Laurent ? Avec une copine ? Tu es drôle, toi ! s'écria JC en s'esclaffant. (Les autres l'imitèrent.) C'est un ours !

Il riait tant qu'il en était plié en deux. J'avais l'impression qu'il en rajoutait trois tonnes.

— Non, on exagère un peu, là… fit-il en se redressant. Mais il n'a pas de copine, ajouta-t-il, plus sérieux.

— C'est vrai que ce n'est pas le plus tendre d'entre nous, mais toi, tu es pas mal aussi JC, dans le genre ours !

Ils rirent tous de bon cœur. Et moi aussi, du coup. Julien me regarda et me demanda aussitôt, passant du coq à l'âne, avec une pointe de gravité :

— Ta part de gâteau, tu n'en veux pas ?

— Euh, non… Pourquoi ? Tiens, tu la veux… ? Vas-y je t'en prie, je vois que t'en meurs d'envie ! lui proposai-je en la lui tendant. Si, si, j'insiste ! m'entêtai-je devant ses signes de protestation.

Il finit avec la part dans la main. Nous échangeâmes encore trois mots pendant que Julien engloutissait le gâteau. Puis ils se remirent en marche et continuèrent sur leur lancée.

Quand ils repassèrent devant le stand de ma mère, un peu plus tard, je fis mine de ranger des objets dans une boîte afin de ne pas paraître à l'affût de leurs faits et gestes. Je ne levai la tête qu'au dernier moment et comme ils me firent un signe de salut, je répondis en faisant de même.

À peine remettais-je le nez dans les cartons que Frédéric arrivait vers moi. J'attendis. Il haletait.

— Ce soir on fait un barbeuc'… Ce serait sympa que tu viennes. Ça te dirait ? Vers vingt heures ?

« Je déteste les barbecues… » mourais-je d'envie de lui répondre. Assez surprise, je restai immobile, le carton dans les bras. Les autres l'avaient déjà rejoint.

— Pourquoi pas… Attendez, je demande à mes parents.

C'étaient les vacances scolaires et bien que ce fût dimanche et que je me doutasse que mes parents ne refuseraient pas, je leur en parlai sans détour. Les garçons leur avaient fait bonne impression depuis la veille.

— C'est d'accord, dit ma mère avec son allure grave. Mais Anna rentre à minuit ! leur annonça-t-elle.

Les autres acquiescèrent. Ils me proposèrent un tour dans les autos tamponneuses pour monter avec l'un d'eux. C'était le bon compte pour avoir trois équipes de deux. Je n'étais pas friande de ces engins-là, mais j'acceptai, juste pour faire un truc cool avec eux. Et puis je me disais que ça pourrait être marrant. Ce qui fut le cas, évidemment.

Nous nous quittâmes dans la bonne humeur, au milieu des remballages des stands des uns et des autres.

Ce que j'ignorais en cet instant, eux face à moi, moi face à eux, c'est que nous allions écrire ensemble une parenthèse de notre destinée. Car j'étais à des lieues de me croire capable d'amitié sans équivoque avec des personnes de sexe opposé.

7

Les émotions éparpillées

Septembre 2007

À contrecœur, Marianne interrompit sa lecture. Il était déjà quinze heures trente passées, elle n'avait pas vu le temps s'écouler.

Elle avait été tant absorbée par l'histoire écrite de la main de sa mère. Oui, sa mère, c'était bien sa propre mère qui en était l'auteur. Elle ne cessait de se le répéter. Ces moments de sa vie avaient tant compté pour elle qu'elle en avait rempli ces pages, avec de la tristesse, de la joie peut-être, ou les deux à la fois… Mais avec la note parfumée d'une fleur mélancolique.

Son cœur battait vite, trop vite. Elle en entendait presque les coups portés sous sa poitrine. Plus rien ne venait rompre le calme de la pièce emplie de cette quiétude si particulière. Pas même des cris d'enfants qui jouaient sans doute dehors. Aucun bruit ne montait des étages inférieurs non plus. Un flot de questions se déversa dans sa tête. Elle resta immobile plusieurs secondes, à analyser mentalement les passages qu'elle venait de dévorer. Et elle n'avait qu'une envie : continuer. Savoir ce qui était arrivé à Anna ensuite. Une bande d'amis qui avait bouleversé sa vie ? Vraiment improbable… Que des garçons ? Rien ne lui parut plus étrange. En même temps, Anna n'avait que peu d'amies, et peu d'amis en général. En dépit de son caractère très affirmé, c'était une femme secrète.

Marianne songea à ses devoirs. Plus vite elle se débarrasserait de cette dissertation, mieux cela vaudrait pour elle. Résignée, elle s'obligea à remettre les feuillets lus sous ses cahiers, les autres de côté, derrière le divan, car il n'était pas question de ne pas les lire aussi – il en restait près des deux tiers. Aurait-elle assez du reste de la journée, et d'une partie de la soirée, de la nuit même, pour achever de compulser toutes ces pages qui l'attendaient ? Il y avait aussi demain matin. Elle ne commençait pas ses cours avant dix heures trente. Plus que toute autre chose, elle brûlait de connaître la suite de cette histoire intrigante, et pour cela elle se donnerait les moyens d'y parvenir... Avant le retour d'Anna. Sinon, autant ne plus y penser. Un vrai défi qui lui mettait une pression infinie. Un mal pour un bien, car avec cette histoire de manuscrit, elle avait oublié tous ses tracas de la semaine précédente.

Elle se surprit à penser que sa mère avait une aisance naturelle à raconter ses moments de jeunesse perdus... Mais pourquoi avait-elle voulu coucher ses souvenirs sur le papier ? Et en quoi ces morceaux de vie avaient-ils été exceptionnels pour elle ? Les avait-elle au moins vécus, en réalité ? C'est ce qu'elle essaierait de découvrir. Plus tard, peut-être. Mais ces instants avaient compté au point qu'elle veuille les garder enfermés dans cette maison. Afin d'être disponibles, et d'être consultés dans le temps, peut-être le moment *venu*. Mais était-il venu au juste, ce moment ? Venus, ces derniers jours, à la mort de cet homme ? Jamais elle n'avait jeté ces pages. À dessein ? Ou peut-être n'en avait-elle jamais eu le courage ? Anna les avait ressorties la veille et les avait bel et bien oubliées. Elle avait en toute probabilité été perturbée, pour ne pas les avoir rangées là où elle les avait emprisonnées pendant toutes ces années. Les pièces du puzzle se rassemblaient autour de Marianne. Les battements de son cœur s'accélérèrent soudain. La clairvoyance, d'ordinaire, n'était pas son fort. Néanmoins, une sensation nette de discernement s'emparait d'elle. Mais oui…

Maintenant, elle le savait. Tout cela avait forcément un rapport avec cet homme décédé il y avait trois ou quatre jours. Et c'est enceinte qu'Anna s'était évertuée à faire le déplacement jusque là-bas… Ce n'était pas pour rien. Trois cents kilomètres au moins. Où, déjà ? À Orléans ? C'était bien la ville où elle avait rendez-vous ? Comment avait-elle dit que son ami s'appelait ? Ce n'était pas Laurent d'ailleurs, son prénom ? Cet homme avait signifié beaucoup pour sa mère, elle en avait d'ailleurs bien avisé son père, hier… Anna était plutôt franche et détestait les faux-semblants, les malentendus. Elle n'avait pas hésité à jouer franc-jeu avec son mari. Marianne la connaissait si bien. Elle pouvait même se montrer d'une persuasion remarquable dans les rares situations qu'elle jugeait importantes. Celle-ci avait donc été capitale.

Mais Marianne avait suivi cette histoire d'enterrement d'une oreille distraite, et tout cela résonnait en elle comme les bribes d'un dialogue un peu lointain entre ses parents. Elle acheva de se féliciter pour avoir fait le rapprochement entre sa lecture et les funérailles de cet ami si cher à sa mère. Rapprochement qui n'aurait jamais été possible sans les pages oubliées par Anna sur le canapé de tante Lucie.

Elle se dressa sur ses jambes ankylosées. Avant de se mettre à sa dissertation, elle décida de faire un tour dans la maison pour « jauger la température » de ce qu'il s'y passait. Cette absence de sons l'inquiétait.

Elle descendit les marches de l'escalier puis pénétra dans la cuisine pour s'y servir un verre d'eau. Elle vit un morceau de papier laissé sur la table, sur lequel était griffonné : « Lilou et moi sommes sortis. On revient vers dix-sept heures ». Elle attrapa des gâteaux dans le placard et remonta, tranquille, dans le bureau. Elle fut tentée de remettre le nez dans le manuscrit, et cette fois elle lutta contre cette envie tenace.

Elle se rua sur le bureau puis travailla à son devoir de français pendant deux heures, qui passèrent plus vite qu'elle ne l'aurait cru. Elle sortit ensuite sa leçon d'histoire pour la relire plusieurs fois, de façon à la retenir et pouvoir enfin revenir à sa lecture initiale. Avant que son père ne sonne l'heure du dîner.

*

Anna arriva à l'angle de la rue qui menait à la brasserie. C'est là qu'elle avait rendez-vous avec Lise. Anxieuse, elle appréhendait ses possibles questions. La sœur de Laurent, malgré son chagrin, avait semblé plutôt loquace au téléphone. Pendant qu'Anna arpentait les rues sans se presser, elle avait eu le temps de remuer toute cette masse d'interrogations dans sa tête. Son hôtel était situé à trois ruelles du lieu du rendez-vous. Et maintenant elle était là, devant la porte du café, avec ses appréhensions qui enflaient. Il faisait frais, un petit vent doux lui caressa les épaules. Le soleil déclinait dans le ciel, des promeneurs goûtaient à ses derniers rayons en terrasse, attablés, joyeux, devant la façade.

Anna ressentit un à-coup sous son ventre rebondi. Elle sourit. Comme si son bébé lui disait de ne pas s'en faire. Elle prit une bonne goulée d'air et, sans réfléchir plus avant, elle franchit la porte du bar. Outre l'enterrement, c'était pour cette rencontre qu'elle était venue, pour parler avec cette femme. Évoquer son frère, son amour de jeunesse. C'était pénible de devoir en discuter, entre inconnues, dans ces circonstances. Un soupçon d'amertume l'enveloppa tel un linceul, pour ne pas laisser en réchapper la mélancolie qui lui avait jadis pourri ses jours et ses nuits. Lasse, elle se sentit au comble d'une tristesse qui n'avait de cesse de lui rogner ses meilleurs souvenirs.

Elle regarda tout autour d'elle, cherchant des yeux une femme seule à une table. Elle n'en vit aucune. Il n'y avait guère plus de cinq personnes dans la salle. Consultant sa montre, elle constata qu'elle était en avance. Elle suivit son humeur et choisit donc de s'attabler un peu à l'écart, vers le coin le plus sombre. Avec ses rideaux beiges de velours chic et ses bougies allumées sur les tables, elle estima que l'ambiance cosy conviendrait bien aux circonstances. Lise avait dit qu'elle porterait un chapeau noir. Deux minutes passèrent et le garçon vint prendre la commande d'Anna. Après lui avoir servi son café, il s'effaça pour laisser place à une femme plutôt grande, les cheveux châtains mi-longs, bouclés, sous un chapeau en feutrine marron foncé.

Elle ôta ses lunettes noires et Anna vit dressée devant elle une femme aux yeux bouffis, rougis par des larmes tout juste effacées. Tout lui indiqua que son rendez-vous était arrivé. Elle se leva sur-le-champ et dévoila son ventre arrondi, confirmant son identité. Elles se serrèrent la main.

— Bonjour. Je suis Lise, articula-t-elle d'une voix un peu éraillée. Et vous devez être Anna… Je suis désolée pour le chapeau, dit-elle en l'enlevant, je n'ai pas trouvé le noir. Alors j'ai mis le marron.

— Bonjour. Oh, ce n'est pas grave. Je me suis doutée que c'était vous, annonça Anna, à peine étonnée, en se rasseyant.

Anna osa un petit sourire encourageant alors que Lise s'asseyait en face d'elle. Une odeur subtile de patchouli s'engouffra dans ses narines. Alors qu'elle n'avait rien commandé, le garçon apporta un café-crème à Lise, en lui tapotant l'épaule. Elle devait être une habituée des lieux, c'est pour cette raison évidente qu'elle avait choisi l'endroit.

Pendant que Lise déboutonnait sa veste avec précaution, Anna l'observait. Lise avait la peau pâle et veloutée. Ses fins sourcils abritaient ses yeux clairs, à la forme bridée, rappelant ceux de son frère. Ses cheveux aux fines boucles hirsutes éparpillées dans son dos révélaient ses épaules quasi nues mais, surtout, lui donnaient un air marginal. Un peu voûtée, elle paraissait épuisée. Elle regarda Anna droit dans les yeux, ce qui ne manqua pas de la déstabiliser plus encore.

Lise avait d'emblée reconnu le visage familier de la photo qu'elle avait emportée. Et Dieu sait qu'elle l'avait examinée de nombreuses fois depuis la veille. L'angoisse de la jeune femme en face d'elle lui apparaissait comme une évidence. Lise se racla la gorge.

— Vous avez trouvé facilement ? demanda-t-elle en retirant sa veste.

— Oui, mon hôtel est à deux rues d'ici, c'est plus facile. Je suis venue à pied. Le coin est agréable, je trouve.

— Et votre voyage s'est bien passé ? Vous êtes arrivée en train, c'est ça ? hasarda-t-elle encore, tournant son café.

— Oui, tout s'est très bien passé, je suis venue par le train. Je n'ai eu aucune difficulté. Je vous remercie, conclut Anna avec un sourire timide.

Lise menait la conversation avec l'entregent auquel Anna s'attendait.

Les secondes qui suivirent étaient comme suspendues entre leurs lèvres. Dans la brasserie, on n'entendait plus que des bruits de vaisselle et un brouhaha de fond mêlant discussions et rires, entre d'incessants claquements de porte. Les deux femmes se regardaient, les larmes au bord des yeux. C'est dans le silence qu'elles se comprenaient.

Puis Lise eut un sursaut un peu brusque qui mit fin à cette solennité quasi inconsciente.

Sans égard pour tout ce que son énorme sac contenait, elle se mit à fouiller dedans, maladroite. Elle en sortit un étui duquel elle extirpa un petit papier plié au moins en huit morceaux. Son regard vide se posa dessus, puis sur Anna, qui l'observait avec la consternation la plus totale. Lise esquissa un sourire triste, et tendit à Anna la petite feuille réduite à presque rien, que ses longs doigts manucurés faisaient chevroter.

Lise murmura, au comble de l'émotion :

— Il l'a écrite moins d'une semaine avant de mourir… Pardonnez-moi, je l'ai lue. Je suis tombée dessus en rangeant ses affaires et j'ai trouvé des consignes dans une enveloppe. Le contenu seul de la lettre aurait été suffisamment clair pour m'indiquer qu'il souhaitait qu'elle vous parvienne.

Anna accueillit ces paroles en acquiesçant de la tête. Elle sentait sur elle l'attention de Lise, profonde et grave.

Elle déglutit. Une vague de chaleur lui colora les joues. Elle prit la lettre d'une main chancelante. Avec soin elle la déplia. Elle la manipulait tout en lenteur pour retarder la lecture des mots que celle-ci dissimulait. Le bruit du papier se défroissant était cruel à son oreille. Elle ne put s'empêcher de respirer l'odeur singulière qui émanait de cette feuille usée. Ce moment sacralisé maintes et maintes fois dans son esprit depuis la veille, c'était comme une impression de déjà-vu… Tant redoutée et douloureuse aussi, elle avait vécu dans son esprit cette situation angoissante. Se dire que Laurent avait tenu le mince papier entre ses mains, quelques jours avant, l'ébranla, comme si elle n'y avait pas réfléchi avant cela.

Bientôt son pouls s'accéléra, son cœur s'emballa. Ses doigts flageolaient beaucoup trop au contact du papier, elle en eut un frisson. Puis sa vue brouillée distingua les lignes bleues d'une écriture minuscule et trouble, sillonnant le recto et le verso. Elle crut défaillir, bien que sa chaise la maintînt ferme sur son séant, tel un garde-fou.

Lise approcha une main farouche qu'elle posa sur la sienne, ne retenant plus ses larmes. Elle lui adressa un hochement de tête encourageant qu'elle ponctua d'un clignement de paupières.

Submergée par l'émoi, Anna repoussa du doigt une perle de chagrin nichée au coin de son œil. Puis elle cilla en se redressant pour se concentrer sur les lignes serrées.

Elle frissonna à la lecture des premiers mots.

« 18 août 2007 – 14 septembre 2007

Chère Anna,
Je vais aller droit au but.
Je t'écris parce que je suis à l'aube de la mort.
À l'aube de ma mort... La mienne. Ma propre mort, te rends-tu compte ? J'ai trente-six ans...
Ce soir, demain peut-être, dans trois jours, ou dans deux semaines... Je l'attends.
Je crois qu'aujourd'hui je peux dire que je n'ai plus peur d'aller de l'autre côté. J'ai lutté, si tu savais, je me suis battu, quand j'y croyais... Quand je pensais que je m'en sortirais.
Mais ça y est. Le verdict est tombé comme un couperet : je n'en ai plus que pour quelques semaines.
C'est un fait que j'ai accepté, j'y suis résigné.
Alors bien sûr, tu ne comprends rien à tout ça, tu te demandes ce que je suis en train de te raconter... Et surtout, pourquoi ? Après plus de quinze ans...
Je vais te parler dans cette lettre d'une personne que j'ai adorée, énormément... Et je l'ai regrettée. Je l'ai perdue à jamais. Et d'une autre qui est à blâmer.
J'ai d'abord chassé les craintes qui m'empêchaient de tenir mon stylo. C'était juste pour libérer des mots, coincés dans ma gorge depuis trop longtemps. Puis j'ai réfléchi. Ce que je ressentis, au-delà de la nécessité irrépressible de délivrer par écrit mes sentiments, ce fut le besoin de te les exprimer, à toi. Car tu en es la principale concernée. Tu les trouveras vains peut-être, insupportables sans nul doute, ou même incohérents.
Maintenant je fais l'ultime effort de venir à toi, Anna (imagine-moi en train d'avaler ma salive car c'est ce que j'essaie de faire en cet instant), avec ma main qui frissonne.

C'est la maladie, le trouble, la peur. Tout cela à la fois... C'est si dur. Ne me juge pas, s'il te plaît. Je viens de respirer un grand coup.
À vrai dire, Anna... Toute ma vie je l'ai passée à te regretter. Nuit et jour.
J'étais un navire à la dérive, sans boussole. Une coquille vide sur le rivage, balayée par les vagues.
La jeunesse m'a commandé de mal agir.
Toi et moi c'était un amour que je croyais impossible...
Alors je l'ai laissé s'enfuir.
Le comprends-tu ?
Cela ne représente pas le tiers d'une excuse valable, mais te donnera au moins les explications que j'ai toujours été réticent à te présenter... Par respect pour ta nouvelle vie, par orgueil aussi, et pour finir, par renoncement.
Oh, je ne me suis pas rendu compte du manque cruel de ta présence la première année, non. Et ce fut là mon malheur. Après, il était trop tard pour les regrets, les repentirs. Et bien trop tard pour des aveux.
Trop tard pour te dire combien je t'aimais.
Tu avais construit une famille... Ta famille.
Ce que j'ai fait de mon côté, je ne le regrette pas. Mais pour t'avoir laissée, je n'ai cessé de me blâmer. Te souviens-tu de nos soirées à écouter les vagues s'échouer contre le récif ?
Maintenant, tout est différent. Je vais quitter ce monde, Anna. Je veux me débarrasser de mes chaînes. J'ai besoin d'accomplir ce dernier acte de conscience qui me permet de partir en harmonie avec la vie que je laisse ici.
Je m'excuse de mon égoïsme à m'imposer de cette façon dans ton existence pour venir troubler ta paix. Sans doute en seras-tu affligée, et cette lettre t'amènera-t-elle vers toutes sortes de questionnements. Loin, très loin de moi le souhait de perturber ta tranquillité.

Facile, me diras-tu... Car à l'heure où tu lis ces lignes, je suis déjà parti de l'autre côté. Oui... Et c'est pour cette seule raison, que je le fais. Et tu le sais. Je te connais assez pour savoir que tu approuveras, même dans la douleur, ma démarche, personnelle, même si elle est audacieuse. Certes pénible, pour nous deux. Mais rédemptrice pour moi.

Je t'emporte dans mon cœur, Anna, avec ma famille, mes deux enfants que j'aime d'un amour inconditionnel. Que j'abandonne malgré moi. Mais Anna, je meurs le cœur en deuil de cet amour pour toi, qui s'est tu pendant des années, parce que je t'avais fermé ma porte. Si tu en as souffert au départ, je t'en demande pardon. J'en ai depuis mangé mon pain noir.

Anna parcourait la lettre sans répit, avide de chaque mot, bouche bée. La résonance des battements de son cœur lui pilonnait l'esprit pour lui empêcher la moindre réflexion. Elle ne sentait plus la pluie de ses larmes qui dégoulinaient sur son tee-shirt.

Je suis l'eau qui dort et tu es le feu ardent. Je suis les ténèbres et tu es la lumière. Je suis sous terre et tu es sur Terre... Oui, tu es sur la terre ferme, bien en vie. Une vie si précieuse, que je chérirai à jamais pour avoir renoncé à toi.
Toute notre vie durant nous avons été contraires et pourtant si proches...
J'espère que tu es heureuse aujourd'hui.
Pardonne-moi, ma douce Anna.
Je t'aime.

Ton fidèle, à jamais,
Laurent. »

La main moite d'Anna avait laissé glisser la feuille, elle ne bougeait plus désormais que sous d'imperceptibles convulsions. Elle redressa la tête, ne cherchant pas à cacher ses joues ruisselantes devant Lise. Elle avait donné libre cours à son chagrin dès les premiers paragraphes.

Soudain, les yeux gonflés, elle s'écroula littéralement sur la table, la tête entre ses mains frêles. Ses épaules tremblaient sous l'emprise de soubresauts spasmodiques, ses pleurs étaient perdus entre suffocations et paroles inarticulées.

Lise, décontenancée devant cette réaction intense qu'elle n'avait pas prévue, se leva, vint tout près d'elle pour tenter de la calmer, lui tapotant le dos. L'air apeuré, elle regarda l'homme qui essuyait la vaisselle derrière le bar.

Comme Anna peinait à se maîtriser et que le patron du café s'était approché, inquiet, Lise lui réclama aussitôt une carafe d'eau et un verre.

Par le poids des mots de Laurent, Anna se sentait frustrée, trahie et soulagée à la fois. C'était tout cet éventail de sentiments qui retombait en pagaille sur un sol abrupt avec une violence hors norme. Elle-même n'avait pas anticipé une telle tournure des événements. Elle avait juste pensé à une ou deux phrases rédigées à la va-vite, mais jamais elle n'aurait cru à des aveux solennels depuis un lit de mort... Elle en était ébranlée. Toute cette vie passée sans lui – qu'elle ne regrettait certes pas – mais qui aurait pu être tout autre s'ils avaient pris un nouveau départ comme cela aurait dû être le cas après leur rupture. Que de déchirements inutiles des deux côtés, au début, puis à la fin. C'était comme vouloir une entrée succulente que l'on obtiendrait après le dessert et le café, carbonisée de part en part.

Anna était prise au piège de ses émotions, au milieu d'inconnus qui la regardaient se donner en spectacle. Le bruit de l'eau que Lise versait dans le verre l'apaisa. Cette dernière le lui tendit. Anna se ressaisit, consciente d'être le centre de toutes les attentions.

— Ça va mieux, Anna ? demanda Lise, embarrassée. Vous m'avez fait une de ces peurs ! Mon Dieu, en plus vous êtes enceinte… Je ne m'attendais pas à cette réaction-là…

— Moi non plus, répondit Anna d'une toute petite voix, en reposant le verre qu'elle venait de vider d'une traite. Les hormones y sont pour quelque chose, je suppose, prétexta-t-elle à demi-mot. Et surtout… Les émotions qui se mélangent. D'avoir des nouvelles de Laurent de cette façon, batailler avec mon mari inquiet pour venir ici, et lire de tels aveux… Je dois vous avouer que je ne sais plus très bien où j'en suis, Lise.

— Je vous comprends. J'essaie de me mettre à votre place et je pense que ça ne doit pas être une situation facile à vivre… J'ai déjà ma propre peine en tant que sœur, pas évidente à gérer, ajouta Lise en se passant la main dans les cheveux. Quand votre frère décède à même pas quarante ans d'un cancer, une seule question ne cesse de vous harceler, le jour, la nuit : pourquoi ?

— On est impuissant, dans ces cas-là… murmura Anna, les yeux larmoyants, encore ébranlée.

— Anna, cette lettre était importante pour lui. Quand je l'ai lue, je l'ai su tout de suite. Je connais mon frère. Ce n'était pas son style, de s'épancher comme ça, expliqua-t-elle en jouant avec sa cuillère. Je ne veux surtout pas en rajouter mais, j'en conclus qu'il a très mal vécu toute cette histoire. Il s'est culpabilisé toute son existence après votre séparation et nous ne le savions même pas ! Je veux dire, moi, ses proches, peut-être mes parents… Même vous, vous aviez l'air de tomber des nues en lisant…

— Oui, vraiment j'en suis choquée. Jamais je n'aurais cru… De sa part, c'est si… inattendu, en rapport avec ce qui s'était passé, soupira-t-elle en remettant ses lunettes de soleil. J'ai mis près d'un an à tourner la page, mais pas toute ma vie… J'ai pensé à lui les premières années, même si j'étais en couple. C'était compliqué. Enfin, s'il avait vécu plus longtemps, peut-être aurait-il fini par m'oublier pour de bon.

— Je savais qu'il avait eu une grande histoire qui s'était mal terminée… J'étais certaine que depuis tout ce temps il avait tourné la page. Et je conçois tout à fait que cela représente pour vous un choc émotionnel, continua Lise, empathique. Surtout après autant d'années. Mais il est clair que vous avez été son grand amour.

La porte de la brasserie n'en finissait plus de s'ouvrir et se fermer tant le monde affluait. Les serveurs dressaient les tables pour le dîner. Il était déjà dix-neuf heures.

— Je suis désolée, ma réaction n'a pas été agréable pour vous, dit Anna avec l'ébauche d'un sourire, en regardant ses mains.

— Disons que je me suis sentie moins seule tout à coup, admit Lise en haussant les épaules. Même si ce n'est pas la même peine.

— Ses mots sont d'une telle puissance… Je veux dire, tout est révélateur : il est sur le point de mourir et il pense à moi… Il prend de son temps qui lui est plus que précieux, pour m'écrire, *à moi,* alors qu'on ne s'est pas vus pendant des années. Il a dû mettre des heures, voire des jours pour aller chercher tout ça dans son cœur. J'en suis retournée… Et venant de lui ce ne peut être que de la sincérité pure, souligna Anna, se souvenant des qualités de Laurent.

Elle déglutit.

— Oui, ça m'a beaucoup touchée aussi, répliqua Lise d'un ton confidentiel. En la lisant je me suis dit que la femme à qui la lettre était destinée serait à coup sûr affectée par la force du message… Et qui plus est, si elle le connaissait si bien. Apparemment c'est le cas, constata-t-elle, opinant du chef.

Il y eut un silence entre elles, brisé par un claquement de porte de plus.

— Je vais rentrer à l'hôtel, décida Anna en rassemblant ses effets. Je vais tâcher de reprendre mes esprits pour être un minimum présentable demain. Je ne dors pas très bien, alors là je n'ose même pas penser à la nuit que je vais passer, fit-elle avec désinvolture, les yeux au ciel.

— Bon. Ça ne change en rien vos projets pour la cérémonie de demain ?

— Non, bien sûr que non.

— Au fait… Ce sera une crémation, annonça Lise en rajustant son corsage, comme si elle avait froid.

— Une crémation… ? répéta Anna, en fronçant les sourcils. Si c'est son choix…

— Vous êtes sûre que ça va aller ? Vous accepteriez de venir dîner chez nous ce soir ? hasarda Lise, entre audace et hésitation.

— Oh non, non, merci. C'est gentil à vous. Mais les circonstances me sont assez insupportables et j'aimerais rester seule, lança Anna sur un ton d'excuse.

— D'accord, je comprends. Je n'insisterai pas dans ce cas. En tout cas vous avez mon numéro, s'il y a quoi que ce soit, n'hésitez pas surtout, ajouta-t-elle en ponctuant d'un sourire réconfortant.

— Je vous remercie, Lise. Je pense que vous avez fait et faites encore une sœur formidable.

Lise eut une moue qui indiquait qu'elle n'en était pas convaincue. Anna n'avait pas cillé. Le regard franc, elle semblait reconnaissante.

— Et vous, une digne amie, si je puis dire, fit Lise, assez troublée pour ne pas lever les yeux vers Anna. Vraiment je déplore de ne pas vous avoir connue plus tôt.

Anna lâcha un petit sanglot tant elle était émue par cette déclaration qui lui paraissait sincère. Elle se leva.

— Oh, j'oubliais… lança Lise en sursautant sur sa chaise, agitée soudain, l'index en l'air.

Elle posa son sac à main sur la table et le malmena avec aussi peu de ménagement que lorsqu'elle y avait délogé l'étui qui retenait la lettre. Elle fouillait, une pointe d'impatience dans les gestes.

— Je pense que ça va vous faire plaisir, dit-elle, une espèce d'enjouement dans la voix en continuant de chercher avec obstination ce qu'ignorait Anna, perplexe.

— Ah enfin ! J'y suis… lança-t-elle, le sourire victorieux. Tenez, Anna. Prenez-la, c'est pour vous.

Elle tendit à Anna une photo un peu râpée sur laquelle un homme et une femme s'enlaçaient. Anna reconnut la scène. Elle se rappela l'endroit, le temps qu'il faisait ce jour-là, le parfum que Laurent portait. « Laurent et Anna – Juin 1992 ». La regarder procura à Anna un étrange saisissement. Une vague chaude vint enserrer son cœur encore agité. C'était comme un nuage dont la vapeur aigre-douce l'enveloppait de son étreinte, subtile, teintée de romantisme et de regret, aux soyeux reflets mélancoliques. Elle eut le souvenir d'un été chaud, entrevit des soleils couchants au-dessus des vagues, la caresse de ses propres cheveux parfumés volant au vent, des rires au bord d'une plage normande. Puis leurs interminables jeux de cartes qui tuaient le temps pour oublier la pluie qui tombait, les dimanches de fatigue… Et des soirées de bonne humeur, des tas. Des fêtes à n'en plus finir.

Elle retint le poids de son chagrin mais ses yeux embués attestèrent d'un nouvel ébranlement. Elle vit une ombre dans le regard de Lise et comprit que celle-ci culpabilisait d'avoir provoqué un trouble supplémentaire, redoutant une nouvelle crise de larmes. Anna s'efforça de se calmer, se raisonna pour ne pas céder à toutes ces sensations qui l'avaient prise d'assaut.

Il se passa plusieurs secondes pendant lesquelles elle crut voyager dans le temps. Des souvenirs fugaces s'insinuaient en elle, tellement intenses, tellement précis. Même des années après, des voix lui revenaient, des odeurs l'imprégnaient. Quelques phrases venaient s'embusquer. Lise la tira de sa léthargie en agitant sa main.

— Vous êtes bien sûre que ça va aller, Anna ? demanda-t-elle d'un ton qui trahissait son inquiétude.

Au même moment, le téléphone d'Anna sonna. C'était Guillaume. Elle l'avait presque oublié. Il n'avait pu se retenir d'en savoir plus. Elle s'excusa auprès de Lise et décrocha.

— Allô ? Mon chéri… Je suis encore avec Lise, annonça-t-elle, décontenancée. Après un temps d'arrêt, elle poursuivit :

« Oui, ça va. Je te rappelle tout à l'heure, d'accord ? Disons, dans une heure ?… Alors à tout à l'heure. Bisous. »

Après avoir raccroché, elle resta indécise avec son téléphone entre les mains et sourit, comme si c'était la seule contenance à adopter. Elle reprit la photo posée sur la table, et avec un air accablé elle demanda, pétrie de confusion :

— … Je peux la garder ?

— Bien sûr, Anna, je vous ai dit qu'elle était pour vous.

— Merci beaucoup, Lise. Pardonnez-moi d'avoir une attitude si nerveuse, dit Anna, en train de rassembler ses affaires. C'est notre première rencontre, je vous ai fait une piètre impression… Je suis assez sensible d'ordinaire, et… émotive aussi. Là c'est pire, je suis enceinte (elle sourit.) Cette lettre de Laurent est pour moi un grand bouleversement, et là j'ai juste la sensation désagréable d'être tombée dans un trou, ajouta-t-elle d'une voix sourde en se levant.

Lise se leva à son tour, sans rien dire. Elle sentait combien Anna se trouvait dans une situation incommodante vis-à-vis de son mari. Elle n'avait sans nul doute pas pensé recevoir la lettre d'amour déchirante d'un ami cher, au seuil de la mort.

Elles se quittèrent sur des paroles brèves, prêtes à affronter la cérémonie du lendemain, qui promettait d'être douloureuse.

Anna s'en alla vers la porte en vacillant et se glissa à l'extérieur, se délectant de l'air frais qui adoucit son front et soulagea aussitôt ses nerfs mis à rude épreuve. À pas lents, elle chemina vers le trottoir d'en face.

Accoudée au bar, Lise ne la quittait pas d'un regard, touchant, tout en essayant de ne pas être trop sévère avec elle-même. Cette femme avait une classe… Pas étonnant que son frère en soit tombé amoureux, qu'elle ait marqué sa mémoire. Mais pourquoi diable ne lui avait-elle rien dit pour l'urne ? Pourquoi avait-elle manqué de courage à ce point ? Qu'est-ce qui l'avait retenue ? De voir la jeune femme dans cet état, puis craindre qu'elle y replonge juste parce qu'elle avait oublié de lui remettre une photo… Cela avait été effroyable. Lui parler de l'urne que Laurent avait demandé qu'Anna emporte avec elle avait été inconcevable pour Lise. Pas ce soir, pas dans ce contexte. C'était aussi pour cette raison que Lise avait sollicité ce rendez-vous entre elles. Mais Anna était suffisamment sous le choc, et ni l'une ni l'autre n'auraient pu supporter une nouvelle effusion de larmes. Tout ce dont Lise avait été témoin ce soir, c'était bien plus qu'il n'en fallait. Elle aviserait demain, après une bonne nuit qu'elle espérait moins jonchée de troubles, à défaut d'être reposante.

Anna aurait, d'ici le lendemain, digéré cette lettre d'amour enflammée, elle serait beaucoup plus encline à accueillir la moitié des cendres de Laurent pour aller les répandre là où résidait une part de son cœur de jeune homme… : la Normandie d'Anna. Même si au fond, Lise savait que rien ne serait plus terrible pour la jeune femme. Elle commanda un whisky sec pour tenter d'occulter ses doutes et le reste de ses craintes.

8

Le cœur en dérive

Anna retrouva le chemin de l'auberge avec un savoureux plaisir, tant les heures précédentes avaient été éprouvantes pour elle. Se retrouver seule pour prendre du recul était primordial dans ce contexte nébuleux. Elle eut le temps de ressasser des fragments du temps passé avec Lise, leurs échanges, s'attarda sur des phrases qu'elle avait gardées en tête… Toute la scène dans la brasserie, dont elle avait honte et bien sûr les mots, puissants, que lui avait laissés Laurent de sa main agonisante. Elle tenait d'ailleurs le papier entre son index et son pouce droits au creux de son sac, collé contre son flanc, pour se remémorer sans relâche qu'elle n'avait pas rêvé toute cette folie. Les rues et bruits des voitures étaient aussi à cette heure un cadre bien concret pour lui rappeler avec cruauté qu'elle n'était pas venue pour une simple balade. D'ailleurs, elle marchait bien trop vite pour cela.

Elle ressentit la petite secousse d'un coup porté sous ses côtes. D'instinct, elle ralentit le pas en pensant au bébé qui devait subir toute cette nervosité et le stress des derniers jours, avec la fatigue du trajet en plus de ce qui venait de se passer. C'était comme si le petit être en elle l'avertissait. Anna avait maintenant une raison supplémentaire pour laisser son imagination la tourmenter. Cela ne s'arrêterait donc jamais ?

Elle venait tout juste de traverser la chaussée, qu'une horde ahurissante de questions vint se tapir à la file dans son esprit. Ainsi que l'avait prédit Guillaume, c'était prévisible. Et Laurent y avait bien semé la pagaille... Comment faire face à présent ? Elle était lasse, fatiguée. Elle voulait juste rentrer chez elle.

Elle se sentait abattue et battue par les événements. Elle avait la sensation d'user d'une lâcheté indirecte à l'encontre de son mari, un peu à la manière d'une trahison. Parce qu'elle ne pouvait pas *tout* lui raconter, quand bien même ils avaient pour habitude de ne rien se cacher, elle ne devait pas lui servir cette vérité-là.

De retour à l'hôtel, elle fut accueillie par l'odeur alléchante du fumet d'un plat de poisson, à coup sûr au menu du dîner. En arrière-salle, le restaurant qui comptait une dizaine de tables avait l'air d'afficher complet.

Pendant qu'elle montait les marches qui conduisaient à l'étage, elle repensa à son manuscrit, qu'elle avait consulté dans le bureau de la maison avant de partir. Elle avait exprimé ce besoin soudain pour se connecter à nouveau avec des moments plus heureux du passé, de *leur passé*. Elle songeait maintenant à tous ces instants volés à sa jeunesse et qu'elle n'oublierait jamais. Parce qu'elle ne voulait pas les oublier.

Mais pourquoi, à la lecture de cette lettre, avoir réagi avec cette spontanéité, à grand renfort de cris et de larmes ? Pourquoi avoir ainsi exposé ses sentiments, n'avoir pas ravalé sa peine devant cette inconnue ? Tout simplement parce qu'Anna était vraie. Elle avait été entière, fidèle à elle-même. Elle n'avait pu empêcher cet excès cataclysmique et s'en trouvait libérée à présent. Et même si cette situation inconfortable mettait en lumière la réalité des faits, si affligeants, si destructeurs qu'ils pussent paraître, la poussant à se questionner sur sa vie, sa famille, son mari, elle se résignait à croire qu'elle n'y pouvait rien et que seules les circonstances l'exigeaient. Où tout cela allait-il la mener ? Elle sentait qu'elle finirait par trouver une réponse à cette question. D'instinct, sans savoir pourquoi. C'était comme une quête, aveugle et mystérieuse. Elle craignait presque de découvrir une sorte de vérité qu'elle n'attendait pas... La lettre de Laurent elle-même était une découverte imprévisible. Une peur étrange du lendemain s'insinua en elle.

Elle admettait, ce soir, que son appréhension de la veille n'avait consisté qu'en très peu de choses à côté de l'ampleur que prenaient les effets de la lettre sur elle. C'était à la fois dérangeant et accablant. Elle se mordait les lèvres à l'idée de téléphoner à Guillaume. Une petite voix sarcastique venait menacer sa paix intérieure. Elle réfléchissait donc à la façon dont elle devait partager ce qui s'était passé en cette fin d'après-midi. Cela faisait partie des choses importantes qu'elle avait pour devoir de lui relater... Et cependant quand elle franchit la porte de la chambre au charme désuet, elle s'interrogeait encore sur la meilleure façon de le faire.

Elle devait faire preuve de sagesse, de diplomatie et de retenue. Mais pas n'importe quelle retenue. Tout ce qui tournait autour de cette histoire de funérailles était le centre de tous leurs sujets de conversations depuis deux jours. Et le pire était à craindre... Puisqu'Anna ignorait les dernières volontés de Laurent.

La vue brouillée par les larmes, elle se demandait si elle parviendrait à faire taire ses émotions. Guillaume n'avait pas besoin de savoir que cet amour révolu pour elle avait survécu dans le cœur de Laurent, et qu'il n'aurait pu être brisé par quiconque s'il avait perduré entre eux à l'époque, sauf par Anna et Laurent eux-mêmes – comme ça avait été le cas jadis. À ce moment précis, elle eut l'envie intense de retrouver son mari, de le serrer fort contre elle.

Elle ne songeait plus qu'à une chose maintenant : pleurer sans relâche jusqu'à fermer les yeux, et oublier tout cela.

Mais la valse écrasante et sourde des mots de Laurent s'était mise en branle dès qu'Anna s'était assise sur le lit. Elle se leva, fit quelques pas, pour faire place à ses propres réflexions, embrumées, qui chassaient sa raison et le peu de recul qu'elle avait sur la complexité de la situation.

Loin du vacarme de la rue, elle sentait un besoin impérieux de se recentrer sur elle-même. Comme figée, elle extirpa de son sac la lettre qu'elle avait elle-même rédigée à l'époque de ses dix-huit ans, au soir de leur départ à tous. Un départ lourd de sens. Un départ qui avait scellé la fin d'une insouciance particulière. Qui avait présagé amertume, mélancolie, chagrin… Un départ qui avait sonné comme le glas appelant le prochain condamné à l'échafaud. La période qui avait suivi ce jour avait été une épreuve difficile à traverser pour Anna. Les derniers jours précédant la date fatidique, elle se rappelait avoir fait tous les efforts possibles pour ne pas y penser, repoussé les instants de mauvais augure qui s'annonçaient, à l'aube d'un changement implacable. Depuis, jamais elle n'avait souffert de la sorte. La perte indéfectible et subite de tant de personnes au même moment l'avait plongée pendant des semaines dans d'insondables ténèbres. Même si elle avait pu anticiper et se préparer à cet événement, même si elle aurait dû l'appréhender pour mieux en comprendre les conséquences, pour se préserver, c'était obstinée et de façon délibérée qu'elle ne l'avait pas fait. Et elle en avait payé le prix.

Enfermée dans sa tristesse des mois durant, elle avait enchaîné crises d'angoisse, tourmente et anxiété au plus fort du tumulte de sa peine. Le regret n'en avait pris qu'une part trop importante. Malgré l'entretien des relations d'Anna avec ses amis à distance pendant l'été qui suivit, avec quelques visites des uns ou des vacances chez Laurent, elle revenait chaque fois plus maussade chez ses parents.

Laurent avait d'abord représenté un vide à lui seul. Ensuite le groupe entier qu'elle aimait n'était plus. Dès lors elle s'était trouvée inconsolable.

Le temps aidant, Anna avait tendu les bras à l'acceptation des faits, celle-là même qu'elle avait refoulée par réflexe de la crainte d'un avenir différent.

Dans sa chambre d'hôtel, les yeux dans le néant, elle reprit le contrôle de sa vue qui se fit plus nette, pour revenir à la réalité. Elle choisit de ne pas déplier sa lettre, c'était assez pour ce soir. Si elle en avait le courage, elle la glisserait dans le cercueil, le lendemain.

Elle fixa son téléphone, abasourdie. Une petite lueur de contrariété anima son œil sombre. Harassée, elle allait devoir affronter un autre combat, différent cette fois. Une lutte mentale pour ne pas attirer les foudres de son mari. Une lutte contre elle-même. Elle se rassit en pressant le bouton d'appel du numéro de Guillaume.

Il était près de vingt heures, une bonne heure pour l'appeler.

C'est anxieuse qu'elle laissa se succéder les exaspérantes tonalités, l'écouteur collé à son oreille, saisie d'une palpitation qui se hissait en elle. Impatiente, elle alla replacer sur la porte la clé de sa chambre emprisonnée dans sa main tiède. Guillaume répondit entre la troisième et la quatrième tonalité.

— Mon chéri… s'entendit-elle dire d'une voix à l'accent enjoué. Je suis rentrée à l'auberge. Ça fait du bien… lança-t-elle en dénouant ses chaussures. Une douleur épouvantable qui lui pilonnait les mollets et les pieds depuis plusieurs minutes venait ajouter à toute cette déveine. Quand elle regarda ses orteils, elle les vit gonflés à l'extrême.

— Alors comment ça s'est passé… ? Bien ?

Elle sentit son cœur s'affoler. Elle inspira pour s'encourager à jouer la carte de l'évasif, sans pour autant laisser planer des doutes.

— Oui, ça s'est plutôt bien passé. C'est quelqu'un d'ouvert, donc ça a facilité l'entrée en matière, déclara-t-elle sans hésitation.

— Et la lettre ?

Elle perçut dans sa gorge la montée âcre et rebutante d'une nausée. Décidée à ne pas se laisser désarçonner, elle répondit du tac au tac :

— C'est une lettre de la main d'un mourant. Une sorte d'absolution, et je suppose qu'il n'a oublié personne, lança-t-elle d'un ton délibérément vague.

— Comment ça ? Tu veux dire, comme une lettre souvenir… ? Destinée aux gens qui ont compté dans sa vie ? Il n'a pas écrit qu'à toi ?

Elle n'avait pas l'intention de prendre de risques.

— En quelque sorte, je suppose, fit-elle de sa voix fanée, entre bâillement et étirement.

— D'accord. Et donc que te dit-il, à toi ?

Prise au dépourvu, elle improvisa.

— Tu sais, son écriture était très instable, c'était vers la fin, les derniers jours, d'après Lise. En tout cas, il n'avait pas oublié notre amitié, ajouta-t-elle en simulant la nonchalance. Enfin, rien qui mérite qu'on s'y attarde maintenant. Écoute, il est tard et je n'ai pas dîné. Je suis vraiment fatiguée, là.

— Oh, je vois. Tu es bien installée, au moins ?

— Très bien. Ce sera parfait pour la nuit.

— Tu te sens bien ? interrogea-t-il, comme s'il était venu à l'idée d'Anna de lui soustraire certaines choses.

— Mais oui, ne t'inquiète pas, mentit-elle, au bord du précipice.

— OK. Donc cette lettre n'est pas exceptionnelle… Tu me la feras lire ? demanda-t-il, d'un ton sincèrement intéressé. S'il n'a pas pu t'oublier… C'est parce que tu es la meilleure des femmes, mon amour, lâcha-t-il avec une fausse ironie.

Mais s'il savait à quel point c'était vrai… Elle resta dubitative, ne sachant que dire.

N'attendant pas la réponse d'Anna, il insista :

— Ça ne te dérangera pas de me la montrer, alors ?

Ce qu'il pouvait être irritant, pensa Anna.

Elle s'interdit de prononcer le mot « non ». Il prêchait le faux pour savoir le vrai, de toute évidence peu convaincu par les explications qu'elle lui donnait.

Elle répondit, d'un air blasé, qu'elle voulait crédible :

— Oui, si tu veux. Je ne vois pas bien l'intérêt, mais si tu y tiens…

— Enfin oui, je suppose que tu as raison, aucun intérêt, à part si toi tu y tiens… C'est personnel, et ce mec est mort. Je ne veux pas savoir, conclut-il, très sec.

Elle orienta la conversation sur Lise et son empathie, son allure. Elle se dispensa de lui décrire la scène qui lui avait tant fait honte dans la brasserie.

— Donc cette femme a juste été sympa car tu venais de loin pour l'enterrement ? demanda-t-il comme pour meubler la conversation.

— Oui, comme je le supposais. Rien de louche.

— D'accord, répondit-il, d'une voix traînante.

Trois secondes s'égrenèrent. Anna avait le désagréable sentiment que Guillaume était sceptique, et pourtant il ne disait rien pour ne pas la contrarier, pour éviter un conflit qu'il jugeait inutile. Elle raisonna à toute vitesse en utilisant le peu d'énergie qui lui restait, et déclara :

— Guillaume… Ma vie, c'est toi, nos enfants : aujourd'hui, maintenant. Ça me fait mal de dire ça mais… Tout ceci n'est qu'une parenthèse, d'accord ? Rien ne change. Si tu en doutais, je tiens à t'assurer qu'il n'y a pas de quoi…

Ce qu'elle avait dit là était le fruit d'une sincérité destinée à clore le débat. Elle y avait mis ses dernières forces. Elle laissa s'aventurer une larme au bord de son œil, espérant avoir chassé les doutes incessants de Guillaume. Jamais elle ne se pardonnerait d'avoir pu laisser la méfiance s'installer en lui si elle ne tentait rien pour faire fuir ses incertitudes. Plus que tout elle avait à cœur de le préserver de tout ce tumulte, de protéger leur union, leur famille, leur amour. Il était inutile d'en rajouter. Elle attendait de voir si elle avait remporté la mise.

Le silence angoissé laissa la place à une réponse qui déconcerta Anna :

— Je suis désolé que tu aies pu croire que je me faisais du souci à ce point, fit-il d'une intonation mi-froissée, mi-désabusée. La seule chose qui m'importe, c'est ta santé. Jamais je ne craindrai que quiconque ou quoi que ce soit puisse mettre en péril notre foyer… (Il marqua une pause.) En plus, il est décédé… (Il se ravisa, penaud.) Euh pardon, je ne voulais pas dire ça, je manque de tact, c'est affreux… Désolé, s'excusa-t-il en lâchant un lourd soupir.

Anna s'était couvert la bouche pour étouffer un sanglot et donner l'impression à son mari qu'elle restait de marbre. C'était la mieux placée pour savoir que Guillaume n'était pas diplomate pour un sou. Malgré son désarroi exacerbé par les reparties quasi indifférentes de son mari, elle ne lui en voulait pas. Elle ressentit même une immense vague de tendresse à son égard.

— Ne t'inquiète pas mon chéri, reprit-elle, d'une voix assurée. J'ai bien compris ce que tu voulais dire, je sais que tu ne pensais pas à mal, le rassura-t-elle en essuyant ses joues humides. Je suis heureuse de t'entendre dire que rien de tout ça ne vient te perturber, et j'espère que c'est vraiment le cas.

— Tout va bien alors, déclara-t-il d'un air plutôt satisfait.

Même à plus de trois cents kilomètres, elle devinait son sourire. Le premier sourire depuis deux jours. Elle était désormais certaine qu'à son retour, désireux d'oublier cette histoire, Guillaume ne manifesterait plus la moindre envie de lire cette lettre. Elle accueillit avec gratitude l'onde de bien-être qui la soulagea d'emblée. Elle s'assit sur le lit, s'adossant aux coussins dont le confort lui intimait de se détendre, maintenant que tout était clarifié entre eux.

— Bon, je vais me coucher, annonça Anna, sans cérémonie, lasse et près de s'endormir sur l'oreiller.

— Mais, tu n'as pas dîné… ?

— Ça tombe bien, je n'ai pas faim (nul besoin était de préciser à Guillaume que ces derniers événements étaient responsables de la nausée dont elle avait grand peine à se défaire). Puis je t'avoue que j'ai la flemme.

— Ça m'étonne de toi… Quoi qu'il arrive, fais bien attention à toi. J'espère que tout se passera bien pour les funérailles mais surtout pour toi. Pas d'efforts inutiles. Je te souhaite une bonne nuit, ma chérie, lui murmura-t-il avec une affection non dissimulée. Appelle si tu as besoin, OK ?

— Oui, ne t'en fais pas. Je vais dormir comme un bébé… répondit-elle, laconique.

« Quelle ironie, songea-t-elle au même instant. En réalité, cela sera sans doute tout le contraire. Et de loin, l'une des pires nuits de ma vie… »

— Je t'embrasse. Je t'aime, acheva-t-il, tout bas, mais juste assez pour qu'elle puisse l'entendre.

— Moi aussi… Bonne nuit mon chéri.

Anna raccrocha sans plus attendre, le besoin de sommeil s'installant pour de bon, éclipsant au passage cette atroce nausée qui l'avait malmenée avec rudesse.

Elle était parvenue à mettre un terme aux déambulations vagabondes de son esprit en souffrance. Elle massa ses pieds endoloris, se faufila dans les draps, puis éteignit la lumière sans se poser plus de questions.

Tout finissait par s'arranger. Mais rien ne laissait présager que la demande de Laurent, formulée par écrit notarial, astreindrait une fois de plus Anna à jouer un rôle de taille sur le devant de la scène.

Si elle acceptait encore cette dernière mission, le lendemain, Anna devrait récupérer l'urne qui contiendrait la moitié des cendres de Laurent pour l'acheminer en Normandie. Là-bas, elle serait tenue de se rendre sur les falaises des Vaches Noires, un site sauvage du littoral calvadosien, pour y répandre une partie des cendres du défunt près d'une plage de la ville d'Houlgate, dans l'année qui suivait la crémation. Un site gravé à jamais dans la mémoire d'Anna. Un site pétri d'émotions enfouies et émiettées dans le sable, de souvenirs attachants, brassés par le vent, hurlant sur les hauteurs. Des souvenirs suffoqués de chagrin… Presque déchirants.

9

Une visite impromptue

C'est perplexe que Marianne prit congé de l'humeur ombrageuse de son père après le dîner. Elle concéda qu'il serait aussi bien seul qu'en sa compagnie, puisque la moindre de ses réponses aux questions qu'elle lui posait était à côté de la plaque. Sans en comprendre la raison exacte, elle remarqua néanmoins qu'il n'était plus le même après avoir eu sa mère au téléphone. Il avait l'air tant dépassé par les événements… Lesquels, au juste ? Marianne se voyait recalée au second plan, se demandant soudain si cette histoire de lettre – encore – n'en était pas en grande partie responsable.

Les dimanches soir manquaient souvent de gaieté, et sans Anna, la maison paraissait éteinte, plus morne que jamais.

La seule envie qu'avait Marianne à présent était de rejoindre sa chambre pour y retrouver les pages restantes du manuscrit écrit par sa mère. Elle les avait planquées judicieusement sous son lit après être sortie de sa douche juste avant le repas.

Guillaume ne protesta même pas quand, vers vingt heures trente, elle le laissa en plan avec toute la vaisselle, pour accompagner sa petite sœur dans sa chambre, et lui lire une histoire. Mais au lieu de se mettre au lit elle-même, elle reprendrait la lecture des dernières parties du récit oublié par Anna. C'était le moment ou jamais. Dût-elle en avoir les yeux cernés le lendemain, elle devait poursuivre et achever. Parce que demain, Anna rentrait. Et demain, ce serait trop tard.

Juste après que son père fut monté lui souhaiter une bonne nuit, elle ralluma la lumière à peine éteinte pour récupérer les feuilles du manuscrit qu'elle avait cachées sous ses livres de révision. Elle tâtonna dans le tiroir de sa table de nuit pour y prendre sa lampe de poche. Sereine et impatiente à la fois, elle cala son dos contre les oreillers puis replongea dans les pages, avant d'éteindre sa lampe de chevet, deux heures plus tard.

*

De nouveau dans le train, mais sur le chemin du retour, Anna était une fois de plus installée sur l'un des sièges de velours. Seule, mais pas tout à fait. Elle voyageait en étrange compagnie. Une urne contenant une partie des cendres de Laurent avait trouvé sa place sur ses genoux, bien scellée et rangée dans une boîte emballée d'adhésif protecteur avec à l'intérieur une enveloppe qu'elle n'avait pas ouverte. Pourquoi diable avait-elle accepté d'emporter cette urne ? Sans doute une décision prise sur un coup de tête… Mais tout avait été si « facile » pendant ce moment de folie où le trouble avait régné sans partage. Portée par ses propres émotions – celles de la cérémonie funéraire, et celles, amoncelées dans son cœur depuis deux jours –, elle avait accepté de prendre une partie de Laurent sous son aile sans réfléchir plus avant, en dépit de tout et de tous. Dans un moment de lucidité fugace, elle avait été à deux doigts de refuser, mais c'est en voyant les visages ravagés des proches de Laurent qu'elle avait accepté d'emporter le paquet pour de bon. Elle n'avait en aucun cas pensé à la réaction que pourrait avoir son mari. Et c'est cependant deux heures après, assise dans le train, qu'elle en vint à se préoccuper de ce qui allait devenir une question de premier ordre. Elle préféra mettre de côté tout ce fatras dans l'immédiat.

Elle se remémorait les funérailles auxquelles elle venait d'assister. C'était un jour très sombre, et les gens étaient venus en masse faire leurs adieux à Laurent. La cérémonie avait été belle… Si belle. Mais tant teintée de tristesse, aussi. Autant qu'elle l'avait pressenti. C'était un homme aimé. De cela, elle en avait toujours eu la certitude.

Elle n'avait pas quitté ses lunettes noires, chaussées depuis le matin. Ses pensées s'égaraient et, laissant libre cours à ses réflexions, le regard vide et l'appétit coupé, elle regardait le paysage automnal défiler à mesure que le train fonçait.

Puis soudain, elle se souvint que quelque chose d'insolite s'était passé la nuit dernière. Son esprit n'y avait pas fait allusion de la journée, sauf le matin en se réveillant… Elle s'était juste demandé si elle avait rêvé. Maintenant posée, avec le peu de recul dont elle disposait, elle commençait à croire que non.

Elle se rappela que minuit avait sonné aux cloches d'une église voisine, quand elle avait entendu un frottement près du lit. Elle s'était endormie assez vite au coucher, mais elle avait encore été victime d'un petit coup porté sous ses côtes par son bébé. Alors elle s'était réveillée en sursaut.

C'était ensuite la douleur des contractions qui l'avait surprise de façon plutôt désagréable. Elle avait eu un mauvais pressentiment. Elle avait eu beau tenter de se raisonner, de se répéter en boucle les mêmes phrases réconfortantes, la panique avait commencé à monter en elle. Des spasmes de grossesse de plus en plus rapprochés l'avaient envahie.

Puis elle avait perçu un son répété, un bruissement continu qui s'était rapproché d'elle. C'était devenu comme un souffle tout près des draps. Un souffle froid. Elle eut même l'effet d'une main invisible lui caressant le visage. Elle n'avait pu croire qu'elle n'était plus seule dans ce sommeil menacé. Avait-elle rêvé ce moment ? Elle n'avait osé se mouvoir, cramponnée à son oreiller, avait écouté sans le vouloir son cœur dont les pulsations s'étaient enchaînées sans répit. La douleur aiguë des contractions avait continué de l'atteindre, mais de moins en moins distincte : elle l'avait sentie s'éloigner. S'était substituée une peur bleue qui l'avait envahie aussitôt. L'effroi avait-il remplacé la panique ? Elle avait ouvert un œil et avait reconnu aussitôt le cadre rustique de la chambre de l'auberge, faiblement éclairée par l'éclat blanc de la lune qui transperçait les persiennes, cachées par de fins rideaux. Elle n'avait plus ressenti aucune douleur.

Anna avait entendu une voix d'homme. Quelqu'un avait parlé.

C'est à cet instant précis qu'elle avait distingué le son de *sa* voix. Elle pouvait la reconnaître entre toutes. Ce timbre sûr et un peu rauque, qu'elle avait écouté maintes fois lui raconter toutes ces histoires de randonnées dans les vallons orléanais, venait de prononcer des paroles qu'elle n'était pas sûre d'avoir d'abord identifiées en tant que telles.

Elle s'était retournée sur-le-champ, incrédule, se défiant de sa santé mentale, mise à rude épreuve ces derniers jours. Et pourtant, elle l'avait vu. Laurent était debout près d'elle, l'air plus vrai que nature. Glacée d'effroi, elle s'était tenue sur les coudes, à deux doigts de crier sa terreur à tout l'hôtel, au cœur de la nuit. Puis elle avait eu un mouvement de recul qui lui avait collé le dos contre le bois froid de la tête de lit.

Celui qui se tenait devant elle était amaigri, presque chauve. Il avait le teint cireux, et la lassitude qu'il affichait paraissait incommensurable. Toujours aussi grande, sa silhouette dégingandée semblait pleine d'une lueur irréelle, quasi phosphorescente.

Il lui avait paru être incommodée par un effluve d'humidité, une odeur de moisissure. C'était comme si Laurent avait apporté une chose qui était en train de pourrir. Cette odeur, elle le sut à la minute même, c'était l'odeur de la mort.

Anna en avait été consternée, à tel point qu'elle avait d'abord bloqué sa respiration. Elle n'avait cessé de se dire que le rêve allait se terminer pour la laisser dormir d'un sommeil enfin paisible. Que tout cela était dû aux perturbations de ces dernières heures. Ces mêmes perturbations ne pouvaient que provoquer des hallucinations de ce type, bien sûr.

La main sur la poitrine, elle avait continué de respirer par à-coups. Laurent était toujours là, tout près d'elle. Il ne bougeait pas. Elle sentait son souffle lent, froid. Mortel. Seule sa main qui s'élevait hors de sa portée lui avait paru vivante. Anna s'était focalisée sur ce visage creusé et avait reconnu les traits de celui qu'elle avait aimé. Quand elle avait vu ses lèvres s'animer, au comble de la perplexité, elle avait tenté de reculer encore. Elle s'était entendue lui lancer d'une voix tremblante :

— Qu'est-ce que tu veux… ?

Il était demeuré immobile, muet.

Terrifiée, Anna s'interrogeait sur le genre de message qu'il était venu lui délivrer. Pour masquer sa peur, elle n'avait pas hésité à briser encore le silence, trop présent.

— Qu'es-tu venu me dire… ? Mais parle !! avait-elle hurlé en vacillant.

Elle s'en était voulu sur-le-champ. Jamais elle n'avait parlé à Laurent de cette manière ; d'ailleurs en aucun cas il ne lui était arrivé de crier ainsi sur lui. Et même si c'était son fantôme, il était hors de question de s'énerver contre lui. C'est à cet instant qu'elle avait achevé de nourrir des doutes sur la fin de ce qui avait tout l'air d'être un mauvais rêve. Saisie d'accablement, elle s'était mise à pleurer. Le visage de Laurent avait continué de montrer cette impassibilité dénuée de sens. Il n'avait rien perdu de son charisme, et n'en paraissait pas moins malheureux.

Soudain, Laurent s'était approché encore, plus près, si proche d'Anna. Il n'était pas venu la voir se morfondre. Pour rien au monde il n'aurait voulu assister à sa détresse. Elle avait cru le voir froncer les sourcils.

Avec son fin visage mouillé qu'elle venait d'enfouir dans ses mains, Anna n'avait plus prêté attention à l'ombre dressée devant elle. Pour elle, c'était comme s'il était venu la blâmer, sans qu'elle ne sache vraiment pourquoi. De la voix unique et sûre qui était la sienne, Anna avait cru l'entendre parler encore :

— N'aie pas peur ; nous ne pourrons plus nous voir après.

Anna avait écouté, puis, éberluée, elle avait levé la tête dans sa direction. Elle avait cessé d'emblée ses pleurs, se frottant les yeux. Elle avait attendu, fascinée, presque envoûtée par la silhouette plantée à côté du lit. Malgré la réalité de ce qui était en train de se produire à cet instant-là, elle s'était questionnée à nouveau sur ce songe étrange. Elle en avait eu la chair de poule. Les battements de son cœur s'étaient accélérés, tandis qu'elle avait tenté de déglutir. Laurent avait attendu lui aussi, comme s'il avait été en train de lui donner du temps pour prendre conscience de cette apparition inopinée. Elle se souvint avoir ressenti une grande fatigue pendant cette curieuse scène ; elle crut qu'elle s'était endormie ensuite, et que l'apparition s'était effacée. Toute cette histoire était en tout point saugrenue, force avait été de le constater quand elle y avait repensé au matin. Bien qu'elle n'en accordât que peu de crédit, elle était intriguée par le contexte lui-même et ses propres perceptions la déroutant sans cesse, et qu'elle jugeait peut-être un peu trop délirantes.

La journée avait été chargée de toutes sortes de sentiments, distincts les uns des autres. Anna avait d'abord éprouvé une espèce d'appréhension ; un choc certain lui avait glacé les veines quand elle avait regardé le corps inanimé dans le cercueil, à la morgue où Lise l'avait conduite à sa demande, faisant paraître Laurent plus vulnérable que jamais. Puis il y avait eu le stress qui s'était chargé de la tenir à distance de l'assemblée réunie sur le parvis de l'église. Ensuite, la musique, des centaines de fleurs et d'amis. Mais c'est la tristesse qui avait achevé de faire couler ses premières larmes quand elle avait regardé, impuissante, la boîte en bois disparaître sous les impulsions des flammes du crématorium.

Elle avait noté dès son entrée dans l'église la présence de Félicien, un peu plus loin derrière, en retrait des bancs. Après la crémation, il était venu la saluer avec chaleur malgré les circonstances, au côté de celle qui était sa femme aujourd'hui, la fameuse Émilie, qu'il avait toujours chérie. Anna les avait reconnus sans mal. Puis JC et Julien étaient venus à leur tour, indécis. Anna les avait trouvés gênés, et un peu gauches, loin de leur fougue d'antan. Les années ne les avaient pas épargnés. Anna nota que JC était moins athlétique et plus rondouillard, son costume le serrait, il ne devait plus faire autant de sport qu'avant. Julien, quant à lui, avait la peau marquée, comme burinée.

Ils avaient échangé des mots, puis s'étaient approchés d'Anna. Félicien les avait défiés du regard ; jamais Anna ne l'avait vu comme ça.

— Anna… Je pense qu'il y a certaines choses que tu as dû savoir. C'est malheureux, je sais bien… J'en suis désolé.

La voix de JC avait eu un chevrotement étrange qui le rendait pitoyable. Ce genre de déclaration n'était pas dans ses habitudes. Il avait poursuivi :

— Je sais qu'il a été très déçu… Et comme tu sais maintenant, il n'y était pour rien… Et toi non plus d'ailleurs. Je suis désolé, je regrette ce qui s'est passé. Et je ne suis pas sûr d'avoir envie de parler de tout ça. Et surtout pas ici. C'est assez dur comme ça, déjà qu'il nous quitte, soupira-t-il. L'essentiel est que tu sois bien avec ton mari aujourd'hui… Guillaume, c'est ça ?

Anna avait arqué un sourcil. Elle était sans voix. De nouvelles larmes au bord des yeux, il s'en était fallu de peu pour qu'elles se mirent à couler. La bouche ouverte, ses yeux avaient roulé vers Félicien, qui avait lancé un regard noir à JC.

— Alors là, je ne comprends pas… articula-t-elle. La lettre qu'il m'a écrite ? Son pardon, ses regrets ? Désolée, par respect pour lui, je ne préfère pas donner de détails. C'est trop personnel.

— Oh je comprends, c'est normal. C'est bien qu'il l'ait fait, c'était quelqu'un de franc, Laurent. Mais il ne t'avait pas dit tout ça avant ? s'était-il enquis, les mains dans les poches.

— Mais enfin, de quoi tu parles ? Et puis je n'ai pas revu Laurent depuis notre séparation.

Un silence embarrassé s'était ensuivi. Les yeux de Félicien avaient convergé de l'un à l'autre, inquiets, à la manière d'une girouette désorientée. JC avait hésité.

— Oh, d'accord. Pardon, avait-il répliqué, en se mordant les lèvres.

— Pourquoi ? Tu l'as revu toi, ensuite, j'imagine ?

— Oui… Oui, plusieurs fois même. Mais il y a des années que l'on s'était perdus de vue.

— Ah…

— C'est si loin tout ça. J'ai dit que je ne voulais pas en parler, s'était assombri JC.

— Il t'avait donc parlé de cette lettre qu'il m'a écrite ?

Les yeux de JC avaient fixé le sol, il avait semblé réfléchir à toute allure.

— Non… Nous n'étions plus si proches. Il ne t'a rien dit d'autre alors…, avait-il continué, comme pour lui-même.

— Qui donc ?

— Laurent…

— Mais quand ? Comment ? s'était-elle offusquée, les joues en feu.

Félicien les avait coupés soudain d'un ton ferme.

— Le moment est plutôt mal choisi pour parler de choses qui fâchent, tu ne crois pas, JC ? avait-il sifflé en fixant l'intéressé, son visage crispé, rouge pivoine.

Anna avait froncé les sourcils. Au-delà de la stupéfaction, c'était plus un sentiment de curiosité qui l'avait envahie, obsédant, dérangeant. Elle s'était sentie mal et vacillante, trop d'éléments sans réponses étaient venus se greffer à son histoire avec Laurent.

— Enfin, j'ai vraiment l'impression qu'on ne parle pas de la même chose…

— Pardon… Ne parlons plus de tout ça, c'est du passé, observa JC, plus raisonné. Il y a eu de bons moments aussi, ne les oublions pas. Ça ne me regarde pas ce qu'il t'a écrit. Allez, on traîne pas, avait-il dit à l'adresse de Julien. On a de la route après, avait-il ajouté en pivotant sur ses talons.

Les mains sur les hanches, Anna était restée interloquée. Cette conversation n'avait eu aucun sens… Et l'irritation de Félicien était d'une improbabilité troublante.

— Au revoir, Anna, avait bafouillé Julien, qui était déjà en train de partir. À un de ces jours.

— Au revoir… J'ai été heureuse de vous avoir revus. J'aurais préféré dans d'autres circonstances. C'est la vie… avait murmuré Anna en haussant les épaules.

Ils s'étaient fait la bise. Les deux hommes avaient ignoré volontairement Félicien, et tandis qu'ils avaient été en train de s'effacer, JC s'était retourné vers Anna à deux reprises en la regardant.

Qu'avait-il essayé de lui dire ? Elle avait le cerveau tout embrouillé à présent. Elle avait oublié à quel point JC pouvait être bipolaire. Cet épisode la laissa pantoise, elle les regarda s'éloigner vers le parking, ne sachant qu'en penser. De même qu'elle n'osa rien demander à Félicien qui s'avançait vers elle, le visage blême. Il paraissait hésitant.

— Anna, je te laisse mon numéro. Ça me ferait plaisir

d'avoir de tes nouvelles, asséna-t-il d'une voix sourde, en lui tendant sa carte de commercial en géothermie. Elle trouva son regard presque suppliant.

— Avec plaisir, répliqua Anna, dans un sourire confus.

Sa femme lui sourit, et regarda Anna, attendrie.

— C'est pour quand ? demanda Émilie, avec un fort accent toulousain.

— Dans quelques semaines… Ou quelques jours, sourit-elle.

— C'est merveilleux, les enfants. C'est la vie !

— Bon, Anna, la coupa Félicien, n'hésite pas, d'accord… ? Tu as ma carte, insista-t-il, débordant de tension mal contenue. Si tu as besoin de quoi que ce soit Anna… N'hésite pas, conclut-il, d'un regard appuyé.

Les gens avaient-ils changé à ce point ? Anna se sentait presque prise d'un malaise subit tant Félicien semblait sérieux. Elle inspira longtemps.

Ils s'étreignirent puis se séparèrent sur-le-champ.

La cérémonie touchant à sa fin, Anna s'était éclipsée en toute discrétion. Elle avait salué Lise avec chaleur, puis d'un signe de la main les personnes attroupées devant le cimetière.

Elle était arrivée à la gare vingt minutes avant le départ du train. C'est en toute tranquillité qu'elle y était montée pour se remettre un peu de tout ce chahut intérieur.

Paisible, à mi-chemin de son trajet, Anna venait de se laisser emporter vers un sommeil de plomb. Enfoncée dans les profondeurs d'un autre temps, le corps et l'esprit de la jeune femme récupéraient du repos accaparé par les événements récents qui avaient bousculé sa vie.

Puis, avant qu'Anna n'ait compris comment, elle se retrouva à nouveau dans la chambre de l'auberge, projetée dans l'obscurité. L'apparition de Laurent était là, à côté du lit, érigée et fixe, intacte. Anna, encore prostrée, était gagnée par la même peur irrépressible que la veille, toujours adossée à la tête du lit. Le souffle lent et glacial de la silhouette l'atteignait comme une petite musique qu'elle ne voulait pas entendre.

Laurent avait remué les lèvres. Les paroles énoncées étaient cette fois très claires.

— J'ai fait le genre de découverte que personne n'a envie de faire. C'était trop tard.

Elle était tout ouïe. Elle doutait encore de cet instant inédit. Mais qu'avait-il découvert, bon Dieu ?

Il continua d'une voix monocorde, le visage blafard, ne la lâchant pas de son regard sûr :

— J'avais eu l'intention de renouer, Anna. Mais j'ai appris que tu vivais en couple et que tu allais avoir un enfant.

Elle se voyait déconcertée face à cet aveu. Était-ce donc pour cela qu'il n'était jamais revenu ?

Il y eut un silence qui parut interminable à Anna.

Elle attendait d'autres informations. Une voix au fin fond de son esprit repassait en boucle « une découverte, c'était bien cela ? » C'était à devenir folle !

Laurent continua :

— J'ai eu beaucoup de difficultés à renoncer à toi. Mais c'était un peu plus d'un an après notre séparation. J'ai vécu avec cela tout le reste de ma vie durant.

Il eut un sursaut, et se racla la gorge.

— C'est peut-être la façon qu'a choisie Dieu pour me punir. Parce que j'ai été naïf, parce que j'ai été crédule.

Ça ne pouvait pas être vrai. Elle se répétait qu'elle allait se réveiller. La même voix s'insurgeait pour lui crier : « Réveille-toi ! Ne te laisse pas berner une nouvelle fois par cette ombre dans ta tête. C'est un rêve… ».

Pourtant, elle se trouvait dans cette chambre et elle sentait bien ses yeux grands ouverts qui ne lâchaient pas le visage de l'apparition de Laurent. Était-ce une simple sensation ou le vivait-elle vraiment ? Rêve, cauchemar, ou divagations… ? Cette apparition en était-elle une, réellement ?

Anna voulait parler, elle souhaitait plus que tout, à cet instant, répondre à tout ce qu'elle venait d'entendre. Mais elle ne le pouvait pas. Quelque chose l'en empêchait… Une force invisible la retenait, un voile transparent lui maintenait la bouche fermée, ses lèvres demeuraient scellées contre son gré. Elle crut défaillir de frustration et plusieurs minutes s'écoulèrent sans que Laurent ne poursuive. Cette fois, elle était persuadée d'être au milieu d'un délire de son esprit fragilisé. Elle avait du recul sur la scène, elle la vivait de l'intérieur et de l'extérieur à la fois, un peu comme si elle s'observait d'en haut, tout en ressentant l'émoi du moment vécu. Elle se laissait aller, puisqu'elle n'en tenait pas les ficelles.

Le cliquetis bien net d'une trotteuse marquait les secondes qui s'enchaînaient à l'infini. Laurent s'était tu. Peut-être pour toujours.

Elle l'entendit soudain prononcer ces mots douloureux :

— Pour mon malheur, j'ai appris la vérité après… Après avoir su pour ton compagnon et ton enfant. Sur le coup j'étais déterminé à revenir vers toi, quitte à briser ta nouvelle vie, admit-il en soupirant.

Anna sentit sa bouche s'entrouvrir, sa face blêmir sous ses cheveux noirs en pagaille. Malgré l'irréalité du moment, elle n'en revenait pas. Rien n'était clair, il lui manquait des éléments… De quoi parlait-il ?

Elle se sentait affaiblie, à la merci de l'être venu lui rendre cette visite impromptue. Cette situation chimérique perdurait sans qu'elle ne le permette vraiment, ni qu'elle ne puisse comprendre pourquoi dans l'immédiat.

Puis, contre toute attente et devant la stupéfaction d'Anna, Laurent, ou du moins son apparition, disparut. Il ne restait plus que ce relent de moisi, qui stagnait dans l'air pour témoigner de son passage.

Elle rouvrit les yeux en sursaut, reconnaissant le bruit feutré de l'intérieur du wagon de train, agrippée aux accoudoirs de son siège. Le désarroi dans ses yeux ne faisait aucun doute : elle avait eu la curieuse impression de vivre tout cela pour de bon.

Quelle était la signification d'un tel rêve ? Un message, un signe que Laurent lui envoyait ? Qu'y avait-il derrière tout ça ? Une énigme à résoudre ou rien qui tienne vraiment debout ? Anna réfléchissait. Tout était probable. Et entre la veille au soir et ce rêve étrange, elle se trouvait en déroute.

Après tout, ce n'était qu'un songe... Et comme tous les songes, il semblait réel au moment de son déroulement. C'était juste le résultat de l'alliance d'un cerveau fatigué et d'un cœur en désordre, quoi de plus normal ? Elle se représenta la scène de l'auberge avec la vraie apparition qu'elle avait vue, et il lui vint à l'esprit que ce pouvait être aussi une utopie créée par son cerveau fatigué... Le doute semé ainsi ne pourrait rien donner de bon si Anna persistait à s'y attarder. Faisant mine d'y attacher peu d'importance, elle essaya de penser à autre chose.

Elle s'efforça de dégager de la place dans son sac pour ranger le coffret contenant l'urne. Elle ne pourrait se détendre si elle voyageait avec l'idée de devoir donner une explication à son mari. Autant l'ôter de sa vue d'emblée. Pourquoi vouloir lui confier cette tâche si importante, si personnelle ? C'était pour le moment, et dans les prochains jours, un acte inconcevable que d'avouer à Guillaume ce que Laurent attendait d'elle. Une boîte raide aux coins râpeux posée sur des genoux dont un gros ventre occupait déjà une bonne place, c'était indisposant, tout compte fait.

10

L'invitation

Été 1991
PARTIE 3

Ce fut vers vingt heures dix que je pénétrai dans le lotissement où les étudiants logeaient. J'appréhendais déjà de rencontrer la mine hypocrite des terminales. J'avais autant envie d'en croiser un que de tomber par hasard sur mes anciennes amies.

J'observais avec délice le soleil qui déclinait dans le ciel encore bleu. Dans la plaine, les prés vert tendre avaient des reflets orangés qui se fondaient aux bois attenants. Contempler la nature à cette époque de l'année était vraiment magique.

Question allure, j'avais opté pour la sobriété. Après une douche rapide, j'avais noué mes longs cheveux en tresse, enfilé un jean usé et un tee-shirt blanc qui faisait ressortir mon bronzage brun de la semaine précédente et, malheureusement, un nez rouge qui me faisait mal. Lasse des réflexions que j'avais essuyées avec les terminales, j'y allais dans une optique tout à fait neutre. En aucun cas je ne cherchais à attirer l'attention de ces étudiants sur moi, et surtout pas d'un point de vue physique.

Je passai dans l'allée principale qui menait au cœur du lotissement, et très vite je toquai à la porte de la maison voisine de celle de Cyril.

Un garçon un peu bossu à lunettes m'ouvrit sans grand enthousiasme :

— Tu es Anna ? me demanda-t-il, le regard perçant, avant que je n'aie le temps d'ouvrir la bouche pour le saluer.

Et comme j'acquiesçai via un imperceptible signe de tête, et tout juste effrayée j'imagine, il me dit, l'air toujours aussi peu jovial :

— Salut, moi c'est Romain. Entre.

Il s'écarta pour me laisser passer dans un hall d'entrée assez large. Aussitôt, Julien, qui descendait l'escalier, m'accueillit et me dit d'un ton enjoué :

— Viens, la cuisine est par là. Fred et Félicien préparent la viande.

Je le suivis en regardant tout autour de moi. Le hall desservait plusieurs pièces. Teddy passa devant nous sans dire un mot. Grand et à la limite de la maigreur, il était barbu aux reflets roux, les yeux bleus. Tout l'opposé du genre de garçons qui m'attirait d'ordinaire. De plus, il me paraissait renfermé.

— C'est sympa chez vous, hasardai-je en posant mon sac dans un petit coin, à côté d'un meuble de l'entrée. Et rangé.

— C'est vrai que la dernière fois tu n'étais pas rentrée à l'intérieur, me fit remarquer Julien. Le rangement, c'est mon truc à moi, conclut-il en riant.

Romain repassa devant nous, l'air plus abattu encore. Je le regardais, inquiète. Il tendit à Julien une chemise pliée au carré.

— C'est lui qui repasse ici, me confia-t-il après qu'il eut pris le vêtement et que l'autre s'éloignait.

— Ah, OK. Et sinon… Il est tout le temps comme ça… ?

Il y eut un petit silence pendant lequel il devait chercher le sens de ma question. Puis, semblant percuter :

— Oh, comme ça… ? Romain ? Oh non… ! C'est juste… (Puis, plus bas.) C'est juste qu'il a appris ce midi qu'il venait de perdre son chien. Il aurait dû rentrer chez lui ce week-end mais il a préféré rester avec nous, et voilà qu'il lui arrive un malheur. La pauvre bête a été renversée par une voiture, me dit-il avec de grands yeux.

— Oh, je comprends mieux. Perdre un animal est toujours douloureux, qu'on s'y attende ou non.

Je devais avoir l'air penaude. Cela m'attristait pour Romain. Je ne le connaissais pas, mais il faisait vraiment peine à voir.

— Ah, tiens ! Anna !

Félicien s'arrêta devant moi, un plat à la main qu'il posa sur la table de la cuisine. Il m'attrapa les épaules avec un sourire. Il continua :

— Tu es venue ! Comme c'est sympa. Nous nous sommes demandé si tu viendrais au final…

— Pourquoi ? m'étonnai-je.

— Tu aurais pu changer d'avis…

— Et pourquoi donc ? Je vous ai dit oui, donc je suis là.

— Une fille avec des garçons…

Je sentais bien qu'ils n'étaient pas des garçons comme les autres. Leur respect m'encourageait à vouloir les connaître mieux. Leur joie de vivre me tirait vers le haut et j'en avais plus que jamais besoin.

— Peu importe, poursuivis-je, en souriant à mon tour. J'ai répondu présente à une invitation de personnes qui m'inspirent de la sympathie. Voyons voir si cela se vérifie ! lui rétorquai-je sur le ton de la plaisanterie.

J'espérais, en disant cela, que nous passerions une bonne soirée. Ils me paraissaient beaucoup plus réfléchis que leurs voisins d'à côté.

Une odeur de thym grillé porté par une brise légère s'enfuyait du four dans lequel des morceaux de tomates cuisaient, et vint me narguer.

— Que préparez-vous ? demandai-je en voyant Frédéric devant une casserole fumante.

— Un peu de riz pour accompagner les grillades, me

répondit l'intéressé, très concentré. Au début, je voulais faire des pâtes, mais on n'en a plus. Avec des tomates à la provençale et une bonne salade verte, ce sera parfait.

— C'est le cuisinier ici, me souffla Félicien, avec son accent toulousain, sur le ton de la confidence.

— Du riz nature ? m'étonnai-je.

— Oui, pourquoi ?

Frédéric avait levé un sourcil et s'était retourné vers moi comme si sa cuisine n'était pas à discuter.

— Non, pour rien. Perso, je n'ai pas l'habitude du riz blanc. Mais je vais tester, lui répondis-je avec un clin d'œil.

— Tu aurais une recette de riz cuisiné à nous proposer ? voulut savoir Félicien, qui piquait maintenant les saucisses.

Au loin, je voyais Teddy, qui me fit un signe de tête, se battre péniblement avec les allumettes pour faire brûler du petit bois dans le barbecue.

— Salut, salut ! s'écria une voix guillerette.

JC revenait du court de tennis un peu plus loin. Il était rouge comme une pivoine.

— Anna, tu vas nous faire à manger ?! Ça nous changerait de la bouffe de Fred…

Il fit une moue peu élogieuse.

— Ne commence pas toi, elle est invitée ! Aucune délicatesse ! lui lança Félicien en faisant mine de faire les gros yeux, puis achevant de rire.

Je feignis de ne pas y prêter attention, et riais en moi-même. Leurs manières m'amusaient.

Je repris le fil de la discussion sur l'aromatisation du riz :

— Pour répondre à ta question : une recette qui irait bien avec les tomates grillées, oui j'en ai une… Pourquoi pas. À base de romarin, d'olives noires et vertes, avec de l'huile d'olive… énonçai-je comme si je réfléchissais tout haut. C'est très bon, d'ailleurs.

— On a tout ça, non ? demanda Félicien en se tournant vers Frédéric.

— Non, plus d'huile d'olive… Pas d'olives noires, déplora Frédéric. Va falloir faire avec le riz blanc, hein, fit-il, agacé.

— Ça te dirait de nous faire découvrir ce plat ? insista Félicien, ignorant la remarque de Frédéric, pendant que ce dernier passait devant lui avec un air mauvais. C'est toi qui l'as inventé ?

— Disons que c'est un plat que j'ai testé ; il m'arrive de faire des expériences parfois. Sans les ingrédients, je ne vois pas trop comment je peux faire…

— Ah OK, fit Félicien comme s'il trouvait ma première remarque intéressante. Il y a une épicerie ouverte encore à cette heure-là… Au village d'à côté, non ? Julien ? T'as été chercher du Coca samedi soir dernier, là-bas ?

— Oui, c'est ouvert jusqu'à vingt-trois heures. Il me semble que le dimanche c'est vingt et une heures.

— D'accord, je vais y aller alors, annonça Félicien en s'essuyant les mains avec un torchon. Qui a besoin de quelque chose, pendant qu'on y est ?

— Du rosé ! Pour le barbecue. On a qu'une seule bouteille…

— Je vous le disais… Elle va finir par nous faire la cuisine ! plaisanta JC en frappant dans ses mains.

— Mais oui et alors… ? Oh mais j'y pense, je ne vous ai rien apporté… constatai-je, soudain confuse.

— Tu plaisantes ? C'était une invitation de dernière minute.

— Je viens avec toi alors, proposai-je. Je tiens à participer, j'achèterai un truc ou deux.

— Non, non. Une invitation n'a plus d'intérêt si l'invité achète la nourriture, me dit-il, catégorique. Déjà que tu vas cuisiner un peu, ça va comme ça (il semblait contrarié). Mais tu peux venir avec moi, si tu veux, ajouta-t-il en se dirigeant vers la porte.

— Attendez ! Je viens avec vous.

D'un geste rapide, Julien enfila ses baskets en toile, et aussitôt nous quittâmes tous les trois la maison pour nous engouffrer dans la voiture de Félicien. Il y faisait une chaleur à crever, il n'avait pas de climatisation. Le pauvre. Je n'osais pas imaginer combien il devait trouver les trajets si longs par ce temps.

Le ciel encore un peu rose nous offrait un spectacle magnifique. Le soleil n'était plus très haut mais il dominait. Les vitres ouvertes, nous goûtions à la fraîcheur qui peinait à s'imposer.

— Ne fais pas attention aux remarques peu délicates de certains d'entre nous… me prévint Félicien alors que nous étions en route. Ce n'est pas méchant, ils ne sont pas mauvais bougres.

— Ne t'inquiète pas, je l'avais bien compris, lui répondis-je d'un air amusé. Vous êtes tous assez drôles, chacun dans votre genre.

— Tant mieux alors si tu ne te vexes pas si facilement. Les garçons entre eux sont parfois rustres et ont tendance à l'oublier, en compagnie féminine.

— Non, non, je ne suis pas comme ça, lui dis-je en mettant mes lunettes de soleil. Par contre, comme la plupart des femmes, je déteste les misogynes. Et c'est ce que j'ai ressenti avec vos camarades d'à côté. Et… j'avoue que ce n'est pas du tout l'impression que j'ai avec vous. Enfin, pour l'instant, lui dis-je en le regardant avec autant de sincérité que possible.

— Oh, ils sont jeunes… soupira-t-il alors que nous abordions une série de virages. Pas beaucoup plus que nous, mais je pense que l'âge compte beaucoup à cette période. Leur immaturité telle que tu la vois les empêche d'avoir le recul nécessaire pour faire la part des choses, fit-il, très attentif à épouser les courbes de la route.

Je fus perturbée par le sérieux avec lequel il venait de parler. Cela ne m'empêcha pas de continuer d'une façon maladroite :

— Peut-être. Ils ont mon âge, je te signale… Toujours est-il que je n'ai plus envie de mettre les pieds chez eux. Faites-moi le plaisir de ne pas m'inviter quand ils sont là, s'il vous plaît ! Si une autre occasion se présente…

Il sourit et ne dit rien.

— Les femmes sont toujours adultes avant les hommes, me fit remarquer Julien qui n'avait pas dit un mot depuis notre départ. C'est pour ça qu'il y a un décalage entre toi et eux.

— Oui enfin, pardonnez-moi, mais je les trouve idiots !

— Je suis d'accord… Ce sont des imbéciles pour la majorité d'entre eux, répliqua Félicien. Mais tu sais, ce ne sont pas nos amis. C'était la deuxième fois que nous les voyions quand nous avons fait ta connaissance le mois dernier. C'était une visite de courtoisie, dirons-nous, conclut-il pour clore la conversation.

Cet échange me laissa pensive. À première vue, Félicien était un garçon intéressant, il avait bon fond et une forme de sagesse qui me plaisait bien. Julien était en revanche moins objectif au sujet de leurs voisins, et je fus surprise par le discernement dont il pouvait faire preuve. Nous ne parlâmes plus jusqu'à notre entrée dans le magasin.

Nous ne fûmes pas partis plus d'une demi-heure. Nous nous emparâmes de tous les ingrédients, trouvant même du romarin en pot ; il devait y en avoir pour un an, tant le bocal était énorme. Frédéric n'avait pas dit s'il y en avait dans la cuisine, et Félicien n'en étant pas sûr, nous l'emportâmes avec nous.

Sur le chemin du retour, nous discutâmes de nos études, des vacances du mois d'août, de la petite amie de Félicien dont ce dernier semblait très épris.

Quand nous regagnâmes la maison, nous trouvâmes Teddy près du barbecue qu'il était enfin parvenu à allumer, grattant quelques accords sur sa guitare acoustique.

Je ne perdis pas de temps et m'activais déjà devant la poêle. Félicien décapsula les boîtes d'olives, et je passai environ dix minutes à préparer la sauce qui aromatiserait le riz blanc et sec de Frédéric.

Je profitai de ce moment pour satisfaire ma curiosité. Je voyais bien que Félicien avait le dialogue facile et j'appréciais sa conversation. Je me lançai :

— Dis-moi, qui habite ici exactement ? Je veux dire : dans cette maison ? Et il y a combien de personnes par maison ?

— Alors… Que je t'explique. Nous sommes répartis par trois ou quatre dans les quatre maisons du quartier, m'expliqua-t-il, en ouvrant la bouteille d'huile d'olive. Les terminales qui étaient là avant nous occupent les huit autres. Dans celle-ci, il y a moi, David (que tu ne connais pas encore, il revient ce soir), Fred et Laurent. Dans celle d'en face habitent Romain, Justin et Maxence ; celle d'à côté de la leur : Teddy, JC et Julien. L'autre partie de notre classe loge dans des maisons du village, près de l'école. Nous ne sommes que vingt en tout.

J'acquiesçais tout en trouvant cette organisation singulière.

— On est quatre ici parce que notre maison est plus grande, ajouta-t-il d'un air entendu, comme si c'était évident.

— Et vous vous entendez tous bien ? Vous avez eu le droit de choisir avec qui vous vouliez être ?

— Plus ou moins… D'abord on nous a demandé puis ils ont essayé de faire au mieux… Du moins de ne pas mettre les caractères opposés ensemble.

— Comment le savoir ?

— Nous nous connaissions d'avant. On a fait un stage intermédiaire sur un site pendant trois semaines.

— OK. C'est plutôt bien organisé, dis-je assez déconcertée. Étrange, mais plutôt sensé.

Teddy avait sorti ses partitions. Il s'était installé en définitive sur la terrasse, près du feu. Puis il se mit à jouer en fredonnant des airs, le genre de chansons que l'on chante à minuit autour d'un feu de camp.

J'appréciais beaucoup l'ambiance bon enfant, c'était pour le coup ce à quoi je m'étais attendue. Cela me faisait un bien fou. J'avais eu à ce moment l'impression de faire partie d'une famille.

Ils apportèrent sur la table de la terrasse toute la vaisselle qui nous servirait à prendre notre dîner. Nous nous installâmes tout autour pour boire un verre avant de manger.

C'est JC le premier qui monopolisa mon attention pour me demander :

— La plage la plus près, c'est à combien de kilomètres d'ici ?

— Oh, je ne sais pas trop… À une quinzaine de kilomètres, je dirais. Mais au fait, vous n'êtes pas du coin, vous ? demandai-je, taquine.

— On est de la région normande, mais plus à l'est d'Alençon, m'expliqua Julien, faisant passer les assiettes les unes après les autres à ses voisins de table.

— D'accord, je comprends mieux. C'est à plus d'une heure d'ici, c'est pour ça que vous êtes obligés de rester ici la semaine vous aussi… continuai-je en réfléchissant tout haut. Eh bien moi, avec mes amies – l'année dernière par exemple, on allait à vélo jusqu'à la plage pour se baigner. On faisait des pique-niques et on y restait des après-midi entiers.

— On a voulu aller à la plage, il y a une semaine. On a mis plus d'une demi-heure pour y aller… En voiture, je précise, avoua Julien avec son visage d'enfant. C'était pas une vraie plage, en plus… Y avait des falaises impressionnantes.

— Ah, je vois, répondis-je avec un sourire. Vous avez dû aller sur le site des falaises des Vaches Noires. À marée haute, non ? C'était à Houlgate ? Vous n'avez pas perdu au change. C'est la mer sur la côte brute, sans transition, ajoutai-je, rêveuse.

— Oui c'est ça, à Houlgate exactement. C'est vrai que c'était magnifique là-bas. Comment tu dis ? Les Vaches Noires ? Bizarre, comme nom !

Les autres pouffèrent, un peu comme s'ils venaient de prendre la discussion en route.

— Oui, tu as raison. C'est à cause des gros rochers noirs et verts qui s'y trouvent, couverts d'algues. Mais au moins, on s'en souvient, fis-je dans un petit éclat de rire.

Le dîner touchait à sa fin.

J'avais été flattée par les éloges sincères que les garçons avaient faits sur ma sauce à l'olive, pure invention cent pour cent Anna. Même Frédéric avait dû reconnaître que c'était savoureux ; et Romain, si démoralisé qu'il fût, avait eu l'air de s'en délecter.

On parla encore de la fiancée de Félicien, c'était l'un des sujets de cœur de l'intéressé, sans nul doute. Teddy ensuite m'expliqua que son ex et lui venaient de rompre ; et enfin, j'écoutai Romain me décrire avec un fort accent franc-comtois, comment son chien avait trouvé la mort le matin même. On dévia plus tard vers nos études, pendant assez longtemps, d'ailleurs. Puis ils firent tous allusion à l'arrivée imminente des autres occupants de la maison, mais ne s'étendirent pas sur le sujet. C'est à cette minute que je réalisai que les autres revenaient pour la reprise du lundi, et je trouvais cela cruel pour eux. D'ailleurs, j'allais en toute probabilité revoir Laurent.

Félicien proposa des glaces que nous acceptâmes sans nous faire prier, tant la chaleur de la journée avait rendu l'atmosphère moite. Il était près de vingt-deux heures.

Le jardin donnait en plein sur le coucher du soleil, il n'y avait pas plus belle vue.

Nous vîmes soudain passer une calèche tirée par deux chevaux, et qui faisait le tour du village. Cela attira les garçons et ils voulurent en faire un tour. Je trouvais le concept sympathique, mais je n'en avais pas vraiment envie. Quand ils m'invitèrent à en faire un tour, j'hésitai.

Tout s'enchaînait à une vitesse folle.

Encore une fois, trois d'entre eux étaient partants pour un tour, et c'était jusqu'à quatre personnes. Le prix était fixé pour le tour. Il aurait été dommage qu'une personne manque, alors que le prix valait pour quatre.

Félicien et Julien durent me convaincre pendant près de dix minutes pour que je les accompagne.

Quand nous partîmes à pied jusqu'à la calèche vide sur la place du village, Félicien et Julien étaient tant portés par l'allégresse, qu'ils coururent comme des fous. Restés à l'écart, Teddy et moi peinâmes à les rattraper. Il se passa trois minutes pendant lesquelles s'installa un silence troublé entre nous deux. Il me jetait un coup d'œil discret de temps à autre, sans parler, et je me demandais pourquoi.

Nous montâmes dans la calèche. C'était le dernier tour de la soirée, à la nuit tombante. La fraîcheur arrivait, je la sentis et frissonnai, tandis que les chevaux avançaient au pas.

Teddy me proposa aussitôt son blouson que j'acceptai presque à contrecœur. Il me l'avait quasi imposé d'une main trop avenante, que bientôt je poussai d'un coup d'épaule agacé.

Le tour faisait environ trois kilomètres, et prévoyait de durer une petite demi-heure. Je fus soulagée quand nous fûmes revenus dans la maison. Je retrouvai enfin, sur la terrasse des garçons, la veste que j'avais emportée avec moi.

Les fumeurs se réunirent sur la terrasse. Nous étions gênés par les moustiques agressifs, à l'affût d'un peu de sang chaud.

Puis, sans rien dire, Teddy prit sa guitare et s'installa de nouveau pour jouer quelques morceaux. Sa boucle d'oreille discrète lui conférait un air de rébellion qui, selon moi, n'était pas tout à fait en adéquation avec sa personnalité. Mais il chantait diablement bien. Il accrochait les cordes avec un naturel déconcertant. Je découvrais son timbre granuleux et l'appréciais sans modération. Nous nous assîmes tous autour de lui pour l'écouter, et même chanter un peu avec lui.

Nous fredonnâmes tous ensemble le mythique *Knockin' on Heaven's Door* de Bob Dylan : un moment de partage très sympathique. Il chanta le dernier succès de Sinéad O'Connor, *Nothing Compares 2 U*, et s'enflamma sur *Spancil hill*, qu'il nous présenta comme un chant traditionnel irlandais, et qu'il joua avec une simplicité authentique. L'ambiance à ce stade de la soirée était des plus douces. Mais c'est avec *Wicked Game* de Chris Isaak, qu'il subjugua tout le monde. Il reprit ce titre avec une fougue presque hors du temps, et son interprétation juste et pétrie d'émotion nous fit vibrer. J'en avais les larmes aux yeux. La fameuse boucle d'oreille donnait à sa personnalité une petite touche secrète et insaisissable en cet instant de grâce. Sur les dernières notes, je regardai les autres qui semblaient graves. Tout comme moi, ils avaient été touchés par les minutes que l'on venait de vivre tous ensemble.

J'ignore si c'était dû à la soirée en petit comité ou la cause de tant de troubles à la fois, mais mes yeux pétillaient de joie et j'étais assez sensible ce soir-là.

Quand Teddy eut terminé une interprétation magistrale de *Je l'aime à mourir* de Cabrel, le regard perdu et presque hors d'haleine, nous étions sur le point de l'applaudir quand quelqu'un derrière nous le fit avant que nous n'ayons pu joindre les deux mains.

Aussitôt je reconnus le visage impassible de Laurent, le sourire en coin, son allure tranquille. Avec son épaule collée au mur près de la fenêtre, il avait attendu sans interrompre le morceau en cours. Seules les braises et deux bougies anti-moustiques sur la table nous éclairaient. Dans la pénombre, nous ne l'avions pas vu s'approcher.

— Oh, eh bien, ce n'est pas trop tôt… ! lui lança Félicien, mi-railleur, mi-furieux, en se retournant vers lui. Tu as eu mon message au moins ? J'ai presque cru que tu ne reviendrais pas cette semaine…

— Oui, oui, répondit Laurent sans s'énerver. Ma mère me l'a dit au moment où je partais, du coup j'ai pas eu le temps de te rappeler tout de suite. Et toi, tu as eu le mien ? Je te signale que je t'ai appelé pour te prévenir que je serais là vers onze heures et demie max…

— Ah non, désolé vieux, la soirée est passée si vite.

On entendit une voix à l'intérieur de la maison :

— Vingt-trois heures dix ton message, Laurent… Je suis en train de consulter les appels.

C'était Frédéric, de sa voix désinvolte, à côté du téléphone.

— Tu te fous de moi, oh ?! Il y a vingt minutes… ! s'écria Félicien.

On aurait cru un vieux couple qui se chamaillait.

— Et il est onze heures trente : j'ai respecté ma parole. Je me suis arrêté pisser près d'une cabine, et ça m'est revenu… Mieux vaut tard que jamais comme on dit, répondit-il d'un air las en s'avançant. Salut Anna… C'est cool de te voir, me lança-t-il en se tournant vers moi, imperturbable.

— Salut, dis-je en me levant. Je ne vais pas tarder à rentrer. Je suis crevée.

Il me fit la bise sans hésitation. Je rajustai mon gilet au moment où la petite brise du soir se faufilait entre nous et, respirant son eau de toilette citronnée, je retournai à l'intérieur. J'entendis Laurent demander à Félicien comment il prévoyait de me ramener chez moi car lui-même pourrait s'en charger, sa voiture étant encore chaude.

Laurent s'approcha pour me poser quelques questions, surtout ce qui m'amenait ici et si j'avais passé une bonne soirée. Nous parlâmes de la dernière fois que l'on s'était vu, et de la photographie qui avait donné lieu à une course-poursuite effrénée dans la rue.

Nous rîmes, un peu béats.

Tout à coup, la porte s'ouvrit d'un coup sec et un garçon d'allure plutôt particulière entra dans la cuisine. Je le fixai, ébahie.

11

De bonnes intentions

Été 1991
PARTIE 4

Nos yeux convergèrent vers celui qui, l'allure un peu rustre, avait des cheveux clairs, longs aux épaules. Il portait un cuir noir, et dessous, un simple tee-shirt blanc. Son jean usé était trop large pour lui, retombant sur ses bottes de cuir noir, qui achevaient de lui coller l'étiquette du rocker type années 1990. Le teint pâle, un visage rond et une bouche mince lui conféraient un air peu sympathique de prime abord. Il paraissait fatigué, une mèche lui tombait dans les yeux.

— Salut la compagnie, lança-t-il à la volée. Je suis venu voir si vous n'aviez pas un peu de bière…

Il soupira comme si toute la misère du monde lui tombait sur les épaules. Il semblait sur la retenue.

Nous le saluâmes tous de concert.

— À ce point ? demanda Félicien, une touche de gravité dans la voix après l'avoir fixé, inquiet, et fouillant déjà dans le frigo. C'est si dur de revenir ? Le trajet s'est bien passé au moins ?

— Oui, si on veut, répondit l'intéressé, la voix éteinte en prenant la bière qu'on lui tendait. Merci. Je suis resté dans un embouteillage pendant presque une demi-heure, j'ai failli me faire emboutir et j'ai pas mangé… Donc comme trajet, si vous voulez, y a mieux. Question week-end : on est sorti avec des potes samedi soir sur Bourges et je me suis pris une de ces murges !! Je me suis couché à sept heures du mat'. J'ai dormi toute la journée, jusqu'à ce que je parte… Je suis mort de fatigue.

Il regardait l'assistance avec une insolence dans le regard, telle, qu'on avait envie de le gifler. C'était la nonchalance incarnée. Mais sans savoir pourquoi, quelque chose en lui m'attirait.

— J'ai mal au crâne. Quelqu'un aurait un Doliprane ? questionna-t-il, comme si sa tirade précédente n'avait jamais existé.

Laurent lui tendit sans cérémonie une boîte en métal qu'il prit sur le frigo, contenant toutes sortes de médicaments.

— Merci. Bah… Vous ne dites rien… ? déclara-t-il en feignant la surprise.

Il me regarda des pieds à la tête sans rien dire. Ayant bien conscience que nous n'avions pas été présentés, je me sentis soudain gênée de ce culot qu'il ne prenait pas la peine de cacher.

Tout le monde semblait crispé.

J'avais la nette impression que les autres garçons le trouvaient lourd.

Quelqu'un se racla la gorge.

— Oh, Maxence, on te présente Anna, qui habite un peu plus loin dans le village. On l'avait invitée pour le dîner, lui expliqua Julien.

— Bonjour, dit-il en me jaugeant avec insistance. Oh, je sais qui tu es. JC m'avait parlé de toi… Mais en bien, hein, asséna-t-il, impassible, en regardant JC et décapsulant sa bière. D'ailleurs, tout le monde parle de toi, ajouta-t-il, sur le même ton.

Je me sentais au comble du trouble et la chaleur m'envahit

pendant trois secondes. Je ne savais comment prendre la chose. Maxence glissa un sourire ironique en faveur de JC. Ce dernier rétorqua en s'adressant à moi, comme pour se justifier :

— Je lui ai juste dit qu'on avait fait une bien belle rencontre, l'autre soir. Que les terminales n'avaient fait aucun effort pour essayer de s'intéresser à toi, disons… convenablement. Avec respect.

Il haussa les épaules en considérant les autres, décontenancé. J'attrapai la première chaise près de mon bras.

— Ça va ? me demanda Laurent, grave, tandis que je m'asseyais.

Sans me laisser le temps de formuler la moindre phrase, Julien s'empressa d'ajouter :

— Mais nous, on a juste fait remarquer que c'était cool de connaître une chic fille dans le coin. Et tout le monde ensuite s'est mis à en parler, car connaître une fille c'est un peu comme le jackpot ici, tu sais on est des mecs… Et plusieurs mecs ensemble… C'est un peu l'armée, ajouta-t-il dans un éclat de rire qui lui échappa.

— Des trucs débiles de mecs quoi, en conclut Maxence, sarcastique.

Je haussai les sourcils, à la fois vexée et désenchantée.

— Non mais, Anna, on n'est pas comme ça, pas comme les terminales, nous. Tu l'as bien vu ce soir. On est corrects ; on est vraiment ravis de t'avoir avec nous. T'es super intéressante, me confirma Félicien en arborant son air le plus sérieux.

J'analysai ces échanges à la vitesse de l'éclair. Je ne me démontai pas. Je répondis, comme pour mettre fin à une situation embarrassante :

— Je ne m'inquiète pas : je sais qui sont les personnes respectueuses ici et qui ne le sont pas. Après, que vingt mecs parlent tous ensemble de la seule fille que six ou sept d'entre eux ont rencontrée, entre nous : ça ne me choque pas. Le contraire m'aurait étonnée, j'ai envie de vous dire.

Je leur souris.

Du regard, je défiais Maxence que je soupçonnais de vouloir créer une polémique sur les motifs égoïstes d'occuper les dernières heures de sa soirée, et de s'amuser du comportement des uns et des autres. Ou peut-être… ? Pour me tester. Voir ce que j'avais dans le ventre. Depuis le temps qu'ils parlaient tous de moi.

Je soufflais. J'étais lasse.

Maxence ne trouva rien de plus à ajouter. Son arrogance naturelle, libre et affichée, était à baffer, néanmoins j'étais attirée par son esprit de provocation. C'était inné chez lui. Les détours incessants de sa personnalité m'intriguaient à tel point qu'il commençait à me plaire. Il m'était impossible de rester plus longtemps pour tenter de comprendre, même un court instant, qui il était.

Je devais rentrer à la maison, il était près de minuit ; mes parents allaient s'inquiéter et être furieux, même. Je ne voulais pas les décevoir.

— Je dois rentrer, dis-je pour couper court en me levant, et sortant de la cuisine.

Je revins, mon sac à la main et en faisant signe de l'autre, je souris et leur dis à tous :

— Merci pour la soirée. Je ne vous fais pas la bise, mais le cœur y est.

Je me souviens m'être dit qu'ils étaient beaucoup trop nombreux à ce moment-là pour les embrasser un par un.

— Attends, Anna ! Tu ne vas pas rentrer seule dans la nuit… fit Teddy en se précipitant derrière moi, alors que je m'avançais vers la porte. Je vais te raccompagner, proposa-t-il aussitôt.

Il y eut un silence pendant lequel je réfléchis à savoir si je devais ou non accepter de monter seule dans la voiture d'un garçon que je connaissais à peine, à minuit. Oui mais alors pour la bonne cause. Ne pas rentrer seule en pleine nuit. Et que diraient les autres ? Toujours ces foutues questions, cette mauvaise conscience. Ils diraient que je suis raisonnable de ne pas parcourir un kilomètre seule dans la nuit... Mais oui.

Et comme pour me convaincre séance tenante, il s'efforça d'ajouter :

— Ma voiture est garée là, juste devant.

Donc elle était à trois mètres de moi.

Son regard interrogateur m'interpellait.

Avec hésitation, je hasardai l'unique et idiote réponse qui me vint :

— Pour ne faire qu'un kilomètre... Démarrer la voiture... Tu es sûr ?

— Si je te le propose, c'est qu'il n'y a pas de problème.

Je savais qu'il en mourait d'envie, et ne parvenais pas à me défaire de cet embarras qui me collait à la peau comme une sangsue. Je réalisais aussi que je lui plaisais et en aucun cas ne voulais lui faire croire à un possible flirt entre nous. Il jouait bien de la guitare, il avait un certain charme, je le trouvais gentil... et c'était tout. Et je n'avais de toute évidence pas envie de faire le chemin à pied.

Plus que tout, j'aurais préféré que Maxence, qui était près de la porte, fasse une proposition identique sous prétexte que le moteur de sa voiture était encore chaud. Il venait juste de rentrer, cela faisait une demi-heure tout au plus. Mais lui, je le connaissais encore moins... C'était mieux ainsi.

Puis je repensai à Laurent. Je me retournai et le vis occupé à plaisanter avec ses camarades dans la cuisine. J'entendis même le rire de Félicien fuser. Ces deux-là faisaient vraiment la paire. Je me dis qu'au final Laurent avait dû oublier sa précédente offre de me raccompagner. Ce fut le signe qui m'incita à accepter que ce soit Teddy qui me reconduise à la maison.

Nous montâmes dans la voiture et filâmes dans l'obscurité. Nous ne parlâmes pas.

C'est une fois devant la maison, alors qu'il faisait demi-tour pour se remettre dans le bon sens, qu'il osa :

— Ça te dirait de venir en boîte avec nous samedi soir prochain ?

Interloquée, je laissai s'enfuir trois secondes. Je ne m'attendais pas du tout à cette question.

— Euh… Je ne sais pas. Je vais réfléchir, répondis-je, paniquée.

— Je te donne mon numéro, rétorqua-t-il sans perdre une seconde. Comme ça, tu m'appelleras dans la semaine si c'est OK pour toi.

J'étais déconcertée.

« Mais quel phénomène celui-ci ! Il n'a pas l'air comme ça, mais il sait bien où il veut aller » me dis-je en moi-même.

Je résolus de cacher ma stupéfaction.

— D'accord, dis-je de façon machinale. Je vais réfléchir, répétai-je sur un ton monocorde en prenant bien soin de tourner ma tête et de tendre mes joues pour ne laisser la place à aucune équivoque.

Je claquai la portière et c'est ainsi que s'acheva cette première soirée passée avec mes nouvelles connaissances. J'avais eu la sensation bien précise d'avoir été prise au sérieux. Je trouvais Julien « vrai », et Félicien particulièrement intéressant. J'étais attirée par Laurent, et je me souviens qu'à ce moment précis, m'était venue une émotion que j'avais perçue comme un penchant fort, viscéral… Bien au-delà d'une simple attirance ; cela venait de l'intérieur, c'était loin d'être un caprice physique. C'était pourtant si abstrait. Il y avait sa personnalité haute en couleur, sans prise de tête, sans chichis, et son humour libre, jamais moqueur. Il se trouvait chez lui quelque chose à découvrir sur le long terme, et de cela j'étais persuadée.

Mais ce qui m'importait pour l'heure, c'était de rencontrer à nouveau Maxence. Percer le mystère de ses provocations, fissurer sa coquille, m'attirer sa sympathie.

*

Le lendemain, je me réveillai assez tard dans la matinée et de bonne humeur.

Assise sur mon lit, les yeux dans le brouillard, je m'attardai un moment à repenser à la soirée de la veille tout en demeurant perplexe sur les attitudes de Maxence et de Teddy.

Puis plus tard, je vaquai à mes occupations. Les cours étaient terminés pendant deux semaines. Je me délectais de ces vacances.

La journée, ensoleillée, se passa le plus tranquillement possible. Je la partageai entre détente dans le jardin, au soleil, et lecture sur la terrasse.

Il se passa plusieurs heures. J'avais peine à m'empêcher de revenir sur les séquences de ce week-end, riche en événements inédits. Mais mon état d'esprit général était voué à la prudence, je ne pouvais m'en défaire. C'était assez étrange pour moi d'ailleurs : un sentiment quasi inconnu que je devais apprendre à maîtriser, moi qui étais d'un naturel plutôt spontané... Cela me devenait très compliqué.

C'était le dernier jour pour les forains. Vers dix-huit heures, j'accompagnai mes parents au concours de tirs à la carabine, bien que je ne sache pas tirer moi-même et que cela ne me tentait pas le moins du monde. Je les observais comme à chaque fois. Et cette fois-ci, je me questionnais sans relâche... Peut-être allais-je croiser encore mes nouveaux amis ? Au fond, je n'espérais que cela. J'avais apprécié leur compagnie de la veille, la richesse de leurs tempéraments, plus différents les uns des autres, mais sans conteste complémentaires. Et je dus avouer qu'ils me manquaient déjà. Je fus alors très déçue, quand après vingt minutes à épier la rue principale en secret – d'où ils ne pouvaient qu'arriver, si l'envie leur en prenait –, je ne vis pas l'ombre d'un homme, pas même celle d'un chien. Je commençais à me résigner. Au bout d'une heure, j'en étais convaincue, ils ne viendraient pas. Lasse d'attendre les résultats du concours, j'avais fait un tour du côté des manèges et revenant vers le stand de tirs pour prévenir ma mère que je partais chercher son lot, je rencontrai des voisins avec qui je discutai cinq minutes. Pendant ce temps, mes parents se décontractaient avec leurs amis du samedi soir autour d'un verre de bière.

Ainsi, nous étions sur le point de regagner la maison, au moment où je distinguai les lointaines silhouettes de Félicien, JC, Laurent, et un autre jeune homme que je n'avais jamais vu. Mon cœur aux aguets ne fit qu'un tour, j'étais si heureuse de les apercevoir ! Il fallait qu'ils me voient aussi… Mes parents se dirigeaient déjà vers la voiture. Je devais faire en sorte de ralentir leur marche, trouver une raison de les retenir de partir tout de suite. C'est alors qu'en hâte, je dissimulai une de mes boucles d'oreille en or dans ma poche et feignis de l'avoir égarée près des autos tamponneuses. Je fis mine de fureter, préoccupée, entre les graviers et la pelouse. Ma mère me repéra et je m'élançai dans sa direction pour l'avertir de mes recherches. Je perçus de la contrariété sur son visage et cela me pinça le cœur. Vaines inquiétudes sur la base d'un simple mensonge… Quelle égoïste je faisais ! C'était déplorable — j'en eus honte pendant longtemps, cela dit. Mes parents rentrèrent donc, après m'avoir sommée de me dépêcher.

Les quatre compères ne tardèrent pas à me rejoindre, me voyant bien absorbée dans ma fouille terrestre. JC s'aventura le premier :

— Oh, Anna ! Décidément…

Il me gratifia d'un grand sourire. Je relevai la tête et fis semblant d'être surprise.

— Bonjour ! Oui, décidément, je vous vois partout… ! dis-je accroupie, en me redressant pour leur faire la bise.

— Tu as perdu un objet ? demanda Laurent, intrigué, le regard plongé vers le sol.

— Oui, c'est pas grand-chose… Une boucle d'oreille à laquelle je tiens, avouai-je sur un ton préoccupé. Mais je vais la retrouver, m'empressai-je d'ajouter.

— Oh mince, elle est comment ta boucle d'oreille ? demanda Félicien d'emblée, en s'agenouillant. On va t'aider…

— Non, non, je vais finir par remettre la main dessus, répondis-je gênée, en lui montrant d'instinct la boucle identique suspendue à l'autre oreille.

Je ne savais pas mentir. Je ne voulais pas que cela se voie et, confuse, je n'étais pas motivée pour les entraîner dans une histoire invraisemblable, pas plus que pour jouer la comédie plus longtemps. En toute discrétion, je me saisis de la boucle restée dans ma poche, en prétendant que « quelque chose » brillait par terre, et m'allongeai presque sous l'estrade du manège pour attraper le bijou déjà dans ma main. Je me relevai, satisfaite d'avoir enfin mis un terme à toute cette mise en scène.

Ils me présentèrent David, un jeune homme grand, plutôt beau garçon, qui venait des environs de Toulouse, tout comme Félicien. Brun aux yeux bleus, il semblait à l'aise et son charme était ravageur, selon moi. Néanmoins je sentis en lui comme un air faux. Je me fis la réflexion de le vérifier plus tard. Nous bavardâmes tous ensemble plusieurs minutes de choses et d'autres, puis de la soirée de la veille. Ils me proposèrent ensuite de venir prendre un café chez eux, après le dîner. Je me dis que paraître trop disponible pour eux ne jouerait pas en ma faveur. Je prétextai donc que mes parents étaient plutôt contre les sorties nocturnes en semaine, même si c'était les vacances. En plus, avant tous les autres, c'était Maxence que je voulais voir.

— Alors vendredi soir ? C'est la fin de la semaine… avança Félicien, une pointe de timidité que je ne lui connaissais pas dans la voix.

J'hésitais. Après cinq secondes de réflexion, je rétorquai, un peu trop vive :

— Oui, pourquoi pas ? Je demanderai à mes parents, et je vous confirmerai, OK ?

— OK. Je vais te filer mon numéro, me dit JC dans la foulée, enfin celui de la maison.

Je lui souris en réclamant de quoi écrire à la dame qui tenait les autos tamponneuses. C'est ainsi que je me retrouvai à noter les chiffres qu'il me dictait. Nous nous souhaitâmes une bonne soirée et nous séparâmes aussitôt.

Quatre jours passèrent. Quatre longs jours ponctués d'attente, de frustration et d'impatience. J'y pensais chaque jour, c'était plus fort que moi. Je me retenais de téléphoner pour réclamer des nouvelles d'eux tous, ou même de leur demander le numéro de Maxence, en sachant qu'ils auraient trouvé ça louche. Aussi, j'avais tergiversé un après-midi entier à savoir si je devais aller ou non leur rendre une petite visite de courtoisie, à l'improviste. J'abandonnai vite cette idée. Cela risquait de compromettre tous mes efforts pour me faire « désirer ».

Une chose étonnante, néanmoins, s'était produite. Ce jour-là, le jeudi de cette deuxième semaine de mai, le téléphone sonna. Ma mère décrocha et me passa Teddy.

Nous parlâmes deux minutes. Il voulait savoir si je voulais aller en boîte avec lui, le lendemain soir, après le café. Les autres avaient soi-disant des trucs de prévus, mais lui était libre. Un appel de ce type m'exécrait au plus haut point. Encore que… Je me demande si je n'aurais pas été séduite par une telle sollicitation venant de Maxence ou de Laurent. Non, cela aurait été trop facile. Pas plus que cela ne collait à leur personnalité. Je voulus faire preuve de diplomatie tout en m'imposant. Mais ne pas être froide non plus. Le blesser était loin d'être mon but.

Je répondis à Teddy que c'était gentil et je le remerciai, mais « non, désolée ; pas de boîte ni demain soir, ni samedi. Nous ne serions que deux et je n'y vois pas vraiment l'intérêt. En plus on se connaît peu… Ce n'est pas contre toi, mais ça ne me dit rien. » Je n'entendis plus le son de sa voix. Puis il me dit que c'était dommage. Mais il n'insista pas et raccrocha. J'avais tendance à penser qu'il était vexé, qu'il m'en voulait plus ou moins. Tant pis. C'était aussi bien ainsi. Je téléphonai à JC dans la foulée pour lui confirmer ma présence pour le café du lendemain.

Où Teddy voulait-il en venir avec ses propositions maladroites, exactement ? Ce garçon me consternait. Il était si renfermé et secret. Et côté physique, je n'étais toujours pas intéressée par lui, ni en tant qu'ami non plus, tant il me semblait que les affinités étaient inexistantes entre lui et moi. Je n'avais, quoi qu'il en fût, pas la moindre envie d'aller danser en discothèque avec un jeune homme que je connaissais à peine et aussi loquace que des sardines en conserve. Il commençait vraiment à m'enquiquiner, celui-là. Il fallait que cela cesse. Je devais être claire avec lui, si cela se répétait. Lui montrer que je n'étais pas celle dont il pensait pouvoir disposer sur simple demande. Et j'avais encore moins l'intention de laisser planer le plus petit doute entre lui et moi auprès des autres.

12

Quand été rime avec amitié

Été 1991
Partie 5

Le vendredi soir était arrivé. Je trépignais d'impatience à l'idée de retrouver mes nouveaux amis. Je dînai en compagnie de mes parents et filai en vitesse. J'avais fait un effort vestimentaire cette fois-ci – dans l'éventualité de croiser Maxence.

Je frappai à cette même porte, que Romain avait ouverte moins d'une semaine avant. Aussitôt entrée, je humai l'agréable odeur des grillades qui avait laissé sa trace dans la maison. Je fus accueillie dans la bonne humeur et dis bonjour à tous ceux que je croisai, les habitants de la maison, et les voisins (Julien, Romain). Laurent m'expliqua qu'on prendrait tous ensemble le café chez eux et non chez JC, car *a priori* ceux de la maison de Maxence venaient aussi (chouette !), et leur maison était la seule à posséder une grande terrasse. Dans la cuisine, je retrouvai Félicien, en train d'essuyer de la vaisselle, toujours égal à lui-même, me faisant un salut jovial teinté de son accent du Sud-Ouest. Son regard débordait d'empathie. Ce garçon était un rayon de soleil à lui tout seul. Des accords de guitare dans l'air me firent penser que Teddy était déjà en place pour chanter quelques ballades. J'avançai presque à contrecœur vers la porte-fenêtre qui s'ouvrait sur la terrasse pour en avoir le cœur net. Quand je le vis et que ses yeux croisèrent les miens, il me jeta un regard noir qui me parut assez significatif pour qu'il n'y ait aucune équivoque sur sa réaction à mon message téléphonique. Ce que je déplorais de toute évidence. Mais à quoi bon ? Je l'avais deviné, à vrai dire… Et ne pouvais me blâmer d'avoir été honnête.

Je restai là, pendant dix secondes à le regarder, un peu bête. Je ne voulais pas ouvrir le dialogue. Puis Laurent, qui avait su deviner dès nos premières entrevues la curiosité qui m'animait, vint me détourner de la fenêtre pour me proposer une visite de la vaste maison. J'en fus surprise, mais néanmoins enchantée d'être ainsi tirée d'une situation qui m'avait mise mal à l'aise d'emblée. Je le suivis sans me faire prier. Comme je ne disais rien, et montais les escaliers à sa suite, il annonça sans détour la couleur, avec une petite pointe d'humour :

— Tiens, ce soir tu n'es pas venue nous faire la cuisine… Je suis déçu.

Il feignit la tristesse, ponctua d'un léger éclat de rire. Toujours derrière lui, je ne disais rien.

— Surtout que j'ai loupé le dîner de la fois d'avant… ajouta-t-il, se retournant pour me sourire, tandis que je gravissais les dernières marches.

Je me contentai de lui rendre son sourire, encore contrariée de l'attitude de Teddy qui, j'imaginais, n'avait pas l'intention de se montrer plus avenant avec moi au cours de la soirée.

— Euh… Je plaisante bien sûr, ajouta-t-il un peu plus mesuré, alors que nous foulions le plancher de l'étage.

— Ne t'inquiète pas, j'étais un peu ailleurs. J'avais bien compris que tu plaisantais ! Quand il y aura un week-end où tu seras sûr d'être là, je reviendrai vous préparer un dîner, si tu veux ?

— Vrai ? me demanda-t-il avec un air sérieux que je ne lui connaissais pas, me regardant droit dans les yeux.

— Mais bien sûr, avec plaisir, lui rétorquai-je, sur le même ton.

— Vendu, alors ! Je te prends au mot, on se programmera ça.

J'adorais son air brut, sans calcul ni artifice. Il était naturel et il me plaisait. Énormément, même. Je parcourais la maison à ses côtés avec une sorte de fierté non dissimulée. Je pressentais qu'une attraction impalpable, indescriptible, pouvait nous lier de façon intense si l'on se donnait la peine de se découvrir l'un l'autre. Le lien ne demandait qu'à se tisser. Je ressentis à cet instant même les pulsations croissantes de mon cœur qui s'affolait, sans que je puisse les atténuer.

Nous continuâmes notre visite à travers le long couloir qui menait aux chambres des uns et des autres. Il se hasarda à une petite taquinerie, me faisant remarquer que c'était l'une des fois où il me voyait un minimum apprêtée. Nous rîmes de bon cœur et marchions côte à côte. Après m'avoir désigné les toilettes, sa chambre et la salle de bains, il s'arrêta devant une autre chambre et se retourna vers moi.

— Ça te dirait qu'on aille tous à la plage, un de ces quatre ? me lança-t-il de but en blanc.

— Euh, oui, pourquoi pas… ? lui répondis-je, prise au dépourvu, et rouge comme une pivoine.

Je tentai tant bien que mal de masquer ma gêne avec l'une des mèches de mes cheveux échappée de mon chignon. Et comme s'il s'imaginait que je puisse penser qu'il ait été trop loin, il hésita à reprendre la parole.

— Ne crois surtout pas que j'essaie de te draguer… finit-il par dire, avec une légère hésitation. Je suis bien trop mauvais à ce jeu-là.

Il eut un sourire navré, mais, ô combien attendrissant.

— Non, non, je n'ai pas cru ça, ne t'inquiète pas, lui répondis-je en regardant le sol, presque déçue.

Je tentai de sourire. Car c'était bien cela pourtant : je ne m'étais en aucun cas sentie courtisée. Juste dépitée qu'il me l'affirme avec une telle facilité. Mais c'est ce genre de détail qui faisait qu'en sa compagnie, je me sentais bien. Tout simplement.

C'est alors que la porte devant nous s'ouvrit avec fracas, et je vis Maxence sauter sur nous pour nous asséner :

— Alors, ça baigne, les amis ?

Il était débraillé de la tête aux pieds, et les cheveux en bataille, essoufflé.

Pendu à l'épaule de Laurent, il ne nous épargna pas un rire tonitruant qui me fit reculer d'un pas.

— Eh, mais t'es encore là, toi ! Arrête, tu vas te faire du mal… ! le charria Laurent avec un regard plutôt sévère.

— Vas-y, je suis chaud, ce soir !! le défia-t-il en prenant une pose de combat.

Maxence s'agrippa comme à un arbre à Laurent qui était plus grand que lui, manquant de le faire tomber. Ils se projetèrent à terre et se livrèrent à une lutte au corps à corps, assez restreinte dans l'étroit couloir. Laurent protestait en riant, tout en promettant de prendre sa revanche. Je supposai qu'ils avaient eu un combat similaire un peu plus tôt dans la soirée. Je trouvais la situation assez risible, en me disant qu'après tout, ce n'étaient que des garçons… Même adultes, ils pouvaient avoir le don de se conduire comme des enfants. J'étais sur le point de m'éloigner quand Frédéric sortit en trombe de l'une des chambres, un téléphone à la main. Il n'avait pas l'air commode. Je lus sans difficulté la colère sur son visage, qui d'habitude n'était pas si coloré.

— C'est quoi, ce bazar ?! hurla-t-il d'une voix qui résonna presque. Vous n'avez pas fini de vous battre ! On dirait des gosses, sérieux. Vous allez bien vous casser un truc, un de ces quatre, ajouta-t-il, plus modéré. Oh salut, Anna, me lança-t-il, confus, tandis qu'il regagnait sa chambre.

Les deux autres avaient stoppé leur bagarre enfantine et se relevaient déjà, penauds. Pour peu que ça ait continué, on se serait cru en colonie de vacances, avec les fameuses batailles de polochons.

— Excuse-nous, marmonna Laurent. On remettra ça plus tard ! Pour l'instant, je te laisse croire que tu as gagné… déclara-t-il, bon prince, à l'adresse de Maxence. Excuse-nous Anna, on avait un petit contentieux à régler, lui et moi, m'expliqua-t-il en fixant l'intéressé avec insistance, le sourire narquois.

De mon côté, je ne savais pas trop si c'était du lard ou du cochon, et quel était l'objet de ce défi, à mes yeux, ridicule.

— Bonsoir, mademoiselle, me lança Maxence en se tournant vers moi, d'un air condescendant qui me refroidit. On te voit souvent en ce moment, dis-moi… ?

Laurent était sur le point d'intervenir. Nous étions plantés tous les trois dans le couloir de l'étage.

— Salut, dis-je, glaciale. Si des gens sympas m'invitent souvent, je viens souvent, osai-je sur la défensive.

— J'ai entendu des trucs à ton sujet… avança-t-il, le regard en biais, un rien provocateur.

Je blêmis en moins de deux secondes. J'étais sidérée par tant d'impertinence téméraire. Comment pouvais-je être attirée par un type comme lui ? Il se délectait d'affronter les autres en permanence.

— Non mais, c'est bon, là… Maxence. Ça suffit… commença Laurent en attrapant son bras.

— Non, laisse, lui dis-je d'une voix calme. Je veux savoir. (Je me tournai vers Maxence.) Nous avons déjà eu cette conversation la dernière fois, il me semble. Et donc ? Quel genre de « trucs » ? demandai-je, anxieuse mais néanmoins curieuse de sa réponse.

— Eh bien… J'ai deux sons de cloches, annonça-t-il d'une voix traînante. D'un côté, quelques types qui ont un humour disons… spécial. Un poil immatures bien que sympathiques, mais peut-être jaloux… ? Et qui disent que tu n'as rien dans la tête. Et de l'autre, de braves gars, empathiques, avec pour chacun un caractère bien trempé, qui soutiennent le contraire. Pour te la faire courte, sourit-il avec exagération.

— Ah, je vois. Je crois donc que tu ne m'apprends rien, lui rétorquai-je avec aplomb. Et alors… C'est tout ?

— Et c'est déjà pas mal, conclut Laurent avec irritation en s'apprêtant à descendre les marches.

David, qui débarquait du fond du couloir, nous rejoignit.

— Il se passe quoi, au juste ? Conciliabule sur le palier ?

— Rien, fit Laurent d'un air las, en soufflant.

— Si. Me la faites pas à l'envers… insista-t-il.

Il avait un regard de braise saisissant. Sa tenue décontractée lui allait comme un gant.

— C'est encore ces histoires sur Anna avec les terminales, s'empressa de dire Laurent. Enfin, rien qui ne mérite qu'on s'y attarde, va. Allez, viens Anna, dit-il en me poussant de sa main légère vers l'escalier, le pied sur la première marche.

Un brouhaha, bien que lointain, s'éleva vers nous. Les plaisanteries devaient aller bon train car plusieurs rires fusaient au même moment.

— Ah, je vois, fit David, à peine étonné. Laisse-les, ceux-là, me souffla-t-il, comme s'il s'agissait d'un tout petit rien dont personne ne parlait. Comment peux-tu leur accorder le moindre crédit, toi ? lança-t-il à Maxence, interloqué.

J'eus une sensation de vertige assez désagréable. Un air bien connu qu'on entendait sur toutes les radios depuis l'année passée monta jusqu'à nous. Teddy s'attaquait au répertoire des Simple Minds avec *Mandela Day.* Quelqu'un d'en bas cria : « Café ! », et nous amorçâmes la descente de façon machinale.

— Bref, acheva Maxence, dans un geste d'impatience, avec un regard mauvais pour David. J'aimerais savoir de quel côté me ranger, moi… J'espère être fixé à la fin de la soirée.

Les deux autres levèrent les yeux au ciel.

Sa défiance naturelle me coupait le souffle. Cependant, je ne parvenais pas à le détester. Et pendant que nous descendions les marches, je tentais de comprendre quelles étaient ses motivations premières et comment les autres pouvaient supporter sa provocation quasi permanente.

— Ne fais pas attention à lui, me murmura David en me dépassant dans l'escalier.

J'étais très intriguée. Et je regrettais presque la présence de Maxence. Je me sentais triste et vulnérable. Triste de la tournure que prenaient de simples conversations, vulnérable car j'avais rencontré un adversaire inattendu, et contre qui je me sentais désarmée. Mais pour qui se prenait-il donc ? Pour le conquérir, je devais lui prouver que j'étais quelqu'un d'intéressant... Ce garçon se révélait impitoyable. Je décidai de ne changer en rien mon attitude, libre à lui de me juger, et *a fortiori*, de m'estimer ou non.

Au rez-de-chaussée, nous fûmes assaillis par une entêtante odeur de café.

— Tout va bien ? vint s'enquérir Félicien, l'air inquiet, en nous accueillant en bas.

— Oui, oui. On t'expliquera, lui répondit Laurent sans détour.

— Ah OK ; allons prendre le café alors. Les autres sont déjà dehors. Attention aux moustiques ! nous avertit-il alors que l'un d'entre eux fondait sur moi et que je le chassais sans ménagement. Du coup Anna, tu n'as pas visité le rez-de-chaussée... poursuivit Félicien.

— Pas grave, ce sera la surprise, répondit Laurent qui partait déjà vers la terrasse sans m'attendre.

Je restai la bouche ouverte.

Il commençait à faire nuit. À l'heure où le vent léger se lève et vient caresser la peau rougie d'avoir trop pris le soleil, une dizaine de jeunes hommes discutaient autour du guitariste qui s'évertuait à revisiter des succès que tous pourraient fredonner avec lui. On se serait cru à une réunion familiale… Du moins, c'est l'effet que me fit cette scène singulière.

Je pénétrai à mon tour sur la terrasse et pris un siège. Je tentai d'éloigner vite la désagréable entrevue d'avant en inspirant un grand coup, et décidai de profiter de l'instant présent. Soudain, je me sentis un peu comme une intruse au milieu de ces garçons, libres de parler tout à leur aise de ce que bon leur semblait. Surtout que je n'avais pas que des amis, ce soir. J'avais cette crainte qui s'était logée plus tôt en moi, de briser le climat convivial en étant moi-même une barrière à leurs échanges d'habitude si masculins. Teddy me fit oublier ces sensations étranges pendant la première minute de sa version acoustique d'*Hélène*, de Roch Voisine, plutôt réussie selon moi. C'est David qui me dérida bientôt l'esprit en me demandant :

— Tu aimes bien ? Je trouve que son interprétation est sympa.

— Oui, je trouve aussi. Il a un certain talent.

— Et pour cause, c'est le guitariste. Nous autres ici, on l'appelle notre « ménestrel ».

— En fait vous avez tous un rôle, on dirait… Je me trompe ?

— Oui c'est un peu ça, rétorqua-t-il en riant.

— Et toi alors, quel est le tien ?

— … Moi ? (Il réfléchit.) Beau parleur !

Son éclat de rire perça le refrain que reprenait Teddy, et les autres se retournèrent vers nous de concert. Je me sentis presque gênée. Son petit penchant pour la dérision m'amusait de plus en plus. David reprit :

— Non, en fait je ne sais pas. Paraît que je suis fort en maths. Alors j'aide un peu tout le monde.

— D'accord, je vois. Tout le contraire de moi en fait… lui souris-je.

Je me retenais de profiter de cette occasion pour me renseigner sur les rôles respectifs de Maxence et de Laurent.

— Bon, et sinon, tu passes une bonne soirée ? continua-t-il.

— Oui… Enfin, maintenant, oui. Entre les insinuations douteuses de Maxence, et Teddy qui boude, il y a cinq minutes j'avais plutôt envie de rentrer chez moi… avouai-je un peu amère, en regardant Félicien qui s'appliquait à verser du café dans chacune des tasses.

— Ah, carrément ? Et Teddy qui boude ? C'est quoi cette histoire, encore ? (Il fronça les sourcils.) Oh, mais tu sais, pour Maxence, faut pas lui en vouloir… Il est comme ça. Un peu agaçant parce qu'on dirait qu'il se croit au-dessus des gens, mais il ne fait pas exprès. Il est gentil, au fond. Et même drôle, parfois. Faut juste que tu apprennes à le connaître.

Il eut un sourire engageant tout en me proposant une tasse de café que j'acceptai.

La chanson venait de se terminer, nous applaudîmes tous à l'unisson. Tout le monde se remit à discuter pendant que Teddy fouillait ses partitions en quête d'un autre morceau à jouer. Quant à moi, je gardais le silence. Teddy commença à fredonner le fameux *Wicked Game* qu'il nous avait déjà servi lors de ma précédente visite. David n'attendit pas la fin du deuxième couplet pour m'assaillir de nouvelles questions.

— Et donc… Teddy boude. (Il haussa ses épais sourcils bruns.) Pourquoi ?

— Il m'a proposé d'aller en boîte avec lui demain soir ou ce soir, répondis-je sans détour.

Je me tournai vers lui et le regardai dans les yeux, tandis qu'il attendait plus de détails. Je poursuivis :

— J'ai refusé car je n'en ai pas envie. Et je lui ai dit.

— Ah, je comprends mieux. Il est assez sensible, comme garçon. Alors c'est sûr que si tu le lui as annoncé comme ça… Mais cela dit, un peu de franchise ne lui fait pas de mal.

— J'ai essayé d'être diplomate.

— T'en fais pas, va. Ça lui passera. Maintenant je comprends mieux pourquoi il nous a soûlés avec sa boîte hier.

— Depuis hier ?

— Oui, il insistait depuis le midi pour que ce soit ce soir. Nous devions y aller samedi soir, mais ce n'était pas sûr du tout. Et au final il a voulu changer pour ce soir… Félicien a prétexté avoir un rendez-vous téléphonique avec sa copine vers minuit, comme par hasard, Fred aussi. JC et Julien avaient prévu une partie de cartes avec Laurent, qui d'ailleurs nous a expliqué que comme tu venais nous voir, il pensait malvenu de te proposer de nous accompagner, donc il préférait ne pas bouger d'ici.

— Ah bon… C'est ce qu'il a dit ? Je suis étonnée. C'est donc que Teddy ne vous a pas dit qu'il m'avait fait cette proposition depuis une semaine ?

— Eh bien non, en effet. Je suis assez surpris aussi. Il faut croire qu'il a préféré le garder pour lui.

Pensifs, nous regardions tous les deux Teddy, tandis qu'il se déchaînait sur le refrain. Puis David s'approcha un peu plus près de moi. Et d'un ton confidentiel, il s'aventura sur un terrain auquel je ne m'attendais pas :

— On dit que Laurent est resté ce week-end pour toi…

Je me sentis rougir. Et je ne savais que répondre.

— Ah… Tu sais, les « on-dit » en ce moment ne sont que très peu fiables…

— Oui, mais enfin là, c'est plutôt confirmé. Il l'a insinué auprès de Félicien. Je crois que tu lui as tapé dans l'œil, au père Laurent… Mais il ne fera rien tant que toi tu ne feras rien, sois-en sûre. (Il me sourit béat, avec un clin d'œil.) Décidément, ils sont tous après toi, hein ?

— Je ne sais pas si c'est un privilège, vois-tu. Comme tu as l'air de le sous-entendre.

Je n'avais pu m'empêcher cette remarque acerbe, mais David continuait de sourire. Car je me sentais flattée et en même temps envahie d'une sensation étrange. La crainte. La crainte de ne pas être respectée en tant que femme. J'étais attirée par Laurent, je ne pouvais le nier. Mais je devais percer le mystère avec Maxence, et faire valoir mes bons côtés. J'en avais besoin, je m'en rendais compte en cet instant même.

Le morceau se termina et Teddy prit part aux conversations çà et là, ce qui mit un terme à l'ambiance musicale acoustique. Justin, qui venait de nous rejoindre, alluma le poste en sourdine. Une espèce de clameur née des voix mêlées monta dans l'air avec joie, pour se perdre dans le vent de la nuit qui nous rafraîchissait enfin.

Au bout d'une heure, nous rentrâmes sous le tonnerre grondant au-dessus de nos têtes. Nous commencions à recevoir des gouttes.

À l'intérieur, nous prîmes place tous un peu au hasard dans le séjour à l'ameublement sommaire. En observant autour de moi, je trouvais le cadre un peu triste. La décoration n'était pas leur fort, cela crevait les yeux d'emblée. Ni l'aménagement mural, quasi inexistant. De rideaux aux fenêtres il n'y avait, de lustres pour camoufler les ampoules non plus. Pas de cadre ou de peinture pour casser la monotonie des murs sans papier peint, et qui étaient blancs d'une peinture défraîchie. Aucun objet ou vase pour caractériser les lieux. J'imaginais qu'à plusieurs, la complexité d'un terrain d'entente entre les goûts des uns et des autres devait être telle qu'il était juste impossible de laisser libre cours à ses préférences. Deux des garçons étaient juchés sur des chaises près de la table à manger, certains adossés au mur et d'autres encore, comme Teddy, s'étaient approprié le canapé et regardaient la télé. Le reste de l'assemblée avait trouvé refuge dans la cuisine. Les conversations reprirent, Félicien me céda son siège.

Ils me posèrent tout un tas de questions sur le village, la région, ce qu'il y avait à faire, etc. Nous parlâmes de la mer qui était plutôt bienvenue en cette saison estivale, mais aussi des études. Des leurs et des miennes. Et c'est le beau Justin, avec lequel je n'avais pas eu encore le plaisir de discuter, qui manifesta le plus d'intérêt en la matière. Quand on bifurqua ensuite vers le sujet de nos amis respectifs, expliquant, chacun de son exemple ou de son anecdote, les aléas de nos relations, Maxence jugea fort à propos de me demander sans préambule si j'avais un petit ami. Imprévisible, il l'était décidément, celui-ci.

— T'es sérieux, là ? Tu crois vraiment que je me permettrais de passer la soirée qu'avec des garçons si je n'étais pas célibataire ? m'étonnai-je d'un ton mi-amusé, mi-agacé. Ce serait malvenu de ma part pour le coup… N'importe quel garçon n'apprécierait pas.

— L'amitié homme-femme, tu n'y crois pas ? s'enquit Julien qui semblait curieux.

— Si. Mais c'est un sujet assez épineux… (Je prenais soin de bien choisir mes mots.) Je pense que ça ne peut pas fonctionner de façon optimale si la relation n'est pas fondée sur la confiance – donc nous parlons bien de deux personnes hétérosexuelles, notez bien, *primo,* commençai-je en les regardant un à un. Je pense aussi que les deux personnes, l'homme et la femme, doivent être en couple chacun de leur côté ; cela clarifie la situation d'office. Bon, disons que s'il n'y en a qu'un qui est en couple, c'est déjà bien. Les deux, c'est l'idéal. Il ne faut pas qu'il puisse y avoir d'équivoque en fait, *secundo.* Après, c'est peut-être un point de vue basique, mais en gros c'est comme ça que je vois la chose…

— Donc toi et moi, par exemple, me dit JC en levant les mains, on ne pourrait pas être amis ?

— Si… Pourquoi ? m'étonnai-je devant son incompréhension. Déjà, je ne sais pas si tu es en couple. Et même si tu ne l'es pas, on peut toujours *dire* qu'on est amis, mais il y a malgré cela une possibilité, inconsciente, pour que l'un de nous deux soit attiré par l'autre.

Devant son silence, j'ajoutai :

— Mais comme niveau physique tu n'es pas mon genre, je veux bien être ton amie sans prendre le risque de tomber dans tes bras, lui lançai-je sur le ton de la plaisanterie.

Il me sembla qu'il rigolait jaune. S'entendre dire qu'on n'est pas « le genre » de quelqu'un, quand bien même ce serait réciproque, ce n'est jamais plaisant.

— Elle t'a cassé ! lança Romain à JC en s'esclaffant. En ce qui te concerne, tu sais à quoi t'attendre avec elle !

— Mais de quoi ? C'était un exemple. Anna n'est pas mon genre non plus, donc on peut être amis tout de suite, m'annonça JC sans perdre une seconde, en m'envoyant un clin d'œil.

— Bien trop intelligente pour toi ! fit Julien, sur le même ton.

— Oui peut-être, sans doute même, répondit l'intéressé. Et je ne cherche pas à le nier… sourit-il.

— Au moins, on est fixé, rétorquai-je, joviale et plutôt flattée.

Ne pas être son genre mais être intelligente, j'aimais mieux.

— Bon ! À méditer… dit Julien.

— Conversation intéressante… railla Maxence en soupirant avec indifférence.

Pourtant, j'en étais sûre, il avait tout suivi de notre dialogue. Il avait cette manière exaspérante de semer le trouble, c'était à chaque fois presque insultant.

— Et c'est un point de vue intéressant je trouve, moi, lança Félicien, en débarquant de la cuisine, un jeu de cartes entre les mains.

— Eh ben, voilà ! Non, parce que vos théories sont bien

mignonnes, mais peut-être qu'on va s'y mettre, aux cartes ? lança encore le trouble-fête en se levant, une pointe d'impatience dans la voix.

— Bon, OK, fit JC. Qui joue ?

— Vous allez jouer à quoi ? À quel jeu, je veux dire ? demandai-je en fixant les cartes d'un œil avisé.

— À la coinche, me répondit-on à quatre voix.

Ils n'avaient pas eu de mal à lire mon ignorance sur la mine ébahie que j'affichais au même moment.

— C'est une sorte de belote, me précisa Julien.

Et comme je restais silencieuse, il crut bon d'ajouter :

— C'est une belote coinchée… (Il réfléchit.) Comment dire… Tu sais jouer à la belote ?

Je répondis par l'affirmative.

Il se mit en devoir de m'expliquer :

— C'est comme la belote, sauf qu'on ne distribue pas toutes les cartes. Enfin bon, si tu as compris les principes de la belote, ça ne devrait pas être trop compliqué à suivre… Ça te dit de jouer avec nous ?

— Euh… Oui, pourquoi pas.

J'étais surprise de la tournure que prenaient les événements. Ambiance famille. Très sympathique.

Ils me détaillèrent les règles et les différences avec le jeu classique de la belote. J'écoutais avec attention. J'eus soudain très envie que la partie commence pour me joindre à eux. Au premier tour, Julien proposa de jouer avec moi pour m'aider à démarrer, et ce fut Maxence qui accepta (de bonne grâce) de prendre sa place en tant que coéquipier. JC avait décliné la partie pour une séance de jeux vidéo avec Justin, chez ce dernier, de l'autre côté de la rue. Fred était monté dans sa chambre pour honorer son appel téléphonique. J'observais près de nous David qui lisait dans un coin sous la lumière tamisée d'une lampe, retranché dans sa bulle. Je l'enviais car sa lecture semblait passionnante. De l'autre côté, c'est chaussé de pantoufles vieillottes, et dans le désintérêt le plus total, que Teddy regardait une des émissions de la nuit sur les chaînes hertziennes, avachi sur le canapé. À ses côtés, Romain, à demi allongé, s'était endormi.

Assis tous les cinq, autour de la grande table, Julien, Félicien, Maxence, Laurent et moi, étions en place devant le tapis vert. Tout se passait dans la bonne humeur et nous riions beaucoup, tout en reprenant du café au cours des parties se succédant sans relâche. Je discernais un Maxence au sens de l'humour particulier mais néanmoins amusant… Pour un peu, il nous témoignait de la sympathie. Mais à peine en fus-je surprise, me remémorant les propos de David deux heures plus tôt.

Nous jouâmes ainsi pendant près d'une heure. Il était près de vingt-trois heures et je devais, cette fois encore, rentrer pour minuit. Comme je me sentais fatiguée et que je prévoyais de quitter les lieux dans les minutes qui suivraient, je proposai à Julien de reprendre sa place initiale pour la seconde manche de la partie de coinche qu'ils joueraient sans moi. Au lieu de cela, nous discutâmes tous les cinq autour d'un dernier café que nous fîmes traîner, faisant ainsi durer les quelques minutes qu'il nous restait de cette soirée ensemble. Je notai qu'ils prenaient conscience que notre séparation approchait, et de cette façon ils essayaient de repousser cet instant. J'avais eu la sensation nette qu'une complicité s'était installée entre nous, ce soir-là. Puis, une chose inattendue se passa. Maxence me parla. Gentiment. Avec intérêt, même. Je n'en croyais pas mes oreilles…

— Je te ramène chez toi ? me proposa-t-il.

Je devais écarquiller les yeux d'une façon inhabituelle, car Laurent et Félicien furent pris d'un fou rire dont ils avaient du mal à se défaire.

— Ouais c'est ça, riez vous autres, lança-t-il, en prenant bien soin de ne pas cacher son exaspération.

Je ne pouvais m'interdire de jubiler devant le malaise de Maxence.

— Tu t'es ravisé, alors ? répliquai-je en souriant.

— Ah parce que tu penses que je suis sans cervelle, c'est ça ? Que je ne peux pas me faire une opinion des gens en deux heures ?

— C'est un peu prématuré, je trouve... Mais bon. Alors t'as décidé que tu m'aimais bien, c'est ça ?

— Ouais... C'est ça.

Il me défiait du regard. Je remarquai soudain les petites constellations dorées dans ses yeux. C'était confirmé, ce garçon était des plus imprévisibles. Il insista pour me raccompagner avec sa voiture, une Super 5 cabossée qui semblait marcher du feu de Dieu. Mais je ne cédai pas et je pris même un malin plaisir à cela. Il m'avait tant mise dans l'embarras en début de soirée... Je voulais lui rendre la monnaie de sa pièce, et sans attendre une autre occasion. Je choisis donc plutôt de faire le chemin à pied avec Félicien et David, avec qui je me sentais plus à l'aise.

Il avait cessé de pleuvoir. Nous sillonnâmes d'un bon pas la route principale, humide, la fraîcheur de la nuit nous fouettant le visage au passage. Le chemin était assez long pour que nous puissions beaucoup rire de nos anecdotes personnelles datant d'un autre temps, sans nous soucier du regard de qui que ce soit. Arrivés devant le portail de la maison de mes parents, nous bavardâmes encore longtemps sur le trottoir.

— Tu reviendras nous voir, hein ? me demanda David, l'air de craindre que le contraire fût probable.

Nous nous quittâmes sur un nouvel éclat de rire étouffé, et je priai en moi-même que ma mère n'ait pas ouvert les yeux après minuit pour m'entendre rentrer plus tard que l'horaire fixé.

13

Les joyeuses complications

Été 1991
PARTIE 6

Pourquoi éprouve-t-on une quelconque attirance pour ceux qui nous repoussent, nous ignorent ? Pour leur prouver notre valeur, leur dire qu'ils ont tort ?

J'avais fini par sympathiser avec Maxence. Je ne me souviens plus très bien ce qui nous avait rapprochés lui et moi, mais je crois qu'il commençait à bien m'aimer. Il devenait en tout cas clair aux yeux de tous que je l'estimais bien plus que lui ne m'appréciait. Je refusais de l'admettre, mais au fond, je le savais. Félicien et David voyaient cela d'un mauvais œil ; Laurent ne disait rien. Je gardais cependant une complicité avec chacun d'eux trois, mais j'avais l'impression qu'ils redoutaient que Maxence ne me déçoive. Je faisais mine de n'y prêter aucune attention et m'entêtais à vouloir fraterniser plus encore avec ce jeune homme particulier, qui était si différent de moi. C'est à ce moment-là que je ne savais plus trop moi-même ce que je cherchais vraiment. Attirer Maxence pour sortir avec lui ? Rendre Laurent jaloux, parce qu'il ne me montrait rien d'autre qu'une complicité qui s'estompait à mesure que je voyais Maxence ? Mais comme j'avais l'intention d'aller au bout des choses, je ne renonçais pas, me confortant dans l'idée que les premières impressions sont souvent les bonnes.

Les quelques jours qui suivirent nous laissèrent le temps de nous connaître tous un peu mieux. J'avais été invitée encore trois fois par les garçons à partager leurs soirées, au cours desquelles je cherchais à attirer discrètement l'attention de Maxence, présent à chacune d'elles. J'avais même accepté qu'il me ramène chez moi après un dîner.

Une autre fois, j'avais débarqué à l'improviste. C'était un soir. C'est à cette occasion que j'avais découvert ses facultés pour la guitare, et même pour le chant. Il faut dire qu'il se prenait plutôt au sérieux, et ce ne sont pas Justin et moi, ébahis devant son prétendu talent, qui aurions pu dire le contraire. Tels des adolescents, nous fumions des cigarettes à tour de rôle à la fenêtre de la chambre de Maxence, pendant que lui grattait les cordes. Assis sur le lit en désordre, il s'égosillait sur des morceaux langoureux.

Il était vingt et une heures passées, il faisait clair, la lune se levait à peine sur la campagne, et dans l'air on pouvait humer sans difficulté une agréable odeur d'herbe coupée. Je me souviens même qu'un effluve d'iode venait parfois nous atteindre. L'appel de la mer. Et c'était bel et bien le cas, ce soir-là. J'eus soudain une idée.

— Vous êtes allés à la plage une fois depuis votre arrivée ? demandai-je à la volée.

Maxence, trop occupé à fredonner *Angie* des Rolling Stones, m'ignora de façon littérale. C'est Justin qui me répondit :

— Julien y est allé avec JC et Laurent, environ une semaine après notre arrivée. Mais ils n'ont pas pu se baigner. Ils ont débarqué tout droit sur les falaises, et du coup, ils sont vite rentrés.

J'avais déjà entendu cette histoire de la bouche des intéressés. Il était inutile d'en reparler.

— Il fait super chaud, ce soir, remarquai-je. Ça vous dirait qu'on aille y faire un tour ?

— Où ça ? Sur les falaises ? s'étonna Justin.

— Non… À la plage. À Houlgate par exemple, c'est la plage la plus proche. Pour se baigner, lançai-je le plus naturellement du monde.

Mais enfin, quelle idée j'avais là ? C'était tout à fait saugrenu ! Je me souviens m'en être fait la réflexion juste après. David vint briser la glace en frappant à la porte de la chambre. Il nous fixa une seconde, tout sourires, puis ses yeux convergèrent vers Maxence avec une espèce de raillerie (qui, je suis sûre, n'était pas volontaire), lequel avait pris d'assaut le répertoire de Depeche Mode. David vint me saluer.

— Vous venez jouer aux cartes ? proposa-t-il.

— Euh, non merci, fis-je en souriant.

Il resta un instant sur le pas de la porte, l'air curieux.

— Que faisiez-vous ? demanda-t-il avec une pointe de suspicion en allant s'accouder à la fenêtre.

— On parlait d'aller à la plage… dit Justin sans grand enthousiasme.

— Quand ça ?

— Maintenant, rétorquai-je sans détour.

— Ah t'es comme ça toi, Anna ? Allez hop on va à la plage ? Tout de suite ?!

— Je trouvais cette idée rigolote…

— Ma foi, je vous suis ! fit-il avec un amusement non dissimulé.

— Sans moi… annonça Justin en bâillant, comme si sa réponse allait changer quelque chose.

— Mais juste histoire de se tremper les pieds, hein, précisai-je.

Je ne voulais pas me raviser, mais ne souhaitais pas non plus que ma proposition soit perçue comme délirante. Aussitôt, Maxence cessa ses accords mélancoliques et posa sa guitare.

— Je viens aussi, lança-t-il en se levant. On prend ma voiture.

— Ce sont Laurent et Julien qui vont faire la gueule... Ils trouveront d'autres partenaires de jeux pour la coinche, tant pis pour eux... fit David avec une désinvolture qui m'exaspéra.

Je lui jetai un simple regard, troublée par son côté sans-gêne.

Nous quittâmes la chambre de Maxence dans un chahut qui ne laissa personne indifférent. Romain qui traînait dans le couloir, et Fred qui allait le rejoindre, nous observèrent tous deux d'un air amusé. Nous proposâmes à tous ceux que nous croisâmes sur notre passage de nous suivre, mais personne n'était tenté. J'allai tout de même frapper à la porte de la maison d'en face offrir à Félicien et Laurent de nous accompagner, mais ce fut un non catégorique. Je crois bien qu'ils nous avaient pris pour des fous.

— Amusez-vous bien en tout cas ! lança Félicien devant la maison, en nous regardant partir en trombe.

Je montai du côté passager, David s'installa à l'arrière. Nous traversâmes plusieurs villages, fenêtre ouverte. La nuit tombait tout juste et, dans les prés, les vaches n'avaient pas encore été rentrées. Dans l'air humide, on commençait à sentir la mer. En guidant Maxence sur les routes solitaires, au son de *Miss Maggie* de Renaud, je ressentais une étrange sensation de liberté. Je trouvais les goûts musicaux de Maxence insolites, mais je n'en disais rien, lui-même étant si spécial. Le volume était à tel point élevé que nous ne parlions pas, écoutant les paroles et regardant le paysage. Nous mîmes à peine vingt minutes pour atteindre la plage la plus proche, dans la petite ville de Houlgate. Nous nous garâmes non loin de la grève, quasi déserte.

Quand je descendis de voiture, j'éprouvai un sentiment de plénitude au bruit tout proche des vagues ondulées s'échouant sur le rivage. Me retrouver sur cette plage normande, familière, si chère à mon cœur, me comblait de joie. Je savourai l'instant présent à pleins poumons. Je n'avais pas ressenti un tel saisissement depuis des mois.

Cette partie de la côte était plutôt sauvage. La plupart du temps déserts la journée en dehors du plein été, ou avec quelques coureurs qui sillonnaient la rive, ces larges bandeaux de sable à marée basse me donnaient chaque fois l'impression que la mer m'appartenait. Le ciel ténébreux en accentuait l'effet. On pouvait y marcher des kilomètres, alors qu'à marée haute il fallait se frotter aux cailloux jonchés en bas des falaises, puis serpenter entre les rochers couverts d'algues, au risque de se tordre une cheville. Ces fameuses falaises qui les surplombaient accentuaient l'effet de chaos. Les « Vaches Noires », ces montagnes végétales, venaient se perdre et mourir sur le sable devenu gravier, où les coquillages s'amoncelaient, pleines de leur végétation dense et sauvage. À différents endroits, la roche noire, abrupte et rocailleuse, offrait de magnifiques reliefs par paliers. Il était impossible, d'en haut, de descendre sur ces ravins naturels. C'est là que la Manche venait s'échouer à marée haute. Le vent qui fouettait nos visages se chargeait à chaque seconde de nous rappeler à la vie.

On était bientôt à marée montante. Nous devions être prudents. Aussitôt j'ôtai mes tennis et foulai le sable humide et froid, à la rencontre de l'eau salée. Je la trouvai à peine fraîche, et m'y aventurai jusqu'aux genoux. Les deux autres s'avancèrent, hésitants.

— Venez ! les encourageai-je d'un signe de main.

David se déchaussa, Maxence resta en retrait en nous observant les bras croisés, comme s'il nous méprisait.

— Je m'attendais à plus froid, admit David en s'approchant de moi.

— Je me baignerais bien, moi ! lâchai-je, spontanée, en remontant à pas lents vers la rive.

— Grand bien te fasse ! Depuis combien de temps connais-tu cet endroit ?

— Oh, depuis que je suis toute petite. Il nous arrivait de venir le dimanche en famille.

Maxence s'approcha, farouche, et trempa ses pieds nus dans l'écume des vaguelettes.

— Eh bien moi, je me baigne ! déclara-t-il d'emblée, en jetant ses chaussures derrière lui.

Et il se dépouilla de son pantalon, gardant son slip et son tee-shirt. Nous nous regardâmes David et moi, surpris.

Il faisait presque nuit noire. Il n'y avait plus que nous sur la plage. Les lumières lointaines de la chaussée nous parvenaient. L'excitation de vivre un moment inédit nous poussait à chahuter avec l'eau. Maxence avait déjà plongé dans les vagues ondulées en hurlant, un peu plus loin. Puis il nagea vers nous, nous arrosant au passage. Tout se termina en bataille d'eau. David s'extirpa vite des bousculades pour nous laisser dualiser, Maxence et moi. Nous nous éclaboussâmes suffisamment pour que je fusse trempée de la tête aux pieds. C'était malin… Cependant, je jurais qu'à cet instant une incontestable connivence nous animait tous les deux.

— Eh, vous avez fini ?! Il faudrait peut-être penser à rentrer… nous reprocha David de sa haute silhouette, érigée à vingt mètres du rivage. Ça fait bien dix minutes que vous vous battez comme des gamins !

Nous continuâmes, malgré sa mine contrite et impatiente. Je partis à la nage et Maxence derrière moi. On n'entendait plus que le bruit des vagues venant se répandre sur le sable mou, et nos rires à demi étouffés par l'eau. Un peu plus tard quand nous remontâmes, hilares mais grelottants, David nous accueillit avec un nouveau sermon.

— Anna, tu vas mourir de froid…

— Mais ça fait tant de bien ! Tu aurais dû venir avec nous ! lui rétorquai-je en claquant des dents, et courant vers la voiture.

— Rien de tel qu'un petit bain de minuit ! ajouta Maxence, tout à fait libéré.

Ce dernier s'empressa d'ôter son tee-shirt. Tandis que je me désolais de ne pouvoir faire de même, David retira sa chemise et me la tendit. J'acceptai de la prendre devant sa mine effarée, je sentais le froid me gagner. Je fis le tour de la voiture pour me changer à l'abri de leurs regards. La chemise de David descendait jusqu'à mi-cuisses, je n'hésitai donc pas à retirer mon bermuda ruisselant. Et puis dans le noir, dans une voiture, on ne pouvait pas me prêter de comportement équivoque. La situation d'urgence excusait à elle seule cet accoutrement.

Installée de nouveau dans la voiture que Maxence menait bon train, j'étais déjà à la recherche d'une excuse valable à présenter à ma mère. Le cadran de la montre affichait déjà vingt-trois heures, et j'étais dans un état lamentable. David, affalé sur la banquette arrière, ne parlait pas plus qu'à l'aller, mais paraissait éteint, et amer. Après nous être reproché à tour de rôle d'empester les algues en riant, Maxence et moi finîmes par garder un silence contrastant avec notre euphorie tout juste envolée.

À deux rues d'arriver à leur lotissement, je lui demandai s'il ne voyait pas d'inconvénient à ce que je me douche chez eux fissa, avant de rentrer chez moi. J'avais peut-être une chance de regagner mon lit à l'heure, sans avoir à subir la colère maternelle.

Nous nous fîmes les plus discrets qui soient en pénétrant dans la maison de Maxence. La télé était en marche, Justin ne dormait pas. Nous croisâmes Romain, curieux de savoir comment s'était passé notre périple vers la mer.

Comme une souris, je filai dans la salle de bains à peine fonctionnelle qui était la leur. Il fallait vraiment avoir besoin de se laver pour y rester plus de cinq minutes, le sol étant sali à divers endroits, la baignoire criblée de traces de calcaire, le lavabo encrassé. J'y lavai à la va-vite mes sous-vêtements trempés dont la forte odeur d'iode m'indisposait. Je fis de même avec mes vêtements qui l'étaient tout autant, et aussitôt étendis le tout à la fenêtre. Le verrou de la porte était défaillant, David se proposa donc de faire le guet afin que personne n'y entre pendant que j'y étais. Rassurée, je pris enfin une douche bouillante qui me réconforta tant elle me réchauffa le corps. J'avais envie d'y rester des heures durant. Puis Romain vint semer le trouble devant la porte en simulant un duel contre David, faisant croire à une intention d'intrusion dans la salle de bains. Ne sachant pas jusqu'où il était prêt à aller, je me hâtai de m'éponger tout entière avec la première serviette qui tomba sous ma main. Maxence, à travers la porte, daigna cependant m'indiquer où se trouvait son peignoir pour que je puisse m'essuyer convenablement. J'avais revêtu les habits que David m'avait prêtés, puis j'enfilai un pantalon de jogging un peu ample appartenant à Justin – qui était le plus mince d'entre eux tous.

En vérifiant l'heure, mon sang ne fit qu'un tour. Il était minuit moins dix. Si Maxence ne remettait pas illico la voiture en route, ce serait dramatique pour moi. Je risquais d'être privée de sortir le prochain week-end, peut-être même que mes futures sorties estivales me seraient interdites. Je montrais donc des signes évidents d'inquiétude et de contrariété. Puis, alors que nous nous apprêtions à descendre l'escalier, nous entendîmes des rires fuser à la fenêtre de la salle de bains. C'était si curieux que nous revînmes sur nos pas pour ouvrir la porte de la petite pièce. Et là, quelle ne fut pas notre stupéfaction... Une scène tout à fait burlesque s'offrait à nous... Nous vîmes Félicien, juché sur les épaules de Laurent, lui-même posté sur une chaise, essayant d'attraper mes affaires qui pendaient de la fenêtre.

— Mais qu'est-ce que vous faites, là ?! m'écriai-je, en m'avançant aussitôt vers eux, partagée entre confusion et hilarité.

Je ne vis plus que le haut de la tête de Félicien et leurs rires pour toute réponse. Une chance qu'ils ne s'étaient emparés d'aucun de mes sous-vêtements. J'étais perturbée par ce qu'ils avaient tenté de faire. Maxence s'approcha à son tour et, d'un geste un peu trop vif, arracha toutes mes affaires en une fois.

On entendit un peu plus bas :

— Oh, c'est bon ! On rigolait...

Je reconnus la voix de Félicien. Il riait.

— C'était une blague, on faisait semblant ! Je vous jure que c'est la vérité, criait-il, ayant peut-être le sentiment d'être allé trop loin.

Il y eut une conversation sous cape et j'entendis la voix de Laurent.

— Anna, on plaisantait... Vraiment c'était une mauvaise blague ! ajouta-t-il, un peu plus fort.

Je l'entendis rire tandis que je partais déjà dans l'escalier, perplexe. Maxence m'attendait à la porte d'entrée, il paraissait s'impatienter. Les deux fauteurs de troubles accoururent vers nous en bas, essoufflés, tout penauds. Je les trouvais encore plus attachants. Félicien me prit par les mains et me dit de son air le plus grave :

— Oh, Anna, on blaguait. Vraiment. (Il me regardait droit dans les yeux sans ciller.) On ne les aurait pas prises, tes affaires.

Laurent, derrière, affichait une mine désappointée. Il crut certainement bon de ne rien ajouter. Après nous avoir jeté un de ses regards noirs, Maxence sortit et claqua la porte. J'accusai l'affront et ravalai en moi ce qui avait été sur le point de se transformer en colère. Je les regardai en soupirant.

Et je leur dis, l'air las :

— Pas de problème, je vous crois. Ne vous inquiétez pas, c'est rien du tout.

— Vrai ? insista Félicien en ne me lâchant pas du regard.

— Mais oui, ne vous en faites pas. Tout va bien, je vous assure.

J'étais convaincue qu'il me disait la vérité. Je lui souris. Je regardai ensuite Laurent d'un air navré, il me sourit à son tour. Je me sentis devenir cramoisie.

— Excuse-nous, l'entendis-je dire.

J'aurais juré avoir vu sa main s'approcher de la mienne, et se retirer un peu trop vite.

— Mais vous êtes pardonnés. Désolée, je dois vous abandonner, il faut que je file en vitesse... Mes parents vont me tuer... À bientôt ! Salut à tous !

Je tournai les talons, rassurée. La pression de l'heure m'étant insupportable, je courus vers la voiture de Maxence qui avait monté le volume de Miss *Maggie*. Je grimpai à l'intérieur, tout essoufflée. Pas un mot entre nous ne fut prononcé durant le mini-trajet. Je choisis d'ignorer son mépris. Je me retrouvais dans l'embarras, ne saisissant pas les motifs de sa véhémence soudaine. À cause de ce que les garçons avaient tenté de faire ? La réaction qu'ils avaient eue ? Parce que c'était moi ? Les soupçonnait-il d'avoir menti ? Je ne me sentais pas capable d'essayer de le savoir en l'accablant de questions, il semblait si nerveux. Je ne voulais pas me heurter à un nouvel emportement, verbal cette fois. Et puis je n'en avais pas le temps. Je devais rentrer et vite. C'était un personnage si compliqué... Peut-être en saurais-je davantage par la suite. Quoi qu'il en fût, à cet instant-là, mon intention était de le percer à jour, plus tard. En dépit de son caractère ombrageux, je concevais le sentiment que nous avions vécu de vrais bons moments ensemble, ce soir.

Lorsqu'il me déposa devant le portail sans préambule, minuit sonnait aux cloches de l'église. Je ne cherchai pas à m'attarder avec lui. Je le saluai en hâte, me faufilant hors de la voiture après l'avoir remercié.

14
Insouciance

Été 1991
PARTIE 7

Il se passa une dizaine de jours. C'était vers la mi-juin. Un samedi matin, banal, baigné d'un ciel ensoleillé et sans nuages. J'étais sortie promener mon chien, Astor, un vieux labrador pataud. J'avais en tête d'aller traîner du côté de chez mes nouveaux amis, pour les saluer.

J'avais eu tout le loisir de réfléchir à notre précédente rencontre. Le week-end d'avant, seuls Teddy, Romain et Justin étaient restés sur le lotissement. Ceux avec qui je m'entendais le moins en somme. Une semaine en arrière, j'avais eu un appel de Félicien un soir dans la semaine, qui avait duré au moins dix minutes. Nous avions eu une conversation qui avait tourné autour de tout et de rien, puis vite ramenée à Maxence. Félicien m'inspirait une confiance qui m'encouragea à lui parler de façon claire de l'attirance que j'avais pour ce garçon, laquelle commençait à ne pas passer inaperçue. Il me dit qu'il essaierait de lui glisser trois mots, juste pour tâter le terrain. C'était la deuxième fois que nous nous appelions depuis l'épisode de la salle de bains, la première visant à lui assurer qu'aucune rancœur ne m'était restée de leur mauvaise blague. Puis un jour ou deux après cela, David était venu me faire l'honneur de sa visite, dans l'intention de reprendre ses vêtements. Je nourrissais de plus en plus de doutes quant à sa motivation à vouloir me côtoyer. C'était assez ambigu. Il se savait beau garçon, et libre de discuter, sans humilité aucune. Je n'ignorais pas ses regards plus insistants que d'autres, et qui avaient le don de me mettre mal à l'aise. S'imaginait-il que j'allais succomber à ses charmes ? C'était de loin le genre de garçon que je méprisais : un discours flou, de l'humour sans raison et la moue en cas de désintérêt sur sa personne. Parfois même ses critiques lui donnaient lieu de croire qu'il s'élevait au-dessus des autres. C'était insupportable… Ce jour-là, j'ai commencé à me méfier de lui.

J'avais ensuite reçu une invitation de Laurent, la semaine passée, à venir dîner chez eux. Mais mes parents avaient refusé de me laisser y aller, en dépit des vacances. J'avais donc attendu, impatiente, le samedi suivant.

Mon cœur battait très vite à l'idée de revoir ces visages amis. Arrivée près de leur quartier à pas légers, j'espérais en secret qu'ils fussent tous présents, même si Maxence m'avait glissé dans un message téléphonique la veille, qu'il devait retourner encore chez ses parents. Hormis cet appel, nous ne nous étions pas téléphoné pendant les dix derniers jours. Je voulais qu'il me courtise, même si je sentais que c'était loin d'être gagné.

Suivie d'Astor, j'essayais de rendre mes pas plus lents à mesure que je m'approchais de la maison de Félicien. Les coups que je portai sur la porte résonnèrent, me laissant immobile dix secondes d'affilée. J'identifiai sans mal du bruit dans la maison, ou plutôt des sons provenant du jardin. Personne cependant ne venait. Mon chien se coucha au pied de la porte. Je sortis de ma torpeur quand celle-ci s'ouvrit avec brusquerie et que Laurent apparut devant moi, le souffle court.

— Anna ! Bonjour (il me fit la bise.) Entre ! Je me disais bien que j'avais entendu frapper…

— Je suis avec mon chien…

— Et alors ? Ce n'est pas un problème. Entre ! Les autres sont au jardin. JC essaie de leur apprendre à jouer au ping-pong, disons… selon les règles.

Il me sourit.

— Je te suis, dis-je en entraînant Astor derrière moi.

— Ça faisait longtemps, dis-moi… On croyait que tu nous avais oubliés, dis !

— Tu exagères à peine, là… lui lançai-je, peu convaincue.

Quand je pénétrai sur la terrasse, tous les autres interrompirent leur jeu de ping-pong improvisé sur la table du jardin, pour me saluer. Ils semblaient ravis de me voir. Il y avait Félicien, JC, Justin et Julien. Je me félicitai d'avoir marché jusqu'ici rien que pour avoir vu ces visages-là. Fred était peut-être absent. Je brûlais d'envie de demander si Maxence était bien parti comme prévu, mais je m'en abstins, non sans un pincement au cœur.

J'attachai Astor tant bien que mal à l'unique et gigantesque sapin du jardin.

Nous discutâmes des jours passés, de leur dernier week-end, chacun chez leurs parents. Je me joignis ensuite à eux pour plusieurs parties de ping-pong. Nous y jouâmes au moins pendant une heure, faisant un boucan de tous les diables. À onze heures du matin, la chaleur dictait déjà sa loi. Félicien proposa des rafraîchissements et nous nous attablâmes tous ensemble. La conversation s'orienta naturellement sur le beau temps qui nous gâtait sans modération. J'étais si heureuse d'être en leur compagnie en cet instant, que je les observais sans rien dire.

— On pourrait aller à la plage cet aprèm ? proposa Julien.

— Oh oui, trop bonne idée ! fit JC, enthousiaste. Ça nous ferait du bien, avec cette chaleur.

— Il paraît qu'il faut en profiter, car ça ne va pas durer,

ajouta Félicien. Je suis partant. Anna connaît bien le coin en plus, souligna-t-il.

— Eh oui, c'est dommage que Maxence ne soit pas là pour nous y conduire, lança Julien avec un clin d'œil dans ma direction.

Je me sentis rougir. De la chaleur du soleil ou de la gêne, je n'aurais su dire ce qui prévalait.

— Tu viens avec nous, Anna ? me demanda Laurent avec intérêt, ignorant les railleries précédentes.

Voilà qu'ils m'incluaient dans leurs aventures. Je faisais désormais partie de la famille. J'étais flattée d'être le centre de la conversation, et mourais d'envie de les accompagner. Je n'hésitais plus à être moi-même, considérant qu'aucune ambiguïté n'existait plus entre eux et moi après toutes ces semaines.

— Oui, j'accepte volontiers ; c'est vrai que ce serait dommage de s'en priver.

— Il ne faudrait pas partir trop tard, alors, suggéra Félicien en se levant. Justin, tu viens avec nous ?

— Non, désolé, je dois faire une course et bosser les prochains rapports sur l'énergie solaire avec Romain.

— Eh, mais vous avez le temps, les mecs… C'est pour mi- juillet, observa Julien.

— Oui, mais Romain part demain dans sa famille pendant trois jours, et après on ne l'aura plus, le temps. Il n'y a que lui qui est calé sur le photovoltaïque. Le thermique encore, ça va.

— OK. Mais tu n'es pas si nul que ça non plus, reconnut JC en retirant ses chaussettes pour enfiler des tongs.

— C'est-à-dire que je ne comprends rien… fit l'intéressé, de son air niais et désespéré.

Je me demandai s'il le faisait exprès.

— Bon, tu changeras peut-être d'avis pour cet aprèm, répondit Julien. (Et s'adressant aux autres.) On dit quelle heure, alors ?

— Après déjeuner, quatorze heures-quatorze heures trente, c'est bien ? proposa Laurent en me regardant tandis qu'il se redressait.

— Il est midi bientôt. C'est jouable pour moi, leur dis-je.

— OK. Je te raccompagne, ça ira plus vite, fit Laurent en attrapant les clés de sa voiture sur le frigo au passage. T'inquiète pas pour ton chien, ajouta-t-il, nonchalant, en réponse à ma tête qui devait friser la consternation.

— D'accord, rétorquai-je sans chercher à comprendre.

Et nous partîmes tous les trois, Laurent, Astor et moi, dans l'Austin Mini de Laurent. Je me demandais comment un garçon aussi grand pouvait conduire une voiture aussi petite. Je me sentais tellement bien à ses côtés ; j'en percevais sans mal la réciprocité, et cela me galvanisait. L'embarras n'avait pas sa place entre nous, j'adorais ça. Il faisait le pitre et m'arracha un éclat de rire. Je ne le soupçonnais pas être si drôle. Je réalisai à cet instant qu'il ne faisait pas cela pour me plaire. J'avais eu beaucoup de difficultés à l'admettre, mais c'était dans son tempérament. J'étais cependant ravie qu'il soit lui-même, sans tenter de me séduire ; cela aurait tout gâché. C'était de sa part, et je ne le compris pas tout de suite, une forme de respect.

Rendus devant chez moi, nous nous regardâmes une dernière fois et nous esclaffâmes de bon cœur.

Pendant le déjeuner, je me dandinais, expliquant à toute vitesse à mes parents le programme de la journée.

— Ces garçons sont devenus tes amis, constatèrent-ils, à la fois réjouis et sceptiques.

Alors c'était confirmé, nous étions amis. Une amitié mixte, insolite, sans équivoque et bien palpable. Parce qu'elle était fondée, elle était prometteuse. La tête dans les nuages de ma jubilation, je rêvais éveillée à l'après-midi qui s'offrait à nous, sans me poser de questions. Les garçons avaient évoqué une sortie le soir en discothèque ; j'osais à peine en parler à mes parents. Mais je tenais à y aller. Après plusieurs semaines passées ensemble, j'avais la plus ferme intention de faire la fête avec eux avant les vacances d'été. Je commençai donc par vanter leurs mérites à mes parents pour gagner la confiance de ces derniers.

Il était quasi quinze heures quand Laurent s'arrêta devant chez moi pour me prendre. Je le présentai à mes parents ; je crois bien qu'il leur fit bonne impression. Nous retournâmes chez lui récupérer les autres qui n'avaient pas terminé leur repas. Mon mécontentement en les voyant fut balayé par leurs inépuisables blagues, qui finirent par me faire éclater de rire. Cela ne m'empêcha pas de les presser outre mesure, car l'après-midi était déjà bien avancé. Le soleil de plomb nous matraquait la nuque. J'avais prévu chapeau et crème solaire.

Les garçons rassemblèrent quelques affaires à la va-vite, et nous emportâmes un ballon, des balles et raquettes. J'étais au comble de l'exaspération quand nous dûmes nous arrêter au tabac pour acheter des cigarettes, et à la station d'essence pour y faire le plein. Julien ne put se retenir d'y prendre des gâteaux et des bonbons. Un nouveau sentiment de liberté m'étreignit quand, enfin, nous atteignîmes la plage selon mes indications. Un petit vent venait agiter l'eau salée, il nous caressait les épaules avec délice. Il y avait du monde sur le sable, mais nous n'étions pas les uns sur les autres. En revanche, nous ne vîmes que peu de baigneurs. Nous choisîmes un coin tranquille, non loin du rivage.

Chacun trempa ses pieds avant même d'avoir retiré ses vêtements, pour jauger la température de l'eau. Sans plus attendre, Laurent courut dans les vagues après avoir déposé le tas de ses vêtements entre JC et moi. Les autres l'imitèrent dans la foulée, je les regardai chahuter comme des enfants. Je mis un peu plus de temps à faire de même. Je nageai longtemps.

Nous nous rejoignîmes pour faire un combat à quatre, Félicien sur les épaules de Laurent, Julien sur celles de JC ; je faisais l'arbitre. Je pris ensuite la place de Félicien. Le spectacle que nous offrions était assez drôle, et notre complicité, à cet instant-là, sans égale. Jamais je ne m'étais amusée autant. Il se passa près d'une heure entre rires et chahuts. De vrais moments de franches rigolades, volés au temps.

Je passai ensuite l'heure qui suivit à bronzer sur ma serviette après une ultime baignade. Les autres continuaient de s'ébattre dans l'eau qu'ils n'avaient pas quittée depuis notre arrivée. Seul Julien m'avait rejointe au bout de cinq minutes. Je discutai suffisamment longtemps avec lui pour apprendre quantité de choses intéressantes sur sa vie (et sur celle de JC au passage). Déjà, il jouait du violon comme personne – d'ailleurs il m'avait promis un concerto le soir même, à condition que je les accompagne en discothèque –, et il était né avec une malformation (d'où la protubérance qu'il avait sur le pied gauche). Il avait une petite amie avec qui il était en train de rompre mais qu'il aimait encore en secret ; c'était *a priori* trop long à expliquer. JC, quant à lui, était féru de tennis et ceinture noire de judo ; c'était un malade de sport. Tout ceci était pour le moins étonnant, je trouvais, vu le bon vivant qu'il faisait.

Julien ne tarda pas à engager la conversation sur l'intérêt que Laurent me portait. L'ombre au tableau était à n'en pas douter Maxence, qui selon lui était fourbe et égocentrique. Au fond je le savais bien. Mais il me semblait que j'avais quelque chose à accomplir avec ce garçon. Et pour ce qui était de Laurent, je n'étais pas sûre de pouvoir lui accorder toute l'attention qu'il méritait. Je me rendis compte à cette minute que je le respectais trop pour cela, que je m'effaçais presque à son contact, bien que je me sentisse moi-même respectée par lui, peut-être trop d'ailleurs. Il rayonnait de sa personne, et en cela, il m'impressionnait. Honnête, droit, ni trop avenant, ni trop insistant, je percevais son intérêt sincère pour moi, dans le plus grand respect des agissements d'un homme envers une femme. Nous le savions tous les deux. Et en m'obstinant à jouer ce jeu de la séduction avec Maxence, je mettais à l'épreuve Laurent de façon détournée. Cela aussi, je le savais.

Je fournis bientôt des explications floues à Julien, avec un tel embarras qu'il ne s'attarda pas sur la question.

Il n'était pas loin de dix-huit heures trente quand nous quittâmes la plage. La peau rougie du beau soleil de cette fin de juin, nous embarquâmes tous les cinq dans la voiture de Laurent. Sur l'air de l'une des chansons de Madonna, *La Isla Bonita*, nous prîmes le chemin du village. « *Last night I dreamt of San Pedro... Just like I'd never gone I knew the song...* »[1] Voir la campagne lumineuse et le cours de mes pensées défiler durant les accords de ce titre m'emplit d'un bien-être qui me fit espérer que les meilleures choses pourraient arriver dorénavant. Je me sentais exister comme jamais. Les trois autres à l'arrière, à force de blagues, s'étaient perdus dans un fou rire qu'ils étaient seuls à comprendre. Je m'enivrais de cette ambiance bon enfant ; Laurent, quant à lui, gardait un calme mesuré, concentré sur ses trajectoires.

Nous arrivâmes chez Félicien au moment où Justin était en train de préparer le repas. Je m'isolai dans un coin du jardin avec le téléphone sans fil pour appeler mes parents. Je leur confirmai qu'ils ne devaient pas m'attendre pour le dîner, et en profitai pour évoquer la discothèque. À mon grand étonnement, je ne reçus ni accord, ni refus. Je disposais d'une petite marge de négociation puisque nous avions convenu que je les rappellerais après dîner.

---

1. « La Isla Bonita » est une chanson de Madonna, qui figure sur son cinquième album, *True Blue* (Sire records – 1986), et incluse dans la compilation « The Immaculate Collection » (1990), devenue culte.

Le feu crépitait dans le barbecue, et les garçons s'empressèrent de m'offrir la primeur de l'usage de la salle de bains. Me croyant seule, j'ouvris la porte de celle-ci d'un coup sec et je découvris Laurent nu de dos, sur lequel je refermai la porte aussitôt, dans des excuses confuses et embarrassées. Il était beau comme un dieu. Médusée, je pris la tangente vers l'escalier à pas précipités. Lorsque, deux minutes après, il vint me prévenir que l'espace était libre, j'osai à peine le regarder dans les yeux. J'étais assise en bas des marches, quand il s'accroupit face à moi, percevant ma gêne. Me laissant voir son torse imberbe par l'entrebâillement de sa chemise de coton léger, son visage tout près du mien, il me lança sans détour :

— C'est rien… Je m'en fiche que tu m'aies vu à poil… Je sais bien que tu ne l'as pas fait exprès.

Rouge de confusion, je bafouillai une phrase à peine audible en regardant mes pieds. Il haussa les sourcils, son index sous mon menton, m'obligeant à lui faire face :

— C'est rien, je t'assure. On oublie, OK ?

Je repérai dans ses yeux noisette une pointe de tristesse. Il sourit.

— Je suis désolée, Laurent… C'est que, si ça m'était arrivé à moi, j'aurais été si furieuse que je ne t'aurais plus adressé la parole pendant un moment…

— Oui, mais c'est arrivé à moi et non à toi. Et puis nous autres, habitons ici… On ne ferme pas les portes. Aussi, un homme est moins pudique qu'une femme, je suppose. Tu es une fille entourée de mecs… J'imagine bien que ta réaction aurait été tout autre, tu aurais sans doute verrouillé la porte, Anna.

Je me sentis ridicule soudain. Sa tendance à ne pas faire de chichis me séduisait plus que tout. Son parfum aussi.

— OK, ce n'est pas grave. On oublie, convins-je.

Je lui tendis ma main en souriant, qu'il prit d'une poigne ferme sans hésiter pour m'aider à me relever.

Il existait maintenant comme une espèce de secret entre nous. Je me sentais du coup tout étrange, exclusive, pétrie d'impressions déroutantes. Notre relation se teintait d'une indicible complicité, qui pourtant était apparue comme une évidence dès le départ. Nous nous comportions un peu à la façon d'un frère et d'une sœur. Cette impression m'était très agréable, mais pour le moins inhabituelle, moi qui étais fille unique. Toute cette sincérité et ce trop-plein d'amitié me faisaient perdre pied. Certaines de mes pensées étaient toujours tournées vers Maxence, mais un lien plus fort était en train de se nouer entre Laurent et moi. Plus que jamais, je le ressentais. C'était comme le courant d'une rivière, puissante et sauvage à la fois. Je n'osais encore m'y aventurer, de peur de me frotter aux roches saillantes, de peur de m'y noyer, et toucher le fond, profond. Et d'ailleurs, je ne voulais plus y penser. J'étais insouciante et comptais bien le rester.

Quand je descendis après la douche, nous gagnâmes sans plus attendre la cuisine, de laquelle on pouvait entendre s'échapper les mêmes rires que ceux qui nous avaient bercés tout l'après-midi. J'aidai aussitôt Félicien et JC à remplir les plats de viande, pendant que Laurent préparait la table dehors. Julien s'occupait du barbecue avec Justin, qui nous servait des verres pour l'apéritif. La chaleur encore écrasante ne cessait de chauffer notre peau, moite. Le souffle rassurant du vent qui se levait nous procura bientôt l'illusion d'une sensation de légèreté.

Je pris un siège en terrasse et je m'assis, tout à loisir d'observer, derrière mes lunettes de soleil, Laurent mettre le couvert avec précision. Quand mon sourire taquin rencontra le sien et que mes yeux le fixèrent, je sentis l'effet de cette nouvelle connivence qui était la nôtre. Je savais que je ne le laissais pas indifférent.

Ils passèrent tour à tour dans la salle de bains. Nous dînâmes ensuite de crudités et de grillades, tout en nous lançant dans des conversations plutôt sérieuses. Entre autres, nous évoquâmes le cursus que je poursuivais en Sport-étude, via lequel je me destinais à un avenir dans la compétition de natation.

— Est-ce que c'est dur ? me demanda Félicien, piqué de curiosité.

— C'est très subjectif… Moi je ne trouve pas que ce soit dur, parce que j'aime ce sport et que je travaille pour avoir les meilleurs résultats. Et surtout, c'est depuis toujours une passion… Un peu comme vous avec l'énergie renouvelable.

— Non je ne suis pas d'accord, protesta Justin en fronçant ses épais sourcils. Beaucoup d'entre nous ont choisi cette voie faute de mieux, parce qu'ils ne savaient pas quoi faire d'autre… Ce n'est pas mon cas, mais on a quelques exemples dans notre classe. Et dans la plupart des études supérieures, on le voit souvent.

Il y eut un silence pendant lequel on entendit le bruit du rosé qu'il faisait couler dans son verre.

— Tu n'as peut-être pas tort, acquiesçai-je, le regard vague. C'est bien dommage, en tout cas. Dans le milieu du sport, je ne crois pas que les étudiants raisonnent comme ça. Ce serait l'échec assuré.

— Là je te rejoins, continua Justin. Si tu n'es pas un minimum passionné et persévérant dans ce domaine, tu vas au tapis, c'est clair. Ils prennent les meilleurs.

— On est d'accord. Tout peut partir d'un sport que l'on aime bien et qu'on pratique une à deux fois par semaine, avec lequel c'est facile, avec lequel on est à l'aise. Pour moi, c'est comme ça que ça a commencé.

Ils m'écoutaient avec attention. Tous avaient mis un soin particulier à se coiffer et, rasés, ils étaient apprêtés, leurs vêtements véhiculaient l'odeur de leurs parfums qui se mélangeaient les uns aux autres. J'avais oublié qu'il y avait la discothèque ensuite… Sous leurs mines rougies, je percevais dans leurs yeux brillants une sorte d'admiration pour mon parcours, qu'ils dissimulaient à peine. Cela me confortait dans le choix de la voie que je m'astreignais à suivre depuis près de deux ans.

— Alors c'est quoi ta spécialité à toi, Anna ? Et qu'est-ce que tu privilégies ? La force ? L'endurance ? La technique ? questionna JC, en sportif aguerri.

— Je vous l'ai déjà dit et certains d'entre vous s'en rappellent. Vous savez que je fais de la natation. Je ne peux pas te donner d'indices… Ce serait trop facile, fis-je en levant les yeux au ciel. Vous avez deviné ?

— Crawl ? hasarda Julien.

— Nage synchronisée ? suggérèrent en même temps Justin et JC, sans me laisser une seconde pour répondre.

— Non, non…

— Brasse ? renchérit Julien.

— Dos crawlé ! s'exclama JC en se levant.

— Comment as-tu trouvé ? lui demandai-je, dans un sourire incrédule.

Laurent, lui, savait. Félicien aussi.

— Je t'ai vue l'autre jour dans l'eau, tu nageais sur le dos, et il m'a semblé que tu allais très vite, rétorqua JC en haussant les épaules.

— Et tu as de bons résultats ? demanda soudain Laurent, alors qu'on n'avait pas entendu le son de sa voix jusque-là – sauf pour nous faire partager son rire à chaque blague de Julien, en début de repas.

— Je m'en sors plutôt bien, lui souris-je.

Notre dîner, et du même coup, la conversation, s'acheva sur des glaces qui vinrent à point nous rafraîchir après ces longues heures ensoleillées. C'est à cet instant-là que Romain nous rejoignit, car il s'était décidé à venir faire la fête avec ses camarades. Après un après-midi, et une soirée entière de labeur à son bureau, cet infatigable étudiant que tout le monde connaissait comme l'intellectuel de la classe, avait un air satisfait que je ne lui connaissais pas. Et c'est le moment que choisit Julien pour sortir son violon et me jouer un récital qui me charma. Des minutes solennelles, échappées, hors du temps, pendant lesquelles plus rien ne comptait. Il maniait l'instrument à la perfection, j'étais envoûtée par sa maîtrise du jeu sur les cordes, par son habileté de musicien confirmé.

Vingt-deux heures et le café remplissait les tasses. Je savais pertinemment que l'heure de l'appel fatidique à mes parents se rapprochait plus vite que je ne le souhaitais. « Autant en finir, me dis-je. Je ne pourrai pas boire mon café tranquille. » Je les appelai donc.

— Je dois avouer que l'idée me déplaît et que je refuse que tu y ailles. Mais ton père accepte, lui, soupira ma mère d'un ton las.

Loin de moi était l'idée de vouloir créer de l'inquiétude à ma mère. Devant son ton résigné, j'acquiesçai en silence et la suppliai de ne pas s'inquiéter. Je percevais à son air peu convaincu qu'il y avait une probable tension entre mon père et elle. Tout ceci me laissa dubitative, et les autres me virent revenir vers eux la mine contrite, en dépit de ma joie débordante de les accompagner.

— Qu'est-ce qui se passe, Anna ? questionna Julien.

— Ça ne s'est pas bien passé avec tes parents ? ajouta Laurent, perplexe.

— Je viens avec vous en boîte, annonçai-je d'une voix monocorde en m'asseyant, y croyant à peine moi-même.

— Eh bien ? Champagne alors ! lança Félicien. Non ? (Je faisais la moue.) Tu n'es donc pas contente de venir avec nous ?

— Si… Mais à la base, ma mère ne veut pas. C'est mon père qui est d'accord. Je sens qu'ils ont dû se disputer tous les deux, dis-je en regardant la tasse de café qui fumait sous mon nez.

— Ah… Ça fait partie du jeu, dit JC en souriant. Ce ne

sera pas la première, ni la dernière fois. Il vaut mieux qu'ils s'habituent, tu as bientôt dix-huit ans.

Je restai silencieuse un moment, le regard vide, les entendant à peine entamer un autre sujet de conversation. Au bout de cinq minutes, Laurent me demanda sans préambule :

— Tu veux qu'on aille voir tes parents ?

— … Pourquoi ? répondis-je, hébétée.

— Pour discuter avec eux… Pour les rassurer.

Je vis à son visage que sa sincérité n'avait d'égale que sa bonne intention. Je me laissai persuader.

— Oui… Pourquoi pas.

— Eh bien voilà, sourit Félicien. Tout s'arrange. Tu vas voir Anna, ils vont nous adorer, tes parents.

— Il est vingt-deux heures, on ne va pas tarder, somma Julien. Anna va vouloir se changer chez elle, en plus, je suppose.

— Tu supposes très bien, lui rétorquai-je d'une voix presque lasse.

— Allez petite… me lança Félicien avec une tape affectueuse sur l'épaule, et me gratifiant d'un sourire encourageant.

Il avait déjà tout débarrassé ; nous nous retrouvâmes dans la cuisine, propre et dans laquelle la vaisselle s'égouttait pour toute réponse à notre étonnement.

À vingt-deux heures quinze, notre petit groupe se divisa en deux, direction la maison de mes parents : Laurent, Julien, JC et moi nous engouffrâmes dans la voiture de Laurent, pendant que Félicien, Romain et Justin s'installaient dans celle de Romain.

Mon père nous réserva un accueil plutôt chaleureux, tandis que ma mère ne se départait pas de sa froideur, transformée en antipathie. Je montai aussitôt dans ma chambre enfiler une tenue pour sortir.

Mon visage aux cheveux tirés en chignon s'égaya vite de fins pendants d'argent qui se balançaient effrontément à mes oreilles, et ombré du rose de mon fard à joues. Le tout enveloppé de mon parfum habituel, lequel délivrait peu à peu des notes suaves orientales et vanillées. Je descendis bientôt l'escalier d'un pas léger, insouciante, dans une robe fourreau noire et souple, en jersey de coton. Quand je passai la dernière marche, je me trouvai au milieu d'un engouement auquel je ne m'attendais pas.

Les regards étaient levés vers moi, mélange d'admiration, de respect, avec une pointe d'envie peut-être.

— Quelle classe, ma fille, me complimenta mon père, qui desserra enfin la mâchoire.

— Merci, lui souris-je, consciente de l'effet que j'opérais sur eux tous.

Les autres fermèrent la bouche quand je me tournai vers eux.

— On y va ? leur lançai-je avec un clin d'œil discret.

Ma mère s'approcha et, en aparté, m'enjoignit :

— Tu ne rentres pas tard, Anna. Et tu fais attention, d'accord ? (Et à l'adresse de mon père.) Hein, Daniel ? Elle rentre à deux heures max, d'accord ?

— Oui, entre deux et trois heures, c'est bien.

— Va pour « entre deux et trois heures », répéta ma mère avec une lassitude qu'elle ne se donnait pas la peine de cacher. Et pas de bêtises, prévint-elle, avec un regard appuyé sur moi, puis sur mes compagnons.

— Ne vous inquiétez pas, madame, répondit Félicien, affable, avec un aplomb que jamais je n'aurais cru possible. On fait attention à votre fille comme si c'était notre petite sœur.

Rien ne me fit plus plaisir que sa réponse. D'autant plus qu'il agissait toujours avec sincérité. Les autres opinèrent du chef.

Ma mère m'embrassa et, l'air renfrogné, disparut dans l'escalier. Mon père nous escorta jusqu'à la porte. Il serra ensuite la main de tous les garçons et, d'une petite tape dans mon dos, nous souhaita une bonne soirée.

C'est avec l'esprit plus serein que je remontai dans la voiture de Laurent. Il remit le moteur en marche vers le village voisin où se situait leur école, pour rendre visite à un ami qui logeait dans l'une des maisons de l'établissement. Il se dénommait Antoine, mais tout le monde dans leur classe l'appelait « Toinou ». C'était, je le compris tout de suite, un garçon drôle qui habitait près de chez Laurent du côté d'Orléans, et avec qui JC et Julien s'entendaient à merveille. Les présentations faites, nous prîmes place sur le canapé et il nous proposa de partager un verre avec lui. En dépit du fait que je me montrai timide, je passai un agréable moment. Nous reprîmes la route dans la demi-heure qui suivit, Toinou à nos côtés. JC lui avait cédé sa place dans notre voiture, et était monté avec les autres. L'ambiance joviale se poursuivit sous la conduite régulière de Laurent. Et même si ce dernier mourait d'envie de participer à l'hilarité générale, il restait sérieux devant son volant, les yeux rieurs. Ils avaient monté le son d'une musique entraînante. Nous nous prenions en photo les uns avec les autres, je me sentais adulée et considérée comme leur égale. C'était grisant. Le trajet ne fut pas long.

15

Première soirée

Été 1991

PARTIE 8

Nous entrâmes dans la discothèque, sous les yeux d'un vigile placide, grand et aussi large qu'une armoire. Coincée avec mes amis dans la queue devant la caisse, j'entendais les rythmes des dernières musiques diffusées sur les radios, imaginant les gens en train de danser sous des lumières multicolores, comme dans les films. C'était une première pour moi.

Après avoir gravi l'escalier constellé de micro-lumières blanches, nous fîmes notre entrée dans la salle principale, sombre, pleine à craquer. Des jeunes gens partout... Debout, assis, ils dansaient, parlaient, riaient. Il fallait se coller à eux pour se frayer un chemin, ce qui me fit presque regretter d'être arrivée là. La musique m'avait d'emblée agressée tant le volume était élevé. Le tube de Snap, *The Power*, m'investit corps et âme, et je fus aussitôt transportée dans cette atmosphère de fête. La fumée des cigarettes se répandait impunément, et même si j'étais fumeuse, j'avais du mal à m'habituer à cet air vicié. Nous criions pour nous parler, à cela aussi, je mis un temps d'adaptation. Des filles trop maquillées se pavanaient sur des banquettes en velours rose et violet, et leurs vêtements courts, serrés, parfois transparents, laissaient entrevoir leurs formes. À côté d'elles je me sentais un peu trop élégante, beaucoup trop sage. Bientôt, nous fûmes en proie à un désaccord concernant l'emplacement de la table. Il n'y en avait pas de libre, et JC, en colère, s'était porté volontaire pour en trouver une en la libérant de ses occupants. Julien et Laurent l'en avaient empêché car sa violence pouvait être terrible. À peine entrés, nous ne voulions pas être jetés dehors. Le ton monta entre eux et je criai, ou plutôt je hurlai aussi fort que je le pus, les deux poings serrés :

— STOP !!!

Ils me regardèrent tous, stupéfiés.

Surprise d'obtenir un assentiment si rapide, je bredouillai, suppliante :

— Stop, maintenant les gars. On est là pour passer une bonne soirée… C'est ma première fois en discothèque, ne me la gâchez pas !

— Allez, je m'occupe de cette table, proposa Julien alors que nous allions vers le bar pour commander deux bouteilles.

Nous descendîmes plus bas dans la grande salle, et en un rien de temps, nous fûmes installés autour de tables sur lesquelles trônaient nos verres, du whisky et autres jus de fruits. Nous regardâmes longtemps les autres danser. Ensuite Julien alla sur la piste avec Romain et Toinou. JC n'arrêtait pas de remplir les verres, et les vidait quasi d'une traite. Je ne parvenais pas à comprendre comment un jeune homme aussi puissant que lui, grand amateur de sport, pouvait ingurgiter autant d'alcool et maintenir son niveau de performance à la hausse. C'était si paradoxal.

Dès que je devais me déplacer, que ce fût pour aller chercher une bouteille d'eau ou me diriger vers les toilettes, je me tournais de façon naturelle vers Laurent avec qui je plaisantais en toute simplicité depuis l'heure écoulée. Où que j'allais, il m'accompagnait sans l'ombre d'une hésitation. J'appréciais sa dévotion sans rechigner à mon égard, comme si cela lui paraissait normal. J'étais fière de me balader à ses côtés, et plus encore que les gens puissent croire que nous formions un couple. Des hommes se retournaient sur moi à notre passage, je m'en sentais troublée, et vulnérable vis-à-vis de lui. Nous passions des minutes entières, pliés en deux, à rire pour des bêtises, pendant que les autres dansaient, discutaient, trinquaient, se succédant autour des tables. Nous, en retrait, étions dans notre monde un peu naïf, facile et tranquille, cherchant la moindre occasion pour faire rire l'autre.

Quand nous rejoignîmes les quelques autres autour des tables, Laurent discuta plusieurs minutes avec Félicien puis me prévint qu'il partait danser. Je me retrouvai avec Justin et JC, mais Justin gagna lui aussi très vite la piste de danse. Je n'avais pas vu JC plus ivre, et dans la minute qui suivit, il s'approcha de moi pour me baragouiner un truc sans importance. Son petit sourire narquois découvrant ses dents espacées, je sus tout de suite de quoi il allait me parler.

— Alors, avec Laurent ? Il t'intéresse, n'est-ce pas ?

— On s'entend bien, oui, répondis-je d'un ton sec.

— Mais, il te plaît… ? C'est un beau gars, non ?

Mon visage s'échauffait et je remerciai le ciel que cette conversation n'ait pas lieu en pleine lumière, sous peine de me découvrir rouge pivoine.

— Euh… Oui il est beau, grand… Il a du charme. Mais il est surtout intelligent et drôle, et c'est ce qui me plaît le plus.

— Pas comme Maxence, hein… ? me coupa-t-il. En tout cas, toi, tu lui plais beaucoup à Laurent, ajouta-t-il comme si ce que je venais de dire n'avait aucune importance.

— Ah… Ah bon ? Tu sais, c'est pas parce qu'on s'entend bien qu'on a une attirance physique évidente l'un envers l'autre… arrivai-je à articuler tant bien que mal. Et puis avec

Maxence c'est différent, je le perçois comme une curiosité, parce qu'il est à l'opposé de moi… C'est bizarre.

— Laurent, je le connais. Il ne dit pas grand-chose, mais tout se voit dans son attitude : ses gestes, s'il sourit, rit beaucoup, etc. C'est quelqu'un qui vit. Il ne dit rien, il vit, me souffla-t-il avec un relent d'alcool qui me souleva les tripes. Maxence, c'est un pauvre type, insignifiant, pas intéressant. Il ne vaut pas un pet de lapin.

Je souris malgré moi. Je ne disais rien.

— Tu vaux mieux que ça, Anna, marmonna-t-il d'un ton détaché.

Et comme s'il avait deviné dans quelle situation embarrassante je me trouvais, Laurent vint me chercher pour aller danser avec eux. Tous faisaient les fous, se laissant aller sans retenue à des délires complices, qu'eux seuls comprenaient. Je m'amusais de leurs facéties, de leur joie de vivre. Laurent me faisait tourner, me retenait, je me retrouvais parfois sur lui un peu trop brutalement et nous riions, l'un contre l'autre. Ensuite sous l'impulsion de la fête et de l'alcool, nous nous rapprochâmes plus encore et nous embarquâmes dans des danses langoureuses, que nous mettions en scène avec audace. Une chanson du groupe Nirvana mit fin à cet épisode, et JC nous rejoignit. Nous nous prîmes tous par les épaules pour accomplir une espèce de danse de groupe, dont j'ignorais la signification. Nous partions de droite à gauche en même temps ; je trouvais la manœuvre violente, la force de cette barrière humaine, surprenante. Laurent m'extirpa vite de ce bloc pour retourner aux tables, me faisant remarquer que JC menait la danse. Il valait mieux s'éloigner de lui, il s'enflammait comme un lion dans l'arène. J'aimais éprouver cette sensation de protection que Laurent m'apportait en permanence. Après trois morceaux de ce genre, le DJ changea de plage musicale et passa le dernier titre des Fine Young Cannibals, *She drives me crazy*. Nous eûmes beaucoup de peine à nous arrêter de glousser, quand nous observâmes le beau Justin retirer sa cape d'austérité, pour se déchaîner corps et âme pendant plus de trois minutes trente. Il articulait bras et jambes à un rythme effréné, et donnait des coups aux autres danseurs tout autour de lui.

Quand vint l'heure des slows, tous se réfugièrent sur les banquettes, transpirants, devant les couples enlacés dans l'obscurité. L'odeur de sueur qui nous suivait à la trace rompit le charme du romantisme, pour nous abandonner là, fatigués et sans voix.

Félicien se leva soudain et me tendit sa main. Nous regagnâmes la piste pour nous fondre aux autres danseurs. Il me demanda si je passais une bonne soirée, j'acquiesçai d'un hochement de tête appréciateur. Nous restâmes silencieux jusqu'à ce que cesse la chanson. C'est ensuite Julien qui m'invita sur le slow suivant. Comme je m'y attendais, il ne put s'empêcher de me demander avec un sourire taquin :

— Toujours Maxence dans la tête… ?

À cette heure-là, je ne prenais plus la peine de cacher mes sentiments.

— Il m'attire, je n'y peux rien… souris-je. Je dois gratter l'écaille et découvrir ce qu'il y a dessous.

— Je crains, pour ton malheur, que tu n'y trouveras pas grand-chose…

— Pourquoi vous dites tous ça ? Il y a une coalition contre lui, c'est ça ?

— Non, ce n'est pas un complot. Je commence à te connaître et il y a fort à parier que tu sois déçue par le personnage. Il est juste farfelu, il n'y a rien d'exceptionnel à découvrir sur lui. Nous sommes quand même bien plus drôles, avoue-le ? s'écarta-t-il en souriant avec malice.

— Je peux aussi bien m'entendre avec lui qu'avec vous ; je ne vois pas où est le problème… ? Avec vous je passe de bons moments, je ne le cache pas. Mais c'est plus de l'amitié, du délire aussi… Avec lui, c'est…

— Quoi ? De l'amour ?! se moqua-t-il en haussant les sourcils.

— Non. Pas vraiment. Pas encore. Je ne sais pas… Je le saurai bientôt… J'espère.

Nous nous séparâmes sur cet échange curieux.

Je rencontrai Laurent alors que je quittais la piste. Il me prit par la main, un peu maladroit, et m'emmena au centre pour le dernier slow. Me coller à lui de cette façon m'intrigua. Je sentais le rythme de mon cœur s'accélérer. La tête sur son épaule, j'avais l'étrange sensation de percevoir les pulsations rapides du sien. N'osant plus bouger, je fermai les yeux et savourai ce moment immatériel.

Comme les bouteilles étaient vides depuis une bonne heure déjà, nous allâmes du côté du bar pour commander un dernier verre avant de partir.

— Anna, qu'est-ce que tu bois ? Je t'offre un verre, annonça Laurent, sa main tout près de la mienne sur le bar.

— Champagne ! fis-je de but en blanc.

— Oh ! Rien que ça ?

— C'est l'alcool que je préfère depuis que je l'ai découvert l'année dernière, rétorquai-je avec un large sourire.

Le bar d'en bas jouxtait une autre salle, celle des années 1970 et 1980. Romain et moi étions tout près du couloir d'où l'on entendait les airs bien connus. Je lui découvris un humour insoupçonné quand il s'adonna à des chorégraphies plus ridicules les unes que les autres et auxquelles j'étais la seule à prêter attention. Était-ce l'effet de l'alcool ? C'était, en définitive, très divertissant. En ouvrant la porte de cette salle, je lui lançai l'invitation tacite à y pénétrer, et nous nous retrouvâmes vite en présence de danseurs loufoques sur la petite piste. Puis il m'offrit un verre et le plus naturellement du monde, je lui ouvris mon cœur en m'épanchant sur Maxence sans aucune réserve. J'étais si frustrée de son absence, sans parler des conversations à son égard qui m'avaient plus que déplu. En même temps, il n'aurait pas été à sa place en cet endroit, au milieu de cette joyeuse tribu. Je sentais que Romain pouvait me comprendre. Il avait une posture naturelle voûtée qui me faisait penser à un homme des cavernes. Son visage mat d'érudit dissimulait une espèce de tristesse, et derrière ses lunettes aux verres épais, son œil bienveillant demeurait attentif. Après tout, il cohabitait avec Maxence. Il le connaissait sans doute mieux que les autres. Je me confiai à lui sans me préoccuper du degré de confiance que je lui accordais. Je fus rassurée quand il me dit que Maxence était spécial, mais loyal et respectueux, bien qu'un peu trop concentré sur lui-même. Son air arrogant n'était pas délibéré selon lui, c'était un tempérament. Alors certes agaçant, mais Maxence ne s'amusait pas de cela. Romain m'avoua que les deux seules fois où il avait entendu mon prénom de sa bouche, il n'avait pas tari d'éloges à mon sujet. Nous parlâmes ainsi près de vingt minutes, avant d'être appelés vers la sortie par Laurent, qui m'avait vue partir et trouvait que j'étais longue à revenir. Il était déjà deux heures, il fallait rentrer.

Nous rejoignîmes la voiture en riant, Laurent et moi en tête, Toinou soutenant l'incorrigible JC, qui titubait et parlait on ne savait quelle langue. Les autres fermaient la marche.

Quand Laurent fit ronronner le moteur, je soupirai dans une grimace :

— Heureusement que JC n'est pas monté avec nous…

— Ah, il est chiant quand il est dans cet état. C'est dommage qu'il ne puisse pas se retenir de boire autant, se désola Laurent, l'air las.

Je ne répondis pas, et m'endormis presque aussitôt. Après avoir déposé Toinou chez lui, nous arrivâmes au village. Laurent me demanda s'il allait me déposer tout de suite chez moi ou si je faisais une halte chez eux. Il était deux heures vingt. J'ouvris les yeux et choisis la halte, me redressant sur mon siège. Les deux autres ronflaient à l'arrière.

Notre retour fut accueilli par Frédéric, qui avait fait le trajet depuis son village d'Alsace en pleine nuit, à la suite d'une violente dispute avec sa copine. Il nous raconta qu'elle l'avait giflé tandis qu'ils passaient la soirée chez des amis. Nous nous gardâmes de poser des questions, tant il semblait en colère. Justin était parti se coucher, et Julien avait ramené JC à pied, lequel était déjà dans son lit. De retour chez Félicien, il s'installa à côté de moi sur le canapé en demandant à la cantonade ce qu'avait Frédéric, qui s'était éclipsé à la cuisine.

Ce dernier vint se poster devant nous avec une poêle à frire, nous invitant à partager son repas nocturne. Seuls Félicien, Romain, Julien et moi nous attablâmes, serrés, à la petite table de la cuisine, Laurent s'étant endormi sur le canapé. Il était quasi trois heures et nous mangions des frites ; Julien et Félicien se sentirent même le courage d'avaler un steak. Trois heures. L'heure maximum du retour à la maison. Il fallait la respecter à tout prix, m'ordonnai-je en cet instant, sans quoi mes parents ne me le pardonneraient jamais. Je me levai d'un bond, provoquant un sursaut général. Félicien comprit tout de suite.

— C'est l'heure, me dit-il, grave.

— Je te ramène, annonça Romain en se levant aussi.

— Merci, c'est gentil.

— Tu viens nous rendre visite demain pour le café si tu veux ? Enfin, cet aprèm plutôt, disons vers quinze heures ? offrit Félicien, toujours aussi hospitalier.

— Oui pourquoi pas. Je vais déjà retrouver mon lit qui m'appelle… enfin, si mes parents ne me font pas entretemps une tête au carré. Ensuite on verra, annonçai-je d'un ton pince-sans-rire en souriant. Salut tout le monde !

Une bise à chacun et je filai avec Romain vers la voiture.

Le lendemain était une journée ensoleillée. J'appris avec joie, de la bouche de mon père, qu'il avait apprécié mes nouveaux amis. J'étais de bonne humeur pour la journée. Il ne fut donc pas surpris quand je quittai la maison vers quinze heures pour frapper à la porte de Félicien, vingt minutes plus tard. Je nourrissais l'espoir secret de croiser Maxence à tout moment, revenant de week-end.

Je découvris un Félicien à la gueule de bois, avec derrière lui un Julien qui ronchonnait. Seul Laurent paraissait être lui-même, bien que ses jolis yeux d'aspect bridé montrassent de la fatigue. Frédéric, qui jardinait, nous rejoignit pour nous faire un café et nous le servit de bonne grâce. C'est la première fois que je le voyais si enjoué, depuis sa fureur de la veille, depuis le comportement qu'il avait eu chaque fois que je l'avais vu. S'était-il réconcilié avec sa fiancée ? Avait-il exigé une rupture ?

Nous nous repassâmes la soirée de la veille en riant, en nous racontant les petits détails qui nous avaient amusés, chacun avec une anecdote légère. Nous déplorâmes une fois de plus l'état de JC, qui devait dormir encore à coup sûr. Nous éclatâmes de rire en racontant comment Justin s'était déchaîné sur la piste et, quand Laurent le singea avec exagération, la crise fut totale. Le comble se produisit quand ce dernier vint à point nommé nous rejoindre, les yeux hagards. Il ne chercha pas à savoir pourquoi Laurent et moi ne pouvions nous arrêter de pouffer de façon ridicule pendant dix minutes, comme des gamins pris en faute.

Avec la place que prenait le recul, une pointe de culpabilité envers Maxence me transperça. Notre complicité des derniers jours planait comme un rêve endormi, et j'appréhendais sa réaction quant au week-end passé en compagnie des autres. Je courus donc chez Romain et m'introduisis dans la chambre de Maxence, inoccupée. J'y restai assez longtemps pour y remettre de l'ordre, puis lui laissai un mot avec le vague espoir qu'il apprécierait mon attention. La maison était silencieuse, Romain travaillait à ses devoirs. C'était comme le calme avant la tempête.

Le lundi soir, le tourbillon Maxence sévit en une crise de jalousie interplanétaire. Ou du moins, une crise d'orgueil interplanétaire. Son amour-propre avait-il été touché qu'une autre compagnie ait pu être préférée à la sienne ? Quel affront pour lui, j'étais partie me baigner avec une bande de garçons, qu'il connaissait. Nous avions dîné ensemble et… j'avais fait la fête avec eux. Rien que ça. N'avais-je pas été à la mer avec lui aussi ? N'avais-je pas prononcé son nom, au moins dix fois dans le week-end ? Je n'allais tout de même pas rester cloîtrée chez moi… Je n'avais rien fait d'extravagant, enfin ! C'était David, heureux de jouer le grand intermédiaire, qui tenta de nous réconcilier. C'était ridicule, nous n'étions même pas en couple… *C'est bien ce que je croyais,* avait-il hurlé, ivre de rage, *les terminales avaient raison !*

Même si je me sentais insultée, je ne me laissai pas intimider par la férocité de ses paroles. Et j'étais certaine que Laurent n'aurait pas eu une telle réaction en pareil cas. Cette dernière remarque avait suffi à me prouver sa foi en moi.

Les explications avec Maxence étant impossibles, je me fâchai en retour, n'ayant aucune intention de me laisser diriger par un farfelu nombriliste. David, au seuil de la porte de la chambre, m'écouta longtemps déverser mon animosité. Il me sermonna en me répétant que c'était une réaction normale de Maxence, tandis que ce dernier prenait bien soin de m'ignorer. Il prétendait tenir à moi et n'acceptait pas le partage. Je pouvais le concevoir, évidemment – bien que je n'en fusse pas convaincue. À supposer qu'il n'accordât sans doute pas une grande confiance à ses camarades (Dieu seul sait comment ils devaient parler des femmes), tout ceci n'était-il pas tout de même exagéré ? En aucun cas, je ne me serais attendue à un tel émoi de sa part.

Déçue, je déchantais et filai voir Laurent aussitôt, sans cacher mon humeur. Je vidai mon sac dans la cuisine avec une telle indignation, que je me demandai au fond si je n'en faisais pas un peu trop, moi aussi. Il dédramatisa sans trop s'inquiéter. Mais quand je vis Justin sortir de la maison, je compris à l'instant même que tout allait être répété, et peut-être même, déformé. Quel fiasco, cette soirée… Je restai avec eux sur la terrasse. Teddy nous joua quelques airs bien connus, et JC, qui s'était remis de sa cuite de la veille, nous servit de belles anecdotes, ce qui redora l'ambiance, devenue morose par ma faute.

Il était bientôt minuit, et comme d'habitude je devais rentrer. J'avais besoin de marcher seule, mais David et Félicien insistèrent pour me raccompagner à pied. C'est en chemin qu'ils me prévinrent que – tout comme je l'avais pressenti –, Justin était allé rapporter à Maxence ma conversation d'avec Laurent dans la cuisine. David, *a priori*, m'avait défendue bec et ongles, et depuis, Maxence ne voulait plus voir le grand Toulousain. Avec son courroux s'étaient envolées des remarques acerbes qu'il n'avait pu retenir en lui. Le mal était fait. Redeviendrions-nous amis, Maxence et moi ?

16

Comme une famille

Été 1991
Partie 9

Les conséquences de ma dispute avec Maxence ne furent pas celles auxquelles je m'attendais.

Toute la semaine qui suivit, je vécus comme un ermite, n'acceptant de répondre au moindre appel, sauf dans l'intérêt d'obtenir en retour des informations concernant Maxence. Enfermée dans ma détresse, je ne voulais pour rien au monde affronter le regard des autres. Au bout de cinq jours, je daignai sortir de ma tanière quand Félicien, inquiet, vint carrément sonner à ma porte pour prendre des nouvelles. Il m'invita à me joindre à lui, Laurent, JC et Julien, pour assister au feu d'artifice le soir même, tiré sur la plage de Houlgate afin de fêter les premiers jours de l'été. D'abord hésitante, je ne me fis pas prier bien longtemps pour donner mon assentiment.

Refusant de mettre les pieds du côté de chez Maxence, ils passèrent me prendre vers vingt-deux heures trente. Le ciel était tempétueux.

J'avais bonne mine, car mon pull blanc en coton torsadé faisait ressortir mon bronzage. Et malgré la joie de vivre coutumière de mes amis, je fus distante, maussade. Laurent fit l'effort de me prodiguer des paroles positives, pleines d'espoir, bien que maladroites – le réconfort n'ayant jamais été sa spécialité. Notre complicité, écrasée sous le poids de l'abattement qui me terrassait, attendait des jours meilleurs. Je prenais conscience de leurs attentions pour me rendre le sourire, cela me mit du baume au cœur.

Du haut des falaises, nous assistâmes au feu, superbe. De temps à autre, je me sentais observée du coin de l'œil par Laurent.

Dans la voiture, lors de notre retour sous une pluie violente, alors que j'observais les énormes vagues se fracasser contre les récifs, j'appris d'eux tous les éléments auxquels ils n'avaient pu échapper pendant la semaine écoulée. De l'amertume et du silence de la part de Maxence. Il ne prononçait jamais mon nom. Je n'étais pas plus avancée.

Le samedi suivant, la pluie battait son plein, et je ne parvenais pas à me débarrasser de cette humeur accablante. Je prétextai une journée en famille chez mes grands-parents.

— Tu sais Anna, il ne faut pas t'interdire de nous voir à cause de lui ! s'indigna Félicien.

Je me rendais compte qu'il avait raison. Je revins voir mes amis deux jours après, sans prévenir, et aussi discrète que possible, prenant bien soin d'éviter de longer la maison dans laquelle habitait Maxence.

J'appris par la suite que les garçons avaient œuvré en ma faveur. Ils s'étaient comportés en véritables amis, plaidant ma cause avec effusion, répétant sans lassitude à l'intéressé que je n'avais eu que lui à la bouche durant mon week-end en leur compagnie. Laurent le premier, qui ne supportait plus la tension et l'humeur revêche de Maxence. Le plus fervent d'entre eux cependant fut Romain. Grâce aux confidences que je lui avais faites avant notre départ de la discothèque, j'avais assuré mes arrières par inadvertance, en cas de mauvaise tournure. Tant et si bien que l'irrévérencieux Maxence capitula.

C'est l'allure dégingandée, qu'il renonça à sa fierté pour sonner à la porte de mes parents un soir au tout début de juillet, un bouquet de pivoines à la main. C'était à n'en pas douter un acte dicté par son seul amour-propre. Un exutoire pour se déculpabiliser de ses derniers excès de narcissisme, de son insociabilité notoire. Il ne voulait pas passer pour un mufle envers moi. Néanmoins, je ne fus pas fâchée bien longtemps en voyant l'attention romantique à laquelle il acceptait de se soumettre.

Devant ses excuses et lorsqu'il admit avoir eu un emportement démesuré, je succombai et partis avec lui en voiture du côté de la mer, ce qui nous permit de nous expliquer sans l'influence des autres. Il prit un air penaud que je détestais pendant que je trempais mes pieds dans l'eau. Rien d'autre ne se passa. Notre échange était vide et creux, il sonnait faux. La moiteur emplissait l'air, même sur la plage, et je proposai de rentrer.

Nous fîmes notre apparition dans le quartier des étudiants sous le clair de lune. Un curieux désordre y régnait. Les garçons se livraient à une opération clandestine des plus burlesques, en short et en claquettes. C'est Julien qui menait la danse. Je remarquai déjà Félicien qui remplissait des seaux d'eau à l'aide de Laurent, sous les rires étouffés de Frédéric et David, accompagnés de François, le terminale. Ils en avaient placé un au-dessus de la porte entrouverte de la maison de Julien, JC et Teddy, espérant que Teddy se ferait avoir en sortant de la maison. JC rayonnait d'une jubilation irrépressible en se chargeant d'infester de pétards les boîtes aux lettres des terminales à l'approche du 14 Juillet, tandis que Julien lui imposait le silence à grand renfort de « chut ! ». J'allai les saluer discrètement, ils me firent des clins d'œil, sous le regard méprisant que Maxence ne put s'interdire de réprimer.

— Les imbéciles… soupira-t-il en secouant la tête, alors qu'ils explosèrent de rires tapageurs quand le seau tomba sur Teddy, qui hurla de rage et courut après Julien, lequel avait déguerpi à toutes jambes dans les rues du village endormi.

Nous entrâmes dans la maison de Romain, Maxence et Justin. Nous croisâmes Romain, trempé, qui pestait de s'être fait prendre lui aussi par le piège du seau d'eau.

Je suivis Maxence, qui avait insisté pour me montrer sa nouvelle guitare. Il la déballa, rutilante, l'exhiba de long en large et, quand il s'assit sur la chaise du bureau, ce fut pour me jouer un air de Nirvana que j'aimais, et qu'il savait maintenant exécuter par cœur. J'étais très impressionnée. Romain frappa à la porte entrebâillée, en pyjama :

— Alors, tu as aimé ?

— J'avoue que c'était réussi.

— Vu le prix que je l'ai payée, j'espère bien que c'est réussi ! lança Maxence, un rien d'esbroufe dans la voix.

— Enfin bon… Ce n'est pas l'instrument qui fait tout. Je connais des personnes qui te jouent Chopin de façon magistrale, sur un piano désaccordé… dis-je, avec une insolence délibérée.

— Je me suis entraîné toute la semaine pour te le jouer, argua-t-il.

Son manque de modestie n'avait de cesse de rivaliser avec son effronterie.

— C'est vrai, j'en suis témoin, confirma Romain, heureux de participer d'une façon ou d'une autre à notre réconciliation.

— Ça me fait plaisir, souris-je.

Romain nous souhaita une bonne nuit et s'effaça. Maxence joua un autre titre, rajoutant des notes, prolongeant les refrains ; il suait. J'aurais juré qu'il était habité par la chanson. Puis il bâilla et prétendit avoir une migraine. Il me demanda si cela ne me gênait pas qu'il ne me raccompagne pas chez moi en voiture. Je descendis, perdue dans un abîme de perplexité et, de la fenêtre du salon béante, j'examinai l'extérieur de la porte entrouverte. Aucun seau d'eau n'avait été posé au-dessus, je sortis dans la rue sans m'inquiéter outre mesure.

Le calme avait repris possession des lieux, et je me demandais comment s'était terminé le règlement de comptes entre Teddy et Julien. J'engageais le pas vers la sortie du lotissement, à peine éclairé, quand Laurent me rattrapa, Félicien et David sur ses talons. Ils fumaient une cigarette près de la fenêtre et m'avaient vue partir. Ils me racontèrent entre gravité et amusement que Teddy, furieux, avait failli mettre une rouste à Julien et que JC avait dû les séparer. Ils avaient donc tout arrêté.

— On te raccompagne chez toi, lança Laurent, inflexible.

— Si vous voulez.

Même si j'avais moins d'un kilomètre à parcourir, je me sentais rassurée de les avoir près de moi. Nous nous mîmes en route, n'entendant que nos pas sur la chaussée. Félicien lança une vanne à David, ils rirent ; je restai silencieuse. David, qui brûlait de connaître le dénouement avec Maxence, me demanda :

— Ça s'est bien passé, ce soir ?

— Plutôt, oui, puisqu'il est venu s'excuser de son attitude de l'autre jour, rétorquai-je en le regardant à peine.

— Il faut dire que ce n'est pas tous les jours que Maxence s'excuse auprès de quelqu'un, railla Félicien.

— Quand on l'a vu partir avec son bouquet de fleurs… continua David (il riait tant, qu'il était incapable de finir sa phrase.) Il avait l'air ridicule… Enfin, c'était drôle…

— Il y avait un truc qui collait pas… ! acheva Félicien, hilare.

— C'est l'intention qui compte, non ? répondis-je avec un sourire, voyant très bien ce qu'ils voulaient dire.

— Mais oui… C'était tout de même cocasse, conclut David.

— Je ne devrais peut-être pas vous dire ça… Mais ça m'a fait le même effet quand je l'ai vu débarquer chez moi ce soir. Comme tu dis, il y avait un truc qui collait pas, avec les fleurs… m'esclaffai-je, sans retenue.

Nos rires résonnèrent dans la rue déserte, puis le silence s'imposa de nouveau. Nous étions à mi-chemin. Félicien redevint posé, et osa me dire :

— Anna… Pardonne-moi d'être direct, mais… Pourquoi tu t'intéresses tant à lui ? (Il déglutit.) Excuse-moi de ma franchise. Ce n'est pas un type pour toi.

— J'ai cru le comprendre, fis-je, gênée. Je vois bien qu'il est particulier. Mais c'est ce qui me plaît justement…

— Particulier, tu l'as dit, lança Laurent en haussant les sourcils.

— Il a un caractère compliqué, il est ombrageux… continua Félicien. Bon, ça, tu as pu le voir maintenant. Mais il n'y a pas que ça… Il est prétentieux, égocentrique ; c'est un individualiste né.

David hochait la tête, Laurent regardait droit devant, impassible.

— Je dois quand même vous avouer une chose : ce n'est pas le sujet que j'ai envie d'aborder avec vous ce soir… Je sais bien que vous n'avez pas d'affinités avec lui.

— Sans vouloir en rajouter, il n'a aucun humour, ajouta David, comme s'il n'avait pas entendu ce que je venais de dire.

— Rien qui te ressemble, Anna, conclut Félicien avec sa bienveillance naturelle.

— Je le sais, tout ce que vous me dites là. Mais il a quand même de bons côtés, et ses défauts peuvent être corrigés. D'ailleurs, ils sont parfois attachants…

— Il n'a pas que des mauvais côtés, bien sûr, admit Félicien. Mais tu vas mourir d'ennui avec ce mec… Enfin, tu fais comme tu veux. Nous, on te met en garde, pour t'éviter d'être déçue et parce que tu es une chic fille, Anna. D'un point de vue personnel, je ne pouvais pas ne pas te le dire, termina-t-il, toujours d'une sincérité consternante.

Désappointée, je restai silencieuse jusqu'aux derniers pas devant chez moi. Je trouvais injuste qu'ils s'acharnent contre Maxence, tout en sachant qu'ils ne le faisaient pas avec une motivation autre que celle qui consistait à me préserver.

Je m'apprêtais à les remercier pour m'avoir escortée, mais Laurent parla des vacances qui approchaient et suggéra que nous échangions nos adresses. Je trouvai l'idée excellente. Il nous restait deux semaines avant la date fatidique de leur départ. Nous n'allions plus nous voir pendant plus d'un mois, ils allaient me manquer. C'était une vérité qui me mit une claque dans la figure. Je m'étais laissée vivre sans réfléchir vraiment à ce moment que je redoutais maintenant. Avoir des nouvelles d'eux pendant cette cruelle absence me ferait un bien fou quand mon moral serait en berne.

Devant le portail, nous fîmes donc couler l'encre du seul stylo que nous avions, qui passa de main en main, en notant nos adresses respectives sur des papiers volants trouvés au fond de mon sac. Nous nous séparâmes sur des notes légères et enthousiastes.

Le week-end suivant s'annonçait magnifique. Le soleil régnait sur un ciel sans nuages, d'un bleu vif, dès le samedi matin. C'était sans compter sur Maxence, qui était déjà reparti chez lui, une fois de plus.

Ce jour-là, je fis une visite matinale à mes amis. Je rencontrai d'abord Félicien avec qui je discutai. Je l'aidai à plier ses draps étendus dehors, et nous prîmes un café sur la terrasse. Laurent vint prendre son petit déjeuner à côté de nous. Il m'invita à me joindre à eux pour la soirée en discothèque, et à une baignade à la plage l'après-midi. Je n'hésitai pas bien longtemps, car rien ne me faisait plus plaisir avant notre séparation, prête à s'abattre sur nous comme une pierre fracassante. Avec eux, je passais de tels instants, vivants, joyeux, que je n'avais pas l'intention de m'en priver. J'escomptais bien que mes parents à ce stade le comprendraient. Et si Maxence ressortait les griffes le lundi suivant, c'est qu'il n'avait rien retenu de notre querelle passée. Peut-être espérait-il une abstinence de ma part ? Je m'imaginais que oui, et mon audace naturelle se mit en devoir de le défier. Après tout, nous n'étions pas en couple. Je n'avais aucun compte à lui rendre.

Nous marchâmes dans le jardin et JC, tout affairé, passa devant nous en me saluant.

— Je vais chercher du bois pour allumer le barbecue, déclara-t-il à la volée. Qui vient avec moi ?

— Dans la forêt ? s'étonna Laurent.

— Attends, je t'accompagne, proposa Félicien.

— Tu veux manger avec nous, Anna ? me demanda Laurent, avec une spontanéité qui me prenait chaque fois au dépourvu. Je t'emmène chez toi chercher des affaires, on a le temps avant que JC revienne avec du petit bois.

J'adorais sa façon de s'adresser à moi comme à un ami proche, son regard de braise franc, jamais fourbe.

— J'aimerais bien, mais je dois voir avec mes parents. Entre la baignade et la boîte de nuit, je crains que ce ne soit trop pour qu'ils acceptent…

— On verra chez toi, lança-t-il avec le détachement habituel qui le caractérisait.

Nous partîmes aussitôt en voiture, toutes vitres ouvertes, en quête du consentement de mes parents. Il n'y avait pas l'ombre d'une ambiguïté avec lui, c'était formidable. Sans crier gare, nous renouions avec notre attachement des semaines passées, dans l'insouciance la plus totale. Nous repartîmes presque dans la foulée, Laurent ayant obtenu l'aval de mes parents sans trop de difficultés. Mes cheveux relevés en chignon sur le haut du crâne, je me sentais libre et sereine. Sans m'en douter une seconde, cette journée décisive était sur le point de marquer notre amitié de l'estampille fraternelle.

Arrivés devant la maison de Félicien, une forte odeur de feu de bois nous sauta au nez. JC avait dû ramasser des branchages trop frais. Nous mangeâmes à la bonne franquette, à l'ombre du sapin et d'un parasol, qui suffisaient à peine à nous apporter l'ombre que nos corps en sueur réclamaient. Nous ne tardâmes pas à partir après le déjeuner, vers quatorze heures, Romain, JC, Félicien et moi, avec Laurent qui conduisait. Pour une fois, Julien était rentré chez lui pour le week-end.

Nos pas, pénibles, foulèrent le sable humide et chaud de la plage à marée descendante, sous un soleil de feu, au milieu de familles installées çà et là. Nous ressemblions à des vacanciers, chargés de nos parasols, sacs de plage et autres ballons de jeux.

Quand nous nous installâmes près d'un amas de rochers, mon intention première n'était pas de me baigner, mais de profiter de la bonne ambiance occasionnée par la présence de mes amis. Ils se jetèrent à l'eau sans plus attendre. Seul Romain resta à mes côtés sur le rivage. Nous les regardâmes s'ébattre dans les vagues, amusés de leurs pitreries, tandis que nous sirotions des jus de fruits frais, tout juste sortis de la glacière que Félicien avait remplie pour nous. Nombreux étaient ceux qui goûtaient au plaisir de la mer, surtout les enfants dont les cris se perdaient avec ceux des mouettes. Les odeurs du sel et de la crème solaire se mélangeaient, une mèche de mes cheveux rebelles venait frôler mes pommettes… et j'avais le sentiment d'être en train de vivre mes plus belles vacances.

La chaleur se révélant être insupportable, je relevai ma robe pour aller tremper mes pieds. Les vagues me caressaient les mollets, et la température de l'eau était fraîche pour la saison, mais néanmoins appréciable.

Romain aborda le sujet « Maxence », me confiant qu'il avait bon espoir que notre couple se forme avant les vacances ; j'étais plutôt convaincue du contraire. Finalement, je me décidai à me déshabiller pour entrer dans l'eau. Sentir le soleil dorer ma peau et l'écume des vagues s'échouer sur mon corps bronzé me procurait un plaisir inégalé. Romain regagna sa serviette, et s'y allongea, un livre à la main.

Je nageai en quelques mouvements jusqu'à mes amis, trop occupés à se couler à tour de rôle, entre deux parties de balle lancée de l'un à l'autre. Quand JC vint à ma rencontre, ce fut pour m'envoyer sous l'eau deux fois d'affilée, ce qui déclencha mon exaspération. Nous nous agrippâmes dans un combat acharné et, bien sûr, c'était toujours lui qui gagnait. Lorsqu'il me projeta une nouvelle fois sous l'eau, ce fut pour m'y engloutir avec violence. Cette fois, je perçus une douleur qui me transperça le côté du talon droit, à l'instant où je touchais le fond sablonneux. J'émergeai de la surface dans un cri rauque qui déchira l'atmosphère, consciente des regards que j'attirais sur moi. Je nageai tant bien que mal jusqu'à la rive, apeurée de ce que j'allais découvrir. Essoufflée, et dans ma hâte d'examiner ce qui semblait s'apparenter à une blessure, j'enfonçai mes fesses dans le sable mouillé. Pleurant de douleur, et retenant des cris, je tentais de ramener mon pied hors de l'eau. Laurent se précipita vers moi à la nage, les autres le talonnant de près. Romain accourut lui aussi, en proie à un affolement évident. En un rien de temps, ils furent tous réunis autour de moi.

D'un geste sûr mais délicat, Laurent attrapa mon pied ruisselant de sang, et le retourna, sans ciller. Une pointe de gravité dans sa voix qui ne tremblait pas trahissait sa panique :

— Vite, il faut aller à l'hôpital !

— Elle a besoin de se faire recoudre, là... constata Romain, le visage déformé par une grimace.

— Ça a l'air profond… ajouta JC, la voix grave. La pierre qui s'est enfoncée est restée à l'intérieur.

Entendre ces paroles m'anéantit, et ma souffrance me parut intolérable. Je n'osais pas examiner avec précision ma chair tranchée. Me confronter à l'atrocité du sang qui coulait sans discontinuer suffisait à m'effrayer. Félicien, blême, se taisait, en proie à un effroi qu'il avait peine à cacher.

— Allez, on s'en va ! annonça JC en se dirigeant vers nos affaires.

Ce dernier s'empressa de revenir avec sa serviette pour l'enrouler autour de mon pied, pendant que Laurent m'aidait à me redresser. Il me soutint jusqu'à nos affaires, je m'appuyais sur mon autre pied. Il ne cessait de me répéter que tout irait bien, que je devais tenir bon jusqu'aux urgences. Félicien plia en vitesse les serviettes et rassembla les effets des uns et des autres en vrac, à côté de la glacière, assisté de Romain qui repliait le parasol. Ils coururent tant bien que mal jusqu'à l'Austin, chargés de leur attirail, en remplirent le coffre. Laurent m'avait prise dans ses bras et foula le sable jusqu'à la voiture, pour me glisser avec soin à l'avant. Les autres baigneurs nous observaient avec insistance, une once d'inquiétude dans les yeux.

Laurent démarra en trombe, l'angoisse dans le regard, m'implorant toutes les dix secondes de tenir le coup jusqu'à notre arrivée à l'hôpital de Caen. Les autres, à l'arrière, tentaient de faire diversion, pour me faire rire et penser à autre chose, plaisantant sans trop y croire. Jamais je n'aurais soupçonné autant de fantaisie humoristique chez Romain. Laurent conduisait à toute allure et, dans une gravité extrême, il ne quittait pas la route des yeux. Toutefois, quand nous constatâmes avec horreur que la serviette blanche de JC devenait noire de sang, il accéléra de plus belle. Il lui arrivait de poser son bras sur le mien, me demandant, haletant, si ça allait. Je n'osais lui dire dans quelle mesure j'étais angoissée pour mon pied, paniquée que sa motricité ou celle de ma jambe entière fût touchée. J'avais une peur bleue que cet accident influe sur mon avenir dans la natation. Je réalisai à quel point mes amis m'avaient prise en charge de façon admirable, et je fermai les yeux, n'osant plus jeter un seul œil sur mon pied.

— Tu ne tombes pas dans les pommes, hein ? me lança JC, sur le ton de l'humour.

— J'ai mal, c'est horrible… Je ne sens plus mon pied, suffoquai-je, les larmes au bord des yeux. Imaginez qu'on me le coupe… ?

— Tu délires, là, me fit remarquer Laurent, toujours sérieux, et accélérant de plus belle.

— Arrivés à l'hôpital, tu appelleras tes parents pour les prévenir, Anna, me conseilla Félicien, avec sa prévenance naturelle.

— Oui, tu as raison… Je le ferai.

— Ou on le fera pour toi, si tu préfères.

Sa réponse m'arracha un sourire.

Arrivés sur le parking, je ne parvins pas à me redresser pour enfiler le tee-shirt que JC me présentait, étant restée en maillot de bain. Laurent m'y aida sans hésiter. Il m'extirpa du véhicule, et la douceur de ses mouvements me prouva combien il était agile, et résolu à prendre soin de moi.

J'expliquai par téléphone et sans détour ma mésaventure à ma mère, affolée à l'autre bout du fil, et lui donnai rendez-vous aux urgences de l'hôpital de Caen. De ma vie, jamais je ne m'étais rendue aussi vite dans la ville aux cent clochers.

C'est en définitive mon père qui vint nous retrouver aux urgences, dans l'énorme et effrayante tour blanche monobloc. Son front était ridé d'une inquiétude que je ne lui connaissais pas. Après lui avoir relaté comment l'accident s'était produit, les garçons passèrent en salle d'attente pendant que nous suivions un médecin qui m'installa dans une petite pièce. Je frissonnais tant j'avais froid, tant j'avais peur. Les autres patients avaient semblé horrifiés à ma vue.

On m'injecta un anesthésiant local. Je luttai pour réprimer les hurlements tourmentés que m'arracha l'extraction du morceau de caillou planté dans mon talon. Je voyais bien que mon père, qui se trouva être le malheureux témoin de cette scène abominable, regrettait sa présence à mes côtés.

Au bout d'une heure, je sortis le pied bandé, engourdi, épaulée par mon père. Les quatre garçons se levèrent tous en même temps pour venir vers nous, à la fois graves et livides.

— Bon eh bien, merci… Pour ce que vous avez fait pour Anna, commença mon père, la voix tremblante.

— Écoutez, c'est normal, rétorqua Romain, presque ému.

Les autres acquiesçaient en silence.

— Alors, comment ça s'est passé ? Ça a été finalement, tu vois, on ne t'a pas coupé le pied… ? me lança JC avec un clin d'œil badin.

— Eh bien non, tu vois, par chance, soufflai-je, un sourire désabusé aux lèvres. Aucune conséquence mécanique, c'était sur le côté. Pas de nerf touché, il ne devrait y avoir aucun impact sur la pratique de la natation… C'était un coquillage cassé, en fin de compte.

Je soupirai de soulagement.

— Je suis désolé, Anna, déplora JC en haussant les épaules.

— Mais non, ne le sois pas, ça aurait pu arriver à n'importe qui d'autre… Il a fallu que ça tombe sur moi, c'est tout.

— On annule pour ce soir, déclara Laurent, solennel.

— Ne vous privez pas pour moi, les garçons. Ce n'est pas si grave, on fera la fête ensemble une autre fois.

— Vous viendrez bien prendre un apéritif à la maison ? intervint mon père, à la surprise générale. Pour bien finir la journée ?

Nous fûmes tous ravis de cette offre, qu'ils acceptèrent de bon cœur. Mon père fila à la pharmacie chercher la montagne de médicaments qui m'avaient été prescrits, et les béquilles dont je devrais faire usage pendant deux semaines au moins. Laurent me porta une fois de plus et nous allâmes à la voiture pour que je puisse revêtir ma robe et récupérer mes affaires. Nous délaissâmes Caen et son château, lequel impressionna beaucoup mes compagnons, par ses épais murs d'enceinte fortifiés surplombant les hauteurs de la ville.

Un peu plus tard, dans le confort de la voiture, je leur décrivis avec gouaille tout le sadisme de l'intervention médicale que j'avais subie. Cet épisode nous fit partir dans un fou rire nerveux qu'aucun d'entre nous ne put refréner… Comme un avant-goût de la soirée délirante qui nous attendait.

17

Les liens se resserrent

Été 1991
Partie 10

Nous nous dirigeâmes directement chez mes parents. Il était dix-huit heures. Déjà.

Ma mère, pâle et frêle, sortit du fond de la cuisine sans ouvrir la bouche, et vint me prendre dans ses bras, me faisant ressentir combien elle avait eu peur pour moi. Elle ne semblait pas dans son état ordinaire, et pour cause, elle avait interrompu tout préparatif de dîner à la réception de mon appel. Les garçons semblaient penauds, mais la conversation s'enclencha avec assez d'aisance. Ils firent d'abord le récit à ma mère, tout ouïe, de ce qui aurait pu être une véritable catastrophe, si l'on avait perdu nos moyens et nous étions laissé impressionner par l'importance de la blessure et la perte de sang démesurée. Mon père me prêta l'une de ses chaussures, une vieille savate, la seule qui fût souple pour que je puisse y glisser mon pied déformé par les nombreux tours de sparadrap qui l'enrubannaient.

Romain et JC se découvrirent un sens de l'humour aussi tarabiscoté que celui de mon père, et c'est à coup sûr grâce à ces minutes désopilantes que ma mère se mit à tous les apprécier vraiment. Si bien que mes parents leur proposèrent de rester dîner ; la soirée était belle, on improviserait des grillades à la va-vite avec des chips. Laurent et Félicien pensèrent tout de suite à toute la viande qu'ils avaient stockée dans leur frigidaire depuis la veille, et ils offrirent aussitôt d'aller la chercher. Ils reprirent sur-le-champ la voiture en direction de chez eux, je ne les quittai pas d'une semelle sous les protestations parentales. J'objectai qu'il me fallait d'ores et déjà m'habituer à me déplacer avec les béquilles – dont une seule me servait –, même si c'était laborieux. JC était resté chez mes parents, terminant son verre de whisky tout en emplissant un autre de vodka. Je me demandais dans quel état il allait encore finir...

Dans la cuisine de Félicien, nous commençâmes par rassembler les quelques bouteilles qu'ils avaient destinées à notre repas du soir initial. En sortant de la maison, Laurent me posa sur le rebord de la fenêtre comme si je ne pesais pas plus qu'une plume, et je l'observai en train de charger la voiture avec Félicien. Il se changea en hâte devant le coffre de la voiture, sans complexe, sous mes yeux. Se figurait-il que son fessier n'avait désormais plus de secrets pour moi ? Sidérée par tant d'impudence, je devins rouge de confusion, n'osant rien dire.

Avant de partir, nous rencontrâmes Frédéric, qui en définitive avait décidé de rester en Normandie. Excités par les derniers rebondissements de la journée, nous lui expliquâmes toute l'histoire de mon accidentelle baignade, que Romain ponctuait çà et là de détails sanglants. Nous invitâmes Frédéric à se joindre à nous, visiblement emballé devant notre folle agitation. Au volant de sa voiture, il nous suivit.

De retour chez mes parents, nous présentâmes le nouveau venu, qu'ils avaient par ailleurs déjà croisé lors de la brocante. Nous fîmes une nouvelle tournée d'« apéro ». Pendant ce temps, j'allai montrer, claudicante, ma vaste chambre à Romain. Celle-ci abritait une élégante bibliothèque dont j'étais fière. Il fallait gravir quatre marches mais je me sentais déjà à l'aise à le faire. Quel ne fut pas notre étonnement lorsque nous vîmes Laurent debout dans le pêcher, et mes parents en train de l'attendre au pied de l'arbre… Il dévorait plus de pêches qu'il n'en mettait dans le panier. Sous le soleil déclinant, les autres jouaient au ballon avec Astor, ou discutaient. Je ne voyais pas Félicien ni Frédéric qui, comme je le supposais, préparaient les plats de viande. Après avoir parlé de la soirée qui s'annonçait sous les meilleurs auspices, Romain et moi échangeâmes nos numéros de téléphone. Jamais je n'aurais pensé me rapprocher d'un intellectuel comme lui… La vie, parfois, nous réserve de bonnes surprises.

Sur la grande table de la terrasse, on ne voyait plus que la lueur nébuleuse d'un trio de bougies à la forte odeur de citronnelle. J'allumai les lampes extérieures, et nous nous attablâmes. Ma mère fut horrifiée de constater que j'avais bu deux verres d'alcool en dépit des antalgiques que j'avais avalés à l'hôpital ; et que je devrais encore ingurgiter pendant mon repas. L'ambiance bon enfant régnait au milieu d'un bruit de couverts. Puis mes parents interrogèrent mes amis sur leurs études, leurs villes respectives, leurs intérêts, et pour finir, leurs camarades. Ce qui nous conduisit inévitablement à parler de Maxence, avec qui mes parents avaient déjà pu discuter deux fois. Gênée et ravie à la fois, j'écoutais mon père ironiser sur le sujet :

— Anna… Ce type t'intéresse vraiment ? (Je toussotai pour faire diversion.) Quand je l'ai vu débarquer l'autre soir avec son bouquet, j'ai cru à une blague…

Une tempête de rires fendit l'air.

— C'est vrai que c'était cocasse, de le voir comme ça, admit Félicien, le sourire franc.

— Il est un peu farfelu ce garçon, non ? continua mon père avec intérêt. Vous le connaissez bien ?

— Bien, non. Assez, dirais-je, avança Romain. C'est un personnage, ajouta-t-il en haussant les épaules.

— Qui a un peu trop de défauts, trancha JC, impitoyable. Insensible, pas drôle, égocentrique, arrogant... et j'en passe, débita-t-il.

Je vis Frédéric qui hochait la tête.

— Oh, il n'est pas bien méchant non plus, le défendit Félicien, son accent toulousain plus prononcé ce soir.

Je les observais. Ils étaient sur le point de ternir la soirée de leurs ressentiments. Seul Laurent, qui n'avait rien perdu de la conversation, se taisait. Je décidai d'intervenir à mon tour pour désamorcer un conflit sous-jacent :

— N'exagérez pas, les garçons. Il n'est pas si insensible que ça. C'est un individualiste. Son arrogance, je suis d'accord, est à baffer, parfois. Mais c'est quelqu'un de sympathique, leur dis-je d'un ton qui feignait l'insouciance.

Ils se gaussèrent de plus belle. J'avais la déplaisante impression de m'enliser. Je vis apparaître un rictus fugace sur les lèvres de Laurent. Félicien me fixait, tout sourires. J'incarnais selon lui la victime d'une toquade, aveuglée par un amour que je croyais possible. Mais ce n'était pas tout à fait ce qui m'animait. J'avais un penchant pour l'originalité et pour ce qui était insaisissable. C'est vrai qu'en étalant son excentricité, Maxence éclipsait de sa personne Laurent qui brillait moins à mes yeux, en dépit des ondes d'une intensité effrayante me rapprochant de ce dernier.

— Ne te fâche pas, Anna, il est sympathique ton ami... Mais particulier, insista mon père en haussant les épaules.

— Et puis il agira toujours dans son intérêt, dit Frédéric, de sa voix mielleuse.

Plus que tout, je souhaitais mettre un terme à cette discussion avec laquelle je n'étais pas à l'aise. Je me crispai soudain, lasse de leurs jugements inflexibles :

— Bon, ça ne sert à rien d'en parler plus longtemps. Je

vois bien que vous ne l'aimez pas… Il ne deviendra jamais votre ami, donc stop.

Essoufflée, je rougis. La mine déconfite, JC et Laurent se regardèrent, ce dernier hocha la tête en signe d'apaisement. Mon père disparut vers le barbecue, et ma mère se leva pour débarrasser un peu la table. Je l'aidai autant que possible, valorisant mon aisance à me mouvoir à l'aide d'une seule béquille. Félicien mit vite le cap sur un autre sujet : la beauté des paysages normands. Les garçons s'y sentaient bien pour l'été, mais craignaient la venue d'un hiver loin de chez eux.

Au cours du dîner, Romain, qui faisait d'incessants allers-retours aux toilettes, fut l'objet de blagues équivoques. Nous nous en amusâmes tant, qu'en fin de repas, vexé, le pauvre refusa de suivre les autres en discothèque. JC et Félicien, qui ne l'avaient pas ménagé, firent des pieds et des mains pour le faire changer d'avis, sans succès. Il s'était mis en tête de rentrer chez lui à pied. C'est Laurent qui le convainquit de rester, presque sans effort. J'avais jusqu'à présent sous-estimé l'impact qu'il avait sur les autres.

Nous nous partageâmes les quelques pêches que Laurent n'avait pas mangées durant sa cueillette, ce qui nous donna un autre sujet de moquerie. En renouvelant mes infatigables tours de table, je m'efforçais de faire croire à mes parents que je me déplaçais sans trop de difficulté ni de douleur avec la béquille. Je m'étais résignée à rester chez moi et à aller me coucher, mais une petite voix tout au fond de moi me disait que je pouvais sortir de la maison ce soir.

Contre toute attente, Laurent exauça mon souhait. Le moment fatidique pendant lequel il demanda la permission à mon père de m'emmener avec eux en discothèque me parut chimérique. Face à un non catégorique, il ne se démonta pas, réitérant sa demande avec sa simplicité ordinaire. J'insistai aussi, derrière Laurent qui promit de se charger lui-même de ma surveillance permanente une fois sur place (ce que je n'avais aucun mal à croire). Les autres se rallièrent à ma cause, et mes parents ne résistèrent pas longtemps.

J'avais beau affirmer ne pas souffrir de ma blessure, la douleur, piquante, était à peine supportable. Le moindre déplacement était compliqué ; j'allais devoir rester la soirée rivée à une banquette, ce que je confirmai à mes parents. Ils ne furent pas tranquillisés pour autant. Connaissant la nature empathique de mon père, je savais qu'il avait fait ce choix dans la crainte de rompre le charme d'une bonne entente – aussi étonnante qu'improbable – avec les garçons. Quant à ma mère, je l'aurais crue plus revêche à me laisser partir. C'était comme si elle avait abandonné toute protestation susceptible de saboter la fin de la soirée, laquelle lui fut plutôt sympathique dans son ensemble.

Je fonçai jusqu'à la salle de bains aussi vite que mes forces me le permettaient, pour prendre une douche, le pied enroulé dans de la cellophane. Je trouvai ensuite des vêtements moulants que j'attrapai au fond de l'armoire, dont une jupe car je devais me résoudre à renoncer aux pantalons. J'étais de loin moins élégante que la première fois, me sentant un peu ridicule avec mon énorme pied dans cette affreuse savate, qui n'avait rien de branché. Mes compagnons m'attendirent pendant près d'une demi-heure. Romain en avait profité pour vider un énième verre. Félicien déclina finalement, arguant qu'il était fatigué – en réalité il était ivre et malade. Mes parents nous regardèrent partir vers vingt-trois heures, Laurent, JC, Romain et moi. Frédéric nous suivit avec sa voiture. Nous nous arrêtâmes chez Toinou, pour le saluer et l'inviter avec nous, mais il refusa à cause d'une soirée poker qu'il avait organisée chez lui.

Romain, qui était saoul, fut assez comique à l'arrière, nous racontant de sa voix abîmée toutes sortes d'anecdotes qui lui revenaient de ses dernières vacances à la mer.

Escortée par Laurent dans la boîte, je me sentais protégée. Je boitai jusqu'à la table, autour de laquelle chacun avait pris place. Nous discutâmes tous ensemble en buvant un verre. J'éprouvais une frustration en voyant les garçons partir les uns à la suite des autres vers la piste de danse. Néanmoins, ils se relayaient pour ne pas me laisser seule, ce que j'appréciais. La plupart du temps, Laurent était à mes côtés. Si je devais me déplacer jusqu'aux toilettes, il se tenait tout près, et m'y conduisait.

JC insista une fois de plus pour que je sorte avec Laurent. Nous eûmes, à peu de chose près, une conversation identique à celle de la dernière fois. Cela me fit rire et en même temps, m'agaça.

— Tu es lourd… lui lançai-je d'emblée, avant que le sujet ne s'éternise.

— Je vois juste que vous êtes faits l'un pour l'autre…

— Écoute, pour le moment, j'ai Maxence dans la tête. Même si je sais que Laurent « vaut mieux » que lui. Et ne me regarde pas comme ça… Je ne sais pas pourquoi ni comment l'expliquer. Stop maintenant, achevai-je en fronçant les sourcils.

Il n'insista pas beaucoup plus, et s'éloigna vers les autres, renfrogné. Félicien revint, suivi de près par Laurent. Au plus fort de la nuit, lui et moi étions inséparables. Il m'incita même à aller danser, au diable mon pied difforme et ma béquille… Il y avait peu de danseurs pour me bousculer et je ne risquais pas grand-chose, à part me fatiguer. J'étais lassée de devoir rester à la table, me sentant être un boulet qui empêchait mes compagnons de s'amuser en toute insouciance. J'étais aussi tentée de me divertir avec eux, malgré les lancinements qui me piquaient la jambe par intermittence. Nous nous glissâmes près des deux autres sur la piste, et ils m'applaudirent d'avoir fait l'effort de les retrouver. Frédéric était en proie à un réel défoulement ; il adorait le son de Madonna, et le DJ passait *Vogue*, titre qui faisait le tour des radios cette année-là, devenu culte ensuite, invitant sans conteste à la danse.

La soirée défila à toute allure, et vers trois heures nous quittâmes les lieux dans un contexte assez difficile, Romain n'ayant pas lésiné sur sa consommation d'alcool. Nous le cherchâmes d'abord partout, moi des yeux, les autres dans toute la discothèque. Puis Laurent vint me récupérer dix minutes plus tard près de l'entrée, sur la banquette où j'étais échouée, pour aller m'installer dans la voiture. Ainsi, j'appris que Romain avait été retrouvé sous une table, son tee-shirt à la main, dans l'inconscience la plus totale. Malgré ses protestations, il le ramena sur son épaule comme un sac de pommes de terre, et le déposa dans la voiture de Frédéric qui se tenait tout près. Comme j'étais libre de rentrer à l'heure que je voulais (un test pour mes parents, je suppose), nous nous arrêtâmes tous chez Toinou qui ne dormait pas. Ce dernier cherchait des volontaires pour finir sa tarte à l'oignon. Il était presque quatre heures et nous dévorâmes, affamés, les parts que nous avions sous le nez sur la table basse. Laurent était aux petits soins pour moi, il se plia au moindre de mes caprices avec patience, me laissant la chaise la plus confortable, la part de tarte la plus grosse, jusqu'à m'offrir son genou pour allonger ma jambe endolorie.

JC était fatigué et éméché, d'humeur massacrante. Au point qu'une dispute au motif sans importance éclata entre lui et Toinou. JC était parti aux toilettes, et pendant ce temps nous avions mangé la tarte entière, ne lui laissant que des miettes. Ce n'était certes pas correct. Mais Romain avait choisi cet instant précis pour se réveiller et manger deux parts, croyant que JC avait pris la sienne ; nous n'y fîmes pas attention. Devenu presque virulent, il était allé jusqu'à nous traiter de vermines, et le regard noir qu'il lança à Laurent nous laissa interdits. Toinou se fâcha aussi, avant de le jeter dehors sans ménagement. Nous dûmes à notre tour partir pour ne pas laisser JC seul, après que Laurent eut calmé Toinou avec sa diplomatie habituelle, n'oubliant pas de faire valoir les (maigres) circonstances atténuantes de JC. Romain, encore saoul, nous fit beaucoup rire dans la voiture, tandis que JC sombrait dans un sommeil profond.

Il était donc quatre heures quarante quand Laurent me déposa devant la grille du portail de mes parents. Il me soutint jusqu'à la porte d'entrée. Pendant que je cherchais la bonne clé, il me dit qu'ils viendraient me voir en milieu d'après-midi ce même jour. Jamais je ne m'étais couchée aussi tard.

Je dormis longtemps et, secouée, j'étais au plus mal au lever. Entre la fatigue, les cachets que je devais avaler toutes les cinq heures, la douleur constante, je me rendis compte avec aversion qu'il me fallait être patiente.

Le temps était gris dehors, il y avait du vent. La sonnerie retentit vers seize heures et, en regardant à la fenêtre, je vis les visages de Félicien, Laurent et JC. En robe de nuit, je m'approchai pour leur parler une minute, leur expliquant que j'avais besoin de dormir encore avant de me doucher et m'habiller. Nous convînmes qu'ils reviendraient vers dix-huit heures pour m'emmener dîner chez eux.

Laurent fit donc son apparition à dix-huit heures trente, seul. La pluie était cinglante, la température était bien descendue.

Tout était prêt pour le repas chez Félicien, un délicieux fumet emplit nos narines dès notre entrée. Frédéric s'était surpassé avec une succulente blanquette de veau que nous dégustâmes tout en regardant la télé. Entre rires et étonnement, nous nous repassâmes la journée de la veille puis la soirée qui avait suivi. Nous regardâmes ensuite un film inédit qui passait en première partie de soirée, *Les Liaisons dangereuses* d'après le chef-d'œuvre de Choderlos de Laclos. Je fus épatée par le jeu brillant de John Malkovich.

Sans que nous ne le fassions exprès, Laurent et moi nous retrouvâmes côte à côte. Romain nous rejoignit après avoir terminé ses travaux pour le lendemain, s'installant à ma gauche. Nous nous couvrîmes d'une grande couverture et nous moquâmes de l'allure de Laurent, avec ses vieux chaussons posés sur la table basse, dépassant de sous la couverture... On aurait dit un grand-père.

Félicien, au téléphone avec Teddy, lui apprit mon accident. Il me le passa et nous parlâmes quelques minutes.

Il était pour moi l'heure de rentrer. Laurent me raccompagna en voiture avec Félicien. J'avais passé une excellente soirée, plus calme et confinée.

Maxence, lui, ne revint que trois jours plus tard. Entretemps, mes amis étaient venus me rendre visite une fois après leurs cours. Le soir de sa venue chez moi, contrairement à la dernière fois, Maxence s'était montré très attentionné avec moi. Témoin de ma démarche boiteuse, qui confirmait les probables dires des autres de sa classe, il avait décidé de me ménager. Il discuta un court instant avec mes parents, pendant que je chaussais mes baskets – j'entamais la seconde phase du processus de guérison et n'avais plus le sparadrap qui me déformait le pied.

Maxence m'emmena avec lui dans le lotissement étudiant ; j'eus l'impression que les autres étaient contents de me voir. Je devais encore m'appuyer sur une béquille pour me déplacer, avec néanmoins plus d'aisance que le week-end précédent. Nous allâmes Maxence et moi bavarder dans sa chambre, escortés par Romain qui était ravi de la bonne évolution de mon rétablissement. J'avais à mes côtés un Maxence qui souriait, attentif à mon bien-être – à n'en pas douter à cause de mon pied –, et faisait même de l'humour... Il prit sa guitare et joua *Hotel California* des Eagles – le chant était plutôt médiocre. Peu après, je l'avertis que j'allais dire bonjour aux autres, sans m'attarder avec eux. Je sortis de la maison, claudicante, prenant mon temps. Ils m'offrirent un café et nous échangeâmes quelques mots. Laurent partit ensuite avec moi et m'épaula jusqu'à la chambre de Maxence. Ce dernier nous sonda d'un de ses regards noirs, mais au lieu de montrer le moindre signe d'énervement, il se comporta de façon inhabituelle avec moi. Je notais ses gestes improbables : il me caressa la joue ; un peu plus tard, il releva l'une de mes mèches folles pour la glisser derrière mon oreille. Je ne le reconnaissais pas. Où était donc passée son exaspérante effronterie ? Il finit même par me dire que j'étais belle. Tout cela sous l'œil imperturbable de Laurent, qui n'arrêtait pas de parler. Maxence avait ensuite continué de gratter sa guitare, défiant Laurent du regard. Sans y prêter attention, celui-ci reparla de mon accident et, sérieux, s'y attarda. Puis il fit tant le pitre, tout en discutant de musique avec qui voulait bien, que j'en ris à gorge déployée. C'en devenait embarrassant pour Maxence qui, lui, restait de marbre. Il aurait de toute évidence voulu voir Laurent débarrasser le plancher. Il finit par se renfrogner sans trop le montrer.

Laurent resta moins d'une heure avec nous. Il partit juste après Romain. Je sentais Maxence désorienté ; il ne savait plus comment se comporter. J'avais l'impression étrange qu'il jouait un jeu.

— Tu t'entends bien avec Laurent… Je sais qu'il t'apprécie. Énormément je dirais, même s'il n'en parle pas.

Cette voix calme sonnait faux. Mais j'étais gênée, car même lui constatait des affinités évidentes entre Laurent et moi.

Je n'y pouvais rien… Laurent était une telle source de bien-être pour moi.

— Écoute, je ne te cache pas qu'il a une personnalité étonnante – il ne se plaint jamais… Il rit tout le temps – et attachante, fis-je, d'une voix calme.

Je vis à sa tête que ce n'était pas la réponse qu'il attendait.

— Mais c'est toi que je préfère, lui dis-je tout bas en m'approchant de lui.

Mes yeux farouches rencontrèrent l'éclat des siens. Je fis un pas de plus pour fondre sur lui, et je l'embrassai. Nous ne dîmes plus un mot. Nous passâmes quelque temps enlacés, puis il me porta jusqu'à la voiture et me ramena.

J'étais très heureuse de la tournure des événements.

Maxence et moi nous vîmes de façon régulière presque tous les soirs, sauf celui qui était dédié à la soirée qu'ils avaient organisée pour fêter la fin de l'année scolaire avec leurs professeurs. Chaque fois que j'étais dans le quartier, je ne manquais pas d'aller saluer mes amis Félicien, JC, Julien, et Laurent. En général, je voyais Romain chez Maxence.

Maintenant que notre relation devenait officielle, je me montrais plus distante avec les autres. Surtout avec Laurent ; notre belle complicité était en sommeil, et il devait composer avec la confusion qui se manifestait quand nous étions ensemble. Un soir, en allant voir Félicien avec le blouson de Maxence sur le dos, je tombai sur David qui travaillait son français avec Julien. La maison était tranquille. Rien qu'à sa façon de me regarder, je perçus un ressentiment évident de sa part ; il ne m'adressa pour ainsi dire pas la parole. Julien était tout sourires comme à son habitude.

Le deuxième week-end de juillet, Maxence prit la route pour rentrer chez lui, à Bourges. David et Julien passèrent me voir le samedi, à pied. Je me demandais pourquoi ils étaient venus car nous parlâmes à peine, autour d'un jus de fruits. Ils bavardaient surtout entre eux en riant, échangeant sur la soirée de la veille en discothèque avec Teddy et JC. Laurent, quant à lui, était rentré sur Orléans.

Ils jouèrent au ballon avec mon chien, et plusieurs fois David vint me titiller à propos de Maxence, avec encore cette attitude hostile. Ils avaient peut-être décidé de me provoquer ? Me faire comprendre qu'ils valaient mieux que

Maxence ? Que Laurent valait mieux que lui ? Je ne savais pas quoi en penser. Ils me proposèrent le soir même de venir dîner avec eux mais je déclinai l'invitation. Dans ces conditions-là, je ne voulais en aucun cas passer la soirée en leur compagnie. De plus, Félicien et sa bienveillance n'étaient pas là pour garantir un climat sain, l'ambiance risquait donc d'être à peu près la même qu'en cet après-midi.

Le lendemain, c'est Romain qui vint me chercher, après m'avoir téléphoné. Arrivés chez lui, sur la terrasse, nous eûmes une longue conversation sur Maxence. Je savais qu'il l'estimait. Parler de lui en termes favorables pendant des heures me permettait de combler le vide de son absence. De fil en aiguille, nous évoquâmes aussi l'attitude ténébreuse de David. Un mystère. Était-il jaloux de ma relation avec Maxence ? Cherchait-il à m'énerver ? Pourquoi ? J'avouai à Romain que son humeur sarcastique commençait à me taper sur les nerfs. D'ailleurs, il nous rejoignit avec JC au moment où le temps tourna à l'orage. Nous nous réfugiâmes tous les quatre dans la chambre de Romain. Accoutrés de leurs vieux chaussons et robes de chambre, nous avions la vague impression de nous trouver face à deux papys. Ils furent bloqués pendant une demi-heure avec nous. David encore une fois ne put s'empêcher de me gratifier de ses moqueries devenues coutumières. Romain le dévisageait, intrigué. Je demandai à ce dernier de me ramener sur-le-champ. C'en était assez. Ils retournèrent chez eux jouer aux cartes avec Teddy et Frédéric qui les attendaient. Au moment de monter en voiture, ils accoururent vers moi, une rose à la main. Que signifiait tout cela ? Trop en colère, j'affectai de les ignorer, et demandai à Romain de démarrer. David devait comprendre, et vite, qu'il y avait urgence à faire taire son ironie sardonique et caricaturale.

Les quinze derniers jours de juillet furent jalonnés des visites de Maxence et des miennes, ce qui nous amena à nous voir souvent avant qu'il ne parte tout le mois d'août. Entre désaccords houleux et discussions sincères, nous ne fîmes rien d'exceptionnel. Son sérieux était à la hauteur de son manque d'humour, et pendant ses devoirs, j'en profitais pour filer vers les maisons voisines et saluer mes amis.

C'est à l'issue de notre seule sortie au cinéma que Maxence et moi connûmes notre première vraie dispute. Au lieu de la soirée romantique qui s'offrait à nous, nous donnant l'opportunité de sortir tous les deux au restaurant, nous passâmes la soirée avec Justin, à qui il avait demandé de nous accompagner. Il n'y avait donc pas eu de restaurant. Maxence ne concédait rien. Pendant le trajet je n'ouvris pas une seule fois la bouche. Je me rendis compte que son égocentrisme tenait une large place dans sa personnalité. Et ce n'était pas qu'une façade destinée à faire parler les importuns. En parallèle, il y avait quantité de choses sur lesquelles nous n'étions pas d'accord.

Le week-end suivant, nous avions dû encore nous accommoder de la présence de Justin pour un dîner chez moi, mes parents étant invités chez des amis. J'avais besoin de rire et de m'émerveiller, je peinais à me satisfaire de son sens de l'humour très limité. Et pour couronner le tout, je m'apercevais que Maxence était le plus casanier des hommes.

Le pire arriva quand nous nous disputâmes trois jours avant leur départ, devant Félicien, Laurent, Teddy, Frédéric et Justin alors que ces derniers regardaient un film, tranquilles, dans le salon de chez Maxence. Tous les jours nous parlions de leur départ et du mois d'août pendant lequel nous ne nous verrions pas. Et Maxence n'avait pas l'intention de faire le moindre déplacement jusqu'à chez moi, ou de m'inviter chez lui, ne serait-ce qu'une fois. Ses activités estivales étaient réglées au millimètre depuis des mois et il veillait à ce qu'elles le restent. Nous ne devions nous revoir ensuite qu'à la rentrée, le lundi 10 septembre.

Toutefois, il s'était efforcé de me faire plaisir en organisant une fête avec Romain chez lui, pour laquelle il avait invité les garçons de la maison de Félicien et de Julien. C'était à la veille du dernier week-end de juillet, et à l'avant-veille de leur départ. La soirée, joviale, se déroula entre musique, alcool et pitreries. Les éclats de rire ne manquèrent pas, les facéties de Laurent et de Félicien non plus. JC, incorrigible, était soûl comme de coutume, et Julien parla toute la soirée.

Maxence vint ajouter son ombre au tableau toutefois, lorsqu'il manifesta une jalousie absurde. Malade d'avoir trop bu, je finis la soirée sur le canapé, sur lequel Laurent m'allongea, me couvrant d'un plaid. Je jurerais, qu'en cet instant précis il me regarda pendant de longues minutes, et j'en avais ressenti un vague trouble. Pendant ce temps, Maxence n'avait pas trouvé mieux à faire que d'aller se coucher, après avoir vidé des verres toute la soirée. Plus tard, il décréta que je n'aurais pas dû laisser Laurent m'approcher… Alors que lui-même n'avait pas été capable de prendre soin de moi. Il se sentait encore menacé.

Le vendredi du fameux départ de mes amis, j'allai jusqu'à chez eux vers dix-huit heures après leurs cours, comme prévu. Après ces mois passés à les fréquenter régulièrement, je fus émue à l'aube de notre première « longue séparation ». L'absence simultanée d'une petite dizaine de personnes auxquelles je tenais était synonyme de vide assuré dans ma vie. Détenir nos adresses et numéros de téléphone respectifs m'était d'une piètre consolation. Par chance, je partais en vacances une semaine plus tard – je bénissais mes parents. Je sentais mes amis un peu penauds, pour eux aussi cela représentait un changement significatif, de ne plus se voir les uns les autres. Ils ne savaient pas quoi dire. Je les embrassai à tour de rôle, avec un petit mot pour chacun. Je sentis un pincement en déposant un baiser sur la joue parfumée de Laurent. Sa façon de presser mon épaule me désarçonna, son regard dépité me troubla.

Maxence me raccompagna ensuite en voiture. Le trajet fut assez glauque à cause de son silence, et il ne s'attarda pas. Il m'étreignit sans un mot puis, dans un dernier baiser, fila sans un regard vers l'autoroute, la vitre ouverte, ses cheveux clairs au vent.

18

Un jour ailleurs

Août 2007

Il venait de fermer la fenêtre. Les feuilles qu'il avait posées sur le bureau avaient frémi sous le souffle léger de la brise matinale. Le lourd presse-papiers qu'il avait posé dessus les empêcherait de s'envoler à coup sûr.

Ses yeux marron, devenus vitreux, gardaient leur forme significative bridée, mais attestaient sans aucun doute de son état de santé. Il était maigre. Ses cheveux n'avaient pas repoussé. Il se sentait sec au point que les larmes parfois ne coulaient pas. Les séances de chimiothérapie l'avaient rogné de l'intérieur pendant près d'un an. Le traitement avait pris fin un mois plus tôt, augurant le pire.

Il était assis à son bureau, immobile. On aurait dit que le stylo juché dans sa main droite était prêt à tomber. Le pépiement des oiseaux dehors lui rappelait que la vie se poursuivait tout autour, ailleurs et sans relâche, à l'infini.

Ces dernières semaines, plus que jamais, Laurent n'avait eu que son nom en tête. Où qu'il allât, quoi qu'il fît, sa pensée était toujours dirigée vers Anna. Toute une vie menée sans elle. Que de regrets. Il songea à la femme qu'elle était devenue, à la mère qu'elle aurait pu être pour ses enfants – l'unique fait qui lui permettait de croire qu'il n'avait pas raté sa vie, la preuve de son passage sur Terre, c'étaient eux. Et eux aussi, bientôt, il les abandonnerait.

Il savait que c'était la fin. Le chirurgien n'avait pas mâché ses mots. Demain, la semaine prochaine, ce n'était maintenant qu'une question de temps. Il le sentait, la mort se frayait un chemin jusqu'à lui. Elle rampait, insidieuse. Latente. Perte démesurée de forces et de moyens, fatigue constante, déglutition quasi impossible… La décrépitude établissait ses quartiers. Encore une chance qu'il pouvait toujours se déplacer, même si ce n'était pas sans douleur, et même si chaque geste semblait lui prendre une éternité. Dans moins d'une semaine, il finirait probablement alité et sous morphine. Mais par bonheur, il avait encore toute sa tête pour penser, se remémorer, rêver. Il vivait en lui-même, entre passé et présent. Et désormais, il n'entendait plus le grésillement du poste que Lise allumait le midi pour écouter les informations.

Lise venait lui rendre visite chaque jour. Elle multipliait les efforts pour ne pas s'effondrer, il le voyait bien. Mais que pouvait-il y faire ? Quel calvaire, de dépérir. Être responsable du désarroi de ses proches était cruel. Mais la vie là-haut ne pouvait être plus pénible.

Chaque lever se révélait être plus difficile que la veille, à l'état léthargique. Ses souvenirs lui encombraient l'esprit et le chambardaient d'une façon à peine supportable. Le moindre bruit était un supplice pour son cerveau endormi, qui ne savait plus vraiment où il se trouvait. Il mettait plus d'une demi-heure à mettre les pieds hors du lit.

Tous les matins, quel que fût le temps que ça lui prenait pour y parvenir, il s'attablait à son bureau, son papier à lettres, ses stylos en ordre, de sorte qu'il demeurait prêt. Prêt à écrire. Écouter d'abord la petite voix chuchoter à son oreille. Puis écrire avec application de ses lettres serrées et fines. Chaque jour il ajoutait des lignes, frêles, fragiles, parfois juste une seule. Mot après mot. Un défi qu'il s'était lancé la semaine précédente, et qui pouvait le monopoliser deux heures durant. Parfois une matinée entière. Certaines fois, il n'entendait pas sa voix intérieure. Il avait juste des images, lointaines et proches à la fois, des sons, des sensations de joie ou de peine. Une mélancolie troublante. Et tout cela tournait autour d'une seule personne.

Il commençait toujours par s'obliger à réfléchir, assis, pour contrôler le flux de ses émotions, passant plusieurs minutes d'affilée à regarder par la fenêtre, immobile, perdu dans ses souvenirs. Puis les mots venaient, et les phrases s'articulaient, dictées par sa main tremblante. Des phrases maladroites, parfois brutales... Mais toujours sincères. Ce rituel quotidien le soulageait, c'était son dernier dessein et il escomptait bien le mener à son terme. Il fallait qu'elle sache. Ses regrets, ses douleurs, sa lâcheté, il n'emporterait pas cela avec lui, il ne pouvait pas partir sans le lui dire. Il ne voulait pas d'étalage facile non plus. Simplement, rétablir une vérité mise de côté des années durant. Non, pas toute la vérité. Ne pas remuer les vestiges d'un passé tumultueux. Après tout, Anna n'avait pas besoin de savoir qu'il avait manqué de discernement. Passer pour un lâche si longtemps lui avait déjà été suffisamment odieux. Tôt ou tard, son message échoué sur le papier finirait entre les mains d'Anna. Tous ses espoirs résidaient en cette seule pensée.

Lise ne devait pas savoir, pas de son vivant. Il savait qu'elle en serait bouleversée. Mais le sentiment d'être arrivé au bout du chemin embrouillé prévalait sur tous les désordres émotionnels de sa sœur, ou de qui que ce soit d'autre. Lise tomberait dessus par hasard, il y veillerait. Le cœur de Laurent avait déjà été meurtri toute sa vie, son âme devait échapper au même sort, surtout dans l'autre vie. Alors il se raccrochait à ces mots, tant qu'il en avait la force, à ce message qui le réhabiliterait aux yeux d'Anna. C'était à elle qu'il voulait consacrer ses quelques jours, presque comptés, les derniers. Ses pensées, les plus précieuses, les plus secrètes. Un choix vite décidé à sa sortie de l'hôpital, dix jours en arrière. Que pouvait-il faire d'autre ? Attendre que la mort le harcèle un peu plus à chaque heure, chaque minute, pour le cueillir, bien mûr ? Non, il deviendrait fou avant la fin. Tous ses souvenirs qui dansaient dans sa tête devaient en sortir… Ils lui faisaient si mal.

Aujourd'hui était un grand jour, il avait pris sa décision à propos de l'urne. La séparation des cendres. Ça n'avait pas été facile, après tant de controverses intérieures dont il avait été l'otage la nuit et le jour. Il s'était déjà renseigné au cours de sa maladie, il avait voulu connaître la faisabilité d'un tel acte. Maintenant il était prêt. Il préparait l'enveloppe qui contiendrait les directives pour sa sœur. Il en informerait aujourd'hui même son notaire et le crématorium, par téléphone, puis par lettre officielle. D'abord, des précisions concernant ses vœux, avec une brève explication. D'une part la division de l'urne en deux parties égales : l'une à ensevelir, peu après la crémation, sous la stèle du caveau familial où reposait sa mère ; l'autre – et c'est ce qui l'avait rendu insomniaque – devrait être emportée par Anna, ou expédiée chez elle. Cette dernière serait appelée à se rendre sur ses chères falaises de Normandie, « les Vaches Noires », pour y répandre ses cendres. C'était une demande insolite, certes, mais une volonté chère à son cœur. Si elle le faisait, c'est qu'il était pardonné. Il était conforté dans l'idée qu'ainsi il reposerait en paix à jamais.

Ensuite, il y avait sa lettre à Anna. Il avait l'intention de la faire traîner sur le bureau, de sorte que Lise l'aperçoive, la lise et la comprenne. Il y joindrait la photo qu'il avait faite avec Anna lors de son départ de Normandie en 1992. Aussi, lors du rendez-vous funéraire préalable à la crémation, on remettrait à sa sœur les consignes contenues par la missive, pour l'urne, et celles concernant la lettre qu'elle avait trouvée sur son bureau – à remettre à Anna en mains propres au mieux, à lui envoyer si celle-ci ne pouvait faire le déplacement. Mais en premier lieu, il incomberait à Lise de prendre contact avec Anna. Laurent avait tout prévu. Jusqu'à se procurer le numéro de téléphone d'Anna pour que son projet aboutisse. Et la photo aiderait Lise à la reconnaître, en cas de rencontre entre elles deux. Sébastien avait encouragé Laurent dans sa démarche.

Lise allait arriver pour l'aider à manger, du moins, le peu qu'il pourrait avaler. Elle se rendait disponible en renfort de l'infirmière qui venait le matin, entre onze et treize heures ; le soir il y en avait une autre, pendant une heure. Sébastien accompagnait Lise un jour sur trois. Laurent détestait cette façon qu'avait sa sœur de l'infantiliser, mais c'était là sa manière de l'aimer, et de le lui prouver. Il lui restait si peu de vie à partager avec son frère…

En ce matin d'août, les visions du passé tourbillonnaient sans répit. Elles lui arrivaient chaque fois par bribes, désordonnées. Il revoyait les mèches folles d'Anna sur la falaise, il avait cru mourir tant il avait eu envie de la serrer dans ses bras. Elle n'avait d'yeux encore que pour ce loufoque de Maxence. Quelle souffrance intérieure pour Laurent à cette époque. Il revoyait le visage fin d'Anna, si triste, contemplant la vaste étendue d'eau scintillante. Son profil découpé dans la lumière des derniers rayons de soleil, comme sur une carte postale. Il avait respiré son parfum en suivant son sillage. Elle s'était tournée vers lui. Si près, il l'avait observée : le nez juste assez retroussé, son grain de peau velouté, un bronzage presque pailleté. Son regard hypnotique, teinté de vert, avait achevé de le faire fondre. Puis, elle lui avait souri. De ce sourire renversant qu'offraient ses lèvres charnues. Ce qu'il ressentait lorsqu'elle souriait était indescriptible. Il ne comptait plus le nombre de fois où il avait eu envie de l'embrasser. Et sa voix, avec sa sonorité si particulière… Il l'entendait parfois encore dans ses nuits agitées. De même qu'il voyait ses propres mains, plus tard, s'engouffrer dans ses cheveux noirs aux chauds reflets auburn, si longs, si soyeux. Mais plus que toutes les images et au-delà des mots, et autant que les émotions qu'il avait ressenties, c'était l'odeur de son parfum qui lui resterait à jamais. Guerlain. Shalimar. Il lui arrivait, ces jours-ci, de décapuchonner le petit flacon qu'il avait gardé d'Anna. Juste pour respirer ce doux effluve qui lui rappelait tout d'elle. Leur complicité d'abord, leurs fous rires insensés. Les parties de cartes qu'elle partageait avec eux, sa sincérité et son audace. Ses douleurs, toujours assumées. La douceur de sa peau, ses propres doigts qui l'avaient effleurée, sans crier gare, et plus tard, le vertige de leurs étreintes passionnées…

Il avait voulu la protéger sans cesse, la préserver des vices de certains qu'il ne connaissait que trop bien — oh non, pas Maxence, il n'y avait rien à craindre de ce côté-là : il savait bien qu'Anna se serait aperçue tôt ou tard de sa pauvreté d'âme. Tandis que, nostalgique, il arpentait les sentiers d'un passé partagé entre amitié et amour, il entendait au loin cette chanson. Leur chanson, à lui et Anna : *Nothing Compares 2 U.* La voix de Sinéad O'Connor qui, dans les tréfonds de son âme, représentait le tumulte de leur amour. « *It's been seven hours and fifteen days, since you took your love away* »[1]. Des années après, les larmes aux yeux, il avait vibré encore au son de la voix irlandaise, magique. Il se rappelait la plage normande, la blessure qu'avait eue Anna au pied, comme il avait eu peur pour elle, le cœur serré – il l'aimait déjà –, le dîner qui avait suivi, chez ses parents ;

1. « Nothing Compares 2 U » est une chanson écrite par Prince en 1984 pour son groupe The Family, et éditée un an plus tard pour leur album homonyme. Elle fut reprise cinq ans après par Sinéad O'Connor (Album *I Do Not Want What I Haven't Got*, 1990, Chrysalis Records – Titre 6 sur 10), et connut un succès mondial.

tout cela lui paraissait tellement irréel aujourd'hui. Les fois où elle avait pleuré avaient été un déchirement. Sa joie de vivre, en revanche, lui avait tant manqué.

Il se souvenait encore de ce soir de fête, deux jours avant leur premier départ, en 1991. Ils jouaient au ballon sur la place du lotissement. Elle avait débarqué, superbe, avec Maxence qui était passé la prendre chez elle (il n'avait aucune allure. Et elle, tant de classe… Jamais il n'avait pu l'égaler).

Non, rien n'égalait Anna, conformément à la chanson.

Laurent se rembrunit, en se rappelant que Maxence était venu se joindre à eux pour la partie de ballon. Anna discutait avec Romain, elle rayonnait. Ce fanfaron de Félicien venait de rentrer dans la maison pour téléphoner à sa fiancée. Justin s'était muré dans sa chambre. Laurent avait noté ce soir-là que les échanges entre Anna et Maxence étaient électriques, même si ce dernier se montrait plutôt possessif avec elle – possibles effets de l'alcool. L'altercation qui s'était produite entre eux fut assez virulente, Laurent avait dû rattraper Anna qui partait en colère. « Reviens… » avait-il osé lui dire, la prenant par l'épaule. Il se souvenait en souriant qu'il l'avait écoutée déverser son courroux quelques pas plus loin, et ils avaient fait demi-tour ensemble. Ensuite, il y avait eu les photos prises autour de la table, pendant l'apéritif. Frédéric s'était encore démené pour préparer de bons spaghettis à la bolognaise maison. Laurent sourit soudain. *Ah, ce bon vieux Fred, un père pour eux*, pensa-t-il. Un rictus encore, quand il se souvint que ce même soir, ils s'étaient servis de son réveille-matin pour mettre la musique – Justin, en froid avec Maxence, refusant de prêter son poste. Puis Maxence avait eu l'idée géniale de brancher l'appareil à son amplificateur de guitares. Ça avait été une soirée un peu folle, Anna avait dansé dans tous les sens pour se libérer de l'emprise de Maxence qui avait continué de la rabrouer sans cesse… « Mais ne vous prenez pas la tête… ! » n'avait cessé de leur répéter Laurent au cours de la soirée, alors qu'il avait plutôt envie d'expliquer à cet imbécile de Maxence qu'Anna avait son caractère. À elle toute seule, elle en imposait. Il la connaissait si bien. Ce n'était pas Maxence qui allait la dresser comme un animal. Laurent se revit monter à l'étage avec David et Julien. Ils avaient trouvé Romain en train de discuter avec Anna et Maxence à la fenêtre de la chambre de ce dernier, qui d'ailleurs décréta qu'il partait se coucher. La vision successive de ses bavardages, chuchotés, avec Anna sur le palier, leurs rires étouffés quand les autres voulaient dormir, lui arracha un nouveau sourire. Et quand ils avaient débarqué dans la chambre de Romain, chassés par Maxence… Ils s'étaient regardés dans la glace, Anna et lui, côte à côte, se trouvant un drôle d'air, pouffant à se tenir les reins. Quand ils s'étaient assis par terre, au pied du lit de Romain, Laurent avait raconté d'autres anecdotes pour la faire rire. La voir rire le rendait heureux.

Laurent continuait de se remémorer, le regard flou. À cette même soirée, ils avaient eu de nouveaux fous rires, tant ce qu'Anna racontait n'avait ni queue ni tête. Mais ce fut au moment où elle s'était isolée dans la salle de bains que Laurent avait compris qu'elle n'allait pas bien ce soir-là. Cela lui avait paru être une éternité avant qu'elle n'en sorte. Il se rappela… En ouvrant la porte des toilettes, elle l'avait heurté de plein fouet. Romain, qui avait sa porte entrebâillée juste en face, ne dormait pas tout à fait et s'était redressé pour demander si tout allait bien. Laurent eut un pincement au cœur… Anna avait été si mal en point, tandis que Maxence dormait comme un bienheureux. Il se souvint s'être dit à cet instant qu'il ferait tout pour elle.

Relevant la tête, Laurent soupira en entendant Martha, son auxiliaire de vie, faire un bruit retentissant avec le lave-vaisselle dans la cuisine. Il se concentra sur sa mémoire.

Anna… Au soir de leur départ en 1991. Il se souvint comme sa gorge s'était nouée au point qu'aucun son ne put sortir de sa bouche quand elle vint lui dire au revoir. Et puis, plus tard, leur connivence retrouvée, son regard d'enfant lorsqu'elle se montrait capricieuse, ses déceptions qui à chaque fois le touchaient. Il avait vécu par procuration avec elle avant de la posséder. Et puis il y avait eu leur premier baiser, leurs frôlements… Son rire qu'il adorait. Et cette première nuit d'amour. Il ne l'avait jamais oubliée. Le corps nu d'Anna entre ses mains, ses formes qu'il avait rêvées en secret, et qui l'avaient fait frémir quand enfin l'amour les avait réunis. Comment avait-il pu vivre sa vie sans cette femme ? Il y avait tant de choses qu'il aurait voulu changer. Toute sa vie durant, il se les était rappelées. Il savait bien qu'il avait tout gâché.

Pendant des années, il n'aura fait que se répéter la scène de cet affreux jour où Julien était venu lui expliquer comment l'erreur était arrivée. Tout commença environ un an après leur départ de Normandie en 1992, Anna et Laurent étaient séparés depuis six mois déjà. Plusieurs facteurs en avaient été responsables. Avec le recul, quand le temps des disputes, réprobations et controverses fut passé, Julien confia à Laurent combien il avait senti Anna vulnérable au cours d'une de leurs fameuses soirées à Orléans. Laurent concevait que son couple avec elle avait été en grande partie fragilisé par la distance. Mais Anna était une femme attirante… Et ce soir-là Julien s'était retrouvé seul avec elle et n'avait pu résister à la tentation de l'embrasser. Elle avait été confuse, l'avait d'abord caché à Laurent, car elle n'avait pas voulu… Mais au comble du remords, elle était venue le trouver en larmes pour le lui avouer. C'est d'abord cet égarement qui avait étouffé peu à peu le feu de leur amour.

Mais ce même jour, Julien se trouvait là, devant Laurent, avec JC. Et tandis que des étincelles d'espoir crépitaient encore dans le cœur de Laurent – car il s'était remis à revoir

Anna –, il apprit de la bouche de ses amis une vérité plus laide encore.

De sa vie, jamais il n'avait senti la haine le posséder à ce point. Il se passa près d'un mois avant qu'il ne quitte sa ville natale, plein de regrets et d'amertume, le goût de la trahison collé au palais. Il revit cet instant comme si c'était hier. Sa fierté d'homme l'avait obligé à tirer un trait sur cette femme qu'il avait aimée dès le premier regard. Son téléphone, au bout de quelques semaines, sonna à toute heure de la journée, puis il ne fut plus joignable. Anna s'était même pressée à son appartement, avant qu'il ne déménage, pour venir chercher les explications de son mutisme. En vain. Il l'avait écoutée pleurer derrière sa porte, à contrecœur, au comble de l'émoi. Il avait résisté à cette envie de l'enlacer, puissante, viscérale.

Il s'était passé près d'un an avant le coup de fil. Celui qui lui ouvrit les yeux sur une malveillance plus perverse encore que ce qu'il n'aurait jamais pu s'imaginer. Car Anna n'était pas devenue celle qu'il avait crue pendant tous ces longs mois. De son côté, il s'était associé à JC et Julien. Ensemble, ils avaient monté leur entreprise de chauffages à économie d'énergie.

Assis à son bureau, ce matin d'août 2007, sa vue se brouilla, le stylo tomba et il revécut sa conversation téléphonique avec Félicien comme s'il avait été transporté treize ans en arrière.

— Laurent, il faut que je te dise quelque chose, avait annoncé son ami toulousain, la voix grave.

— Quoi donc ?

— J'ai découvert une chose que tu ignores et qu'il faut que tu saches.

— Eh bien, dis.

Il y avait eu un silence inhabituel.

— Il faut que l'on se voie. C'est trop compliqué, trop long à t'expliquer. Je peux venir ?

— Arrête, tu me fais peur ! N'importe quand, tu peux venir... Si tu es là ce week-end, viens. C'est grave ? Tu as l'air sérieux...

— Disons que oui et non.

— Donne-moi au moins un indice... !? avait supplié Laurent.

— ...

— Félicien, tu m'inquiètes, là. Je ne vais pas tenir jusqu'à ta venue, c'est dans deux jours, le week-end. Tu dois m'en dire plus... avait-il insisté.

Laurent avait senti l'hésitation de son ami à l'autre bout du fil.

— C'est à propos d'Anna.

— ... Quoi ?

— Bon écoute, je t'en ai déjà trop dit, donc à ce week-end.

Et il avait raccroché sans plus de précisions.

Laurent avait revu Félicien et tout avait été si clair ensuite... Un an et demi après sa séparation d'avec Anna. Des noms d'oiseaux lui étaient venus à l'esprit. Comment n'avait-il pas pu y penser avant ? Renoncer à son grand amour, se résigner à mettre fin à son bonheur et vivre une vie de regrets refoulés ?

La dépression qu'il avait connue l'année suivante l'avait affaibli de façon terrifiante. Écoutant sans relâche du matin au soir les dix titres de l'album de Sinéad O'Connor, prostré entre les murs de sa chambre, il avait fini par vivre en reclus. Il n'avait plus parlé, plus mangé, refusant toute société... Félicien avait soutenu son ami, mais il habitait à des centaines de kilomètres. Et devant sa descente aux enfers il avait dû prévenir sa famille, impuissant. Sa mère, désespérée, avait tout fait pour sortir son fils de cet enfer. Il avait fini par être hospitalisé plusieurs semaines. Jamais il ne parla des raisons qui l'avaient conduit à cet oubli de lui-même.

Remis sur pied, il n'avait cessé de se blâmer d'avoir, l'espace d'une année, laissé filer celle qu'il aimait vers une autre vie. Comment renouer ? Comment revenir à elle alors qu'elle partageait l'existence d'un autre ? Ça avait été peine perdue, après l'avoir ignorée un an plus tôt comme si elle ne lui était plus rien – tout en sachant qu'elle avait représenté tout l'or du monde. Une longue et minutieuse enquête l'avait conduit jusqu'à elle, mais il avait abandonné l'idée d'aller frapper à sa porte. Par renoncement, par respect pour sa nouvelle vie sans doute. Même si son cœur meurtri l'en avait imploré chaque jour qui passait, même s'il n'en avait plus dormi la nuit. Un week-end par mois, il avait séjourné près de chez elle et avait suivi de loin la relation qu'elle entretenait avec cet homme… Guillaume. Très vite, c'était devenu sérieux entre eux. Elle était tombée enceinte. Laurent s'était fait violence pour ne pas provoquer de rencontre, juste la croiser dans la rue, feindre le hasard… Ça aurait été si facile. Cette tentation impérieuse le rendait malade de frustration. Mais de quel droit aurait-il pu tenter de lui ravir son bonheur tout neuf ? Il aurait voulu lui dire qu'il s'était trompé, à quel point elle était une femme exceptionnelle à ses yeux… Que si son cœur avait été libre, et s'il en avait eu le courage, il l'aurait encore rattrapée par la main. Au lieu de cela, il s'était enfermé dans les murs de son silence. Ce fut une torture à vivre. Il ne remit jamais les pieds en Normandie.

Parfois il percevait encore ce grondement sourd dans sa tête, celui qui avait annoncé la tombée du rideau sur la passion qui continuait malgré lui de le dévorer. Il ne pouvait pas confier à Anna ce qui l'avait dévasté, ni par où il était passé depuis leur séparation. Surtout, ne pas mélanger l'abject et la bêtise humaine à l'intensité de cet amour-là, ne pas mêler le sale au beau, ni à l'intemporel.

Ce matin d'août, les mots se précipitaient, fuyaient, revenaient… Une petite lueur s'alluma dans ses yeux, puis il se mit d'instinct à rédiger de nouvelles lignes guidées par sa main moite. Il n'avait plus peur de se dévoiler, Anna ne le jugerait pas, il en avait l'intime conviction. Avec courage, il s'efforçait de choisir les bons mots pour retranscrire ses sentiments les plus profonds. Le moment était propice, il le sentait, il en profitait. Il avait écrit près d'une page et il lui semblait avoir tant à lui dire encore.

Demain serait un autre jour, qui le priverait peut-être de mots, peut-être même de vie. Il ne savait pas ce qui l'attendait ensuite. Il n'avait pas peur.

19

Retrouvailles

Été 1991
PARTIE 11

Il y a des amis qui sont de ceux qui écoutent, empathiques, et comprennent. Félicien était de ceux-là. Laurent remplit également ce rôle à de nombreuses reprises, tantôt malgré lui, tantôt par pure abnégation, sans hésitation ni calcul, et toujours avec sincérité.

Quand on voit ce qui se passa ensuite, on peut se demander de quel tempérament cet homme-là est fait pour avoir pu recevoir le déversement de mes joies et de mes peines, dont il avait été exclu plusieurs semaines durant.

Je partis en vacances avec mes parents trois semaines dans le Sud – en Ardèche. Le dépaysement pallia, d'une certaine façon, l'absence simultanée de tant de personnes qui m'étaient chères. Durant les cinq semaines pendant lesquelles Maxence et moi ne nous vîmes pas, nous nous appelâmes à raison d'une à deux fois par semaine. C'était peu, trop peu. Nos conversations n'étaient pas très originales, elles manquaient de naturel. Ces jours-là, j'attendais la sonnerie du téléphone avec frénésie et impatience, près de la cabine téléphonique à l'heure dite. Juste pour entendre le son de sa voix, raconter ces petites choses de mon quotidien, ces paysages qui m'émerveillaient, et la gentillesse des gens qui me faisait m'intéresser à leurs coutumes et à leur histoire. Mais presque à chaque appel, ma fougue retombait à plat devant la mauvaise humeur de Maxence, et je me taisais. Il y avait ces fois où il m'oubliait carrément. Le téléphone ne sonnait pas du tout, et c'était une déception. Dans ces cas-là, je me faisais violence pour ne pas composer le numéro qu'il m'avait donné. Nous nous querellâmes même deux fois – nouvelle déception –, et je le trouvais toujours aussi compliqué. Curieusement, je peinais à m'imposer avec lui. Même à distance, il me dominait. J'étais morose quand je revins en Normandie. Mais cela ne dura pas longtemps, motivée que j'étais par le retour de mes amis, et surtout pa r celui de Maxence.

Quelle surprise j'eus lors de mon arrivée à la maison, en découvrant dans la boîte aux lettres une carte de Félicien, et une autre de Laurent. La première était rigolote, la seconde était banale mais plus sérieuse. Maxence ne m'avait pas écrit… Une déception supplémentaire qui venait s'inscrire sur la liste. Par bonheur, j'avais eu les appels de Félicien et de Romain qui ne m'avaient pas délaissée.

Je me mis à compter les jours – pluvieux – jusqu'au 10 septembre. À trois jours de la rentrée, après avoir raccroché avec Maxence sur une conversation plutôt amusante, je téléphonai à Félicien et à Laurent pour parler de leur retour. Je ne pus joindre que Félicien avec qui je discutai près d'une heure. Ils avaient d'avance planifié un dîner pour fêter la rentrée, que je dus décliner à regret, ne réservant ma soirée qu'à Maxence. Rien n'était décidé entre nous, mais si je les avais choisis plutôt que lui, Dieu seul sait comment il aurait réagi.

Ma rentrée du 10 septembre se passa bien, même si j'avais trouvé cette première journée éprouvante. La veille,

Maxence m'avait confirmé au téléphone qu'il passerait me prendre vers vingt heures quinze. J'avais interdiction formelle de mes parents de rester plus d'une heure trente – à titre exceptionnel, ils avaient accepté cette sortie en sachant que j'attendais ce jour avec impatience. J'aspirais en secret à une soirée tranquille et chaleureuse.

Hélas ! Tout alla de travers… Je vis s'effondrer mes espérances les plus folles dans une attente qui me parut interminable. Et elle le fut. Car Maxence ne vint pas. « Les autres devaient bien être revenus… » me dis-je. Je devais les appeler. J'attendis dix minutes de plus, puis vingt, commençant à m'angoisser. Puis une demi-heure, le cœur égaré. Mais il ne se passa rien. Personne ne vint sonner. C'était la première fois que je me retrouvais confrontée à une situation pareille. Mon cœur battait à tout rompre au rythme de mes pensées chaotiques. Très vite, je fis les cent pas en multipliant les appels sur le fixe de sa maison du lotissement, en vain. Et Romain et Justin, où étaient-ils ? Tout ceci était bien étrange, et je ne savais que penser. S'était-il moqué de moi ? Avait-il eu un empêchement ? Une complication qui le retenait de venir jusqu'à moi ? Était-il resté sur Bourges ? Autant de questions qui s'entrechoquaient et qui finissaient par me déposséder de mes moyens. Ne pas prévenir n'était pas son style.

Quelle piètre image il donnait à mes parents… J'en avais honte pour lui. Je me souviens m'être dit à cet instant que plus jamais je ne pourrais en reparler avec eux. Ne sachant pas réellement à quoi m'en tenir, j'essayais de garder mon calme tant bien que mal. J'eus un élan d'affection soudain pour Félicien, qui me dirait ce qui se passait exactement s'il le savait, même au téléphone. J'en étais persuadée.

— Allô ?

— Laurent ? Salut… C'est Anna, dis-je, un peu surprise de tomber sur lui et non sur Félicien.

— Salut, ça va bien ? Ça fait plaisir de t'avoir ! Bien, les vacances ? s'enquit-il de sa voix enjouée.

— Oui… Oui, c'était super. Et toi ? demandai-je en m'efforçant de masquer ma contrariété.

— Au top ! Ça m'a fait beaucoup de bien. Tu es rentrée quand ?

— Il y a deux semaines…

— Et tu as repris l'école aujourd'hui ?

— Oui… Au fait, merci pour ta carte postale. C'est vraiment gentil d'avoir pensé à moi.

— De rien. Félicien aussi, non ?

— Oui… Oui, lui aussi il m'a écrit.

Il y eut un petit silence gêné.

— On faisait un dîner justement, et il m'a dit que tu devais passer la soirée avec Maxence.

Je m'éclaircis la voix.

— Eh bien à ce propos… Dis-moi, tu sais si Maxence est là ?

— Aucune idée. Puisque je pensais que vous étiez ensemble. Tous ceux qui ne sont pas avec nous sont partis à une soirée chez Toinou… Et nous ne sommes que cinq ici. Ils y sont tous allés. Il est peut-être avec eux ?

— OK, je vois, soupirai-je en sentant la colère monter.

Je perçus une légère hésitation de sa part.

— Il ne t'a pas prévenue, c'est ça ?

— Eh bien non… Non, mais ce n'est pas grave, mentis-je, un trémolo dans la voix.

— Mais, vous aviez bien rendez-vous ? insista-t-il.

Sa question résonna dans ma tête et me confirma l'affront que j'étais en train de subir. Je ne dis plus rien. J'étais honteuse de m'être laissé mener en bateau malgré moi par quelqu'un à qui je tenais. J'avais donné ma confiance, et celle-ci avait été trompée.

Je sentis une pression me chauffer la nuque. Mes larmes se mirent à couler le long de mes joues rougies.

— Anna… ? Anna, ça va ?

Parfaitement hébétée, j'étais devenue sourde. Je ne comprenais pas ce qui m'arrivait.

— Anna… ? répéta-t-il, d'un ton anxieux.

— Oui, ça va aller, je te remercie, répondis-je en reniflant.

— Non ça n'a pas l'air, là. (Puis à quelqu'un d'autre, derrière.) Non, c'est Anna… Elle cherche Maxence. (J'entendis la voix de Félicien, lointaine.) Je ne sais pas, on va aller voir. Anna, je vais aller voir chez Maxence et je te rappelle, d'accord ? Si on ne le trouve pas, on va demander aux autres qui sont restés avec nous s'ils savent quelque chose. Y en a bien un qui va me répondre, OK ?

— Oui, c'est gentil. Merci, murmurai-je de ma voix tremblante.

— À tout de suite.

— Merci beaucoup, articulai-je dans un souffle.

Quand Laurent me rappela, je fus forcée de constater que lui au moins, il ne se moquait pas de moi. Avec une délicatesse que j'appréciai, il m'expliqua que JC et Julien l'avaient vu partir chez Toinou, rejoindre les autres, en compagnie de Justin. D'après lui, Maxence se trouvait à ce moment-là dans un état d'ébriété des plus surprenants. Ceux qui l'avaient croisé s'étaient montrés surpris de la tournure des événements, puisqu'à aucun moment il n'avait prononcé mon nom. Félicien s'en étonnait encore, du fait que j'avais refusé leur dîner en vue de mon rendez-vous avec Maxence.

Une fois le combiné raccroché, je montai dans ma chambre, en pleurs. Sans garde-fou, je donnai libre cours à un chagrin bruyant, pendant plusieurs minutes interminables, sans parvenir à me calmer. Puis, j'entendis des voix dehors et je m'approchai de la fenêtre pour voir de quoi il s'agissait. Je vis Laurent et Félicien devant le portail qui parlaient avec mon père. Il n'était quand même pas loin de vingt et une heures trente.

Je m'observai dans la glace et vis un visage boursouflé, des paupières gonflées. Mes cheveux étaient en bataille. J'eus pitié de moi-même. Je pris aussitôt un mouchoir pour essuyer mes larmes, puis tamponnai mes yeux avec. En aucun cas, les garçons ne devaient me voir si mal en point. L'humiliation avait ses limites.

Je descendis d'un pas lent, veillant à bien inspirer en profondeur, de façon à paraître calme en sortant. Ils m'avaient sentie vulnérable à distance. J'étais touchée de leur visite. Mais je ne voulais pas les inquiéter outre mesure, ne pas en rajouter. Le son de ma voix au téléphone avait déjà suffi à jauger mon degré d'affectation en rapport à la situation. « Reprends-toi Anna, m'ordonnai-je, avant de mettre les pieds dehors. Bon sang, ne craque pas. »

Tandis que je sortais dans la cour, je croisai mon père et son regard compatissant, me lançant un « pas plus de dix minutes, Anna. »

— Vous êtes venus… m'étonnai-je en les embrassant chacun sur les joues, mes yeux brillants de larmes. C'est gentil.

Laurent n'était pas rasé de la veille, ce qui le rendait encore plus charmant. Je sentis son parfum envoûtant. Félicien, lui, arborait une coupe courte et je le trouvai bronzé. Mais il semblait soucieux.

— Laurent a dit que tu n'allais pas bien. Alors on est venu te réconforter, fit-il, grave.

Le ciel s'assombrissant, ils ne pouvaient heureusement pas déceler les rougeurs sur ma mine bouffie.

— Vraiment vous êtes des anges, tous les deux. Merci. Ça me touche que vous soyez venus… avouai-je dans un sanglot que je ne pus m'empêcher de retenir.

Tout tourna soudain autour de moi. Félicien m'enveloppa de ses bras, en me tapotant le haut du dos. Je pleurais comme une gamine sans plus me soucier de ce qu'ils pourraient penser. Laurent semblait troublé. Il nous regarda, comme perdu.

— Allez, pleure, pleure… Ça va te faire du bien, m'assura Félicien. Te mine pas, ma belle. Maxence est un autoritariste égocentrique qui ne te mérite pas, asséna-t-il. Tu seras bien mieux sans lui, crois-moi. Il n'est pas drôle en plus…

Sa dernière réflexion m'arracha un éclat de rire. Je déglutis en les regardant.

— Non mais il m'a fait quoi, là ? Ma soirée est gâchée, j'aurais dû la passer avec vous. Et il m'a fait passer pour une imbécile, soufflai-je en les regardant tour à tour. Ce n'est pourtant pas son genre…

— Tu n'aurais pas remarqué un changement ces derniers temps dans son comportement au téléphone ? Dans vos conversations ? demanda Laurent avec intérêt.

— Non… À chaque appel, de mauvaise humeur ; toujours égal à lui-même. On ne plante pas quelqu'un après plus d'un mois d'absence, sans prévenir… Pourquoi ne pas m'avoir dit qu'il ne voulait plus me voir ? Que c'est fini ?

Mes yeux débordèrent encore de larmes.

— Tu ne t'es pas trompée de jour ? C'est peut-être tout bête… Un malentendu, non ? Il n'avait pas compris demain, lui ? hasarda Laurent en haussant les épaules.

— Non, c'était sûr, je vous le confirme. J'aimerais juste comprendre. Il s'imagine peut-être que je suis médium ?

— Attends demain, me conseilla Félicien.

En guise de réponse, je me mouchai bruyamment. Laurent avait vraiment l'air peiné pour moi, et gêné de me voir ainsi. En pleine réflexion, il s'appuya contre la voiture, de laquelle s'échappait la dernière chanson de Madonna, *Like a Prayer.*

— On va enquêter, OK ? On va aller à la pêche aux infos ce soir et demain, lança Laurent d'un ton décidé.

— S'il est rentré, je poserai deux ou trois questions à Romain, ce soir. Lui est peut-être au courant de ce qui se passe.

Ils me fixaient tous deux, penauds, alors que je balayais les larmes de mes joues d'un revers de manche.

— Allez, respire, sourit Félicien.

— Ça va aller ? s'enquit Laurent, une légère angoisse dans la voix.

Je hochai la tête. Ils m'adressèrent un sourire encourageant. Je leur souris à mon tour. J'inspirai un grand coup.

— Merci en tout cas, d'être là.

Je les embrassai, le cœur gros, filai vers la porte d'entrée et, tournant les talons, leur fis un dernier salut de la main.

Le lendemain, ils m'appelèrent pour me dire qu'ils n'avaient rien de neuf, et que si je voulais, je pouvais passer les voir après les cours. Je refusai en leur rappelant qu'avec la reprise de l'école, mes sorties en semaines prenaient fin. Je leur promis de venir le week-end, si Maxence n'était pas là. Je n'eus pas plus de nouvelles de Maxence les jours qui suivirent, je considérai donc que tout était terminé entre nous.

Le week-end venu, j'eus l'impression que mes amis s'étaient ligués pour mener une espèce d'opération qui consistait à ne pas me laisser seule. J'en fus attendrie et à la fois coupable, en songeant à combien je les avais délaissés quasi tout le mois de juillet.

C'est Romain qui passa me voir le premier, le samedi juste avant midi. Le ciel était couvert alors que le soleil avait brillé toute la semaine ; c'était frustrant.

Il s'avança vers moi, l'air un peu gauche.

— Laurent et Félicien m'ont dit que ça n'allait pas fort, déclara-t-il, presque timide.

— Ça va un peu mieux, mentis-je.

— Maxence n'a pas appelé du tout depuis lundi, alors ?

— Non. Ce qui signifie de façon très claire que c'est

terminé entre nous. Je ne te cache pas que je n'aurais pas cru ça de lui.

— Et il y a pire, lança-t-il sur le ton de la confidence en m'agrippant le bras. Il faut que je te dise, Anna. En fait, c'est pour ça que je suis venu. Pour ne pas que tu l'apprennes par hasard…

— Quoi… ? le coupai-je, impatiente.

— En fait, Maxence a une nouvelle copine. Je pense que c'est pour cette raison qu'il t'a délaissée. Je l'ai entendu lui parler à mi-voix presque tous les soirs de la semaine… Léonie, je crois, ou un prénom dans ce genre-là.

Je restai sans voix. C'était donc ça… Le lâche ! Il avait eu le béguin pour une autre cet été, et n'avait pas eu le courage de rompre avec moi. C'était pire que ce que j'avais imaginé. Et moi qui lui avais cherché des excuses, alors que j'étais au comble de l'angoisse. Je me sentis jalouse soudain. Quelle cruauté !

— Je préférais que tu le saches le plus tôt possible, continua-t-il. Les autres ne vont pas tarder à le savoir aussi. Ça aurait remué le couteau qu'ils te le disent plus tard. J'ai bien fait, non ?

— Vraiment, je ne sais pas quoi dire…

— C'est un lâche, affirma-t-il avec un hochement de tête.

Je me tus, le regard vide.

— Je lui ai posé des questions sur toi pourtant, cette semaine, renchérit-il. Figure-toi qu'il regardait ailleurs, et qu'il avait l'air gêné. La deuxième fois, il a changé de sujet, et la troisième, il m'a carrément envoyé bouler…

— Je vois, dis-je. C'est aussi la raison pour laquelle j'ai décidé de ne pas le rappeler.

— Le seul qui doit être au parfum, c'est Justin. Ils sont tout le temps fourrés ensemble, lui et Maxence. Il doit en savoir long. J'essaierai de lui parler, l'air de rien, proposa-t-il d'une voix de conspirateur.

— Si tu veux. Mais entre nous, j'aime autant ne plus entendre parler de lui, avouai-je en retenant un trémolo.

Il acquiesça d'un nouveau hochement de tête.

— Tu dînes avec nous ce soir ? Tu ne risques pas de croiser Maxence, il est rentré à Bourges. Tu sais, je crois que ça va être comme ça tous les week-ends, s'il voit quelqu'un là-bas…

— Je vais voir. Ça me ferait plaisir, ça fait longtemps.

— Te fais pas prier, alors ! Si tu dis non, Félicien va t'appeler pour rouspéter, prévint-il avec un clin d'œil.

— C'est Fred qui va cuisiner ?

— Non, il est parti hier soir. D'ailleurs, Laurent veut se lancer dans une blanquette de veau… Tu ne voudrais pas venir un peu plus tôt, pour l'aider ? Je crains que ce ne soit pas très digeste, sinon… me dit-il avec un regard suppliant.

— Oui pourquoi pas, fis-je en riant.

Je rentrai chez moi, plus accablée que jamais. Il me fallait digérer cette nouvelle information. Une copine. Je devais endosser le poids d'une humiliation supplémentaire. J'avais l'intention d'éviter de me rendre chez les garçons les week-ends où Maxence ne rentrerait pas, cela nous éviterait beaucoup de gêne à tous les deux. Mais comme il regagnerait Bourges tous les vendredis soir à coup sûr, je n'avais pas de soucis à me faire. Le temps interférerait ensuite pour tasser tout ce fatras.

Le dîner se déroula à merveille. Nous étions six. En plus de Laurent, Félicien et Romain, il y avait JC et Julien. Laurent et moi avions suivi la recette que sa mère lui avait dictée par téléphone, un peu plus tôt dans l'après-midi. Tout s'était goupillé de façon impeccable dans la cuisine, et nous avions œuvré de concert : j'avais réuni tous les ingrédients ; il avait épluché et coupé les légumes et la viande, tandis que j'avais géré les temps de cuisson et l'assaisonnement. Il avait tenté quelques plaisanteries. Mais je voyais bien qu'il faisait preuve de tact envers moi. Notre ancienne complicité tardait à refaire surface, mais je la sentais s'avancer à tâtons, comme un chien égaré qui cherche le chemin de son foyer. J'aimais sa façon de m'observer, son regard intense, pénétrant. Jamais insistant. Parfois même à la frontière de la timidité. Il y avait une sorte de respect de sa part, il ne cherchait pas à profiter de mes faiblesses du moment. Il restait égal à lui-même. Mon obsession de Maxence m'avait fait oublier toutes ses qualités, lesquelles m'avaient toujours attirée vers lui.

Plus tard dans la soirée, les garçons firent en sorte de m'être agréables ; ils redoublèrent d'attention et de pitreries pour me faire rire. L'attitude plutôt maternelle de Félicien envers moi était à la fois touchante et rassurante. Mais qu'ils me traitent ainsi me faisait me sentir encore plus vulnérable, et je savais maintenant que notre amitié prévalait sur tout ce qui pouvait se passer désormais. Ce qui nous conduisit presque de façon inévitable à parler de la situation avec Maxence, même si je manquais de recul. Ils restèrent sur leur position initiale en le qualifiant de nombriliste et d'insensible, et convinrent à l'unanimité que c'était un lâche. Je ne fus pas certaine de distinguer le son de la voix de Laurent durant cette conversation. J'essayais par ailleurs de cacher ma morosité et ma rancœur. J'avais du mal à identifier si j'étais plus affectée par l'offense que j'avais subie de la part de Maxence, ou par le fait de ne plus le voir. JC avait bien senti qu'une de ses réflexions selon laquelle il avait raison depuis le début serait malvenue, il s'abstint donc – pour mon plus grand soulagement. Il était sans doute trop tôt pour railler sur le sujet.

Nous avions bavardé plus d'une heure d'affilée, de leurs vacances et des miennes, quand ils suggérèrent de jouer aux cartes. J'étais tellement épuisée de ma semaine, que je refusai. Félicien et Laurent proposèrent de me raccompagner, et nous marchâmes jusqu'à chez moi. Il était près d'une heure du matin quand je me glissai dans mon lit, le cœur plus léger.

Le dimanche, nous n'avions pas prévu de nous voir, mais ils s'arrêtèrent en milieu d'après-midi pour m'emmener avec eux à la brocante d'un village voisin. Nous y restâmes deux heures, bûmes une bière, puis ils me déposèrent vers dix-huit heures ; je devais réviser ma leçon de français pour le contrôle du lundi.

Le samedi suivant, il faisait un temps magnifique. Félicien m'avait appelée la veille au soir, car ils allaient pique-niquer près des falaises, lui, JC, Julien, Laurent, Teddy et Romain. Ensuite, il serait possible d'aller passer l'après-midi à la plage pour se baigner. Teddy avait dû se disputer avec sa nouvelle copine, avais-je songé, pour ne pas rentrer un week-end. Félicien, quant à lui, habitait trop loin pour se permettre des allers-retours fréquents, mais Laurent par exemple, depuis que j'avais fait sa connaissance, n'était rentré que deux fois. JC et Julien, c'était une fois sur trois, même s'ils habitaient tout près.

Séduite par l'idée d'une journée sympathique avec mes amis, j'acceptai avec plaisir cette escapade. Ce qui nous valut à Romain, Laurent et moi une séance de courses au supermarché le matin même. Nous n'oubliâmes rien qui puisse satisfaire notre bon plaisir, notre caddie chargé de sachets de salades, baguettes de pain, et autres tomates cerises, en passant par le jambon et la vaisselle en plastique, sans oublier les indispensables chips, la bière et le Coca.

À midi, une fois nos victuailles empaquetées et rangées dans la glacière, nous partîmes à deux voitures sous un soleil radieux. Laurent, JC, Julien et moi dans l'Austin de Laurent – qui conduisait torse nu, beau comme un dieu – et Teddy, Romain et Félicien dans la Citroën de Teddy. Nous traversâmes la campagne normande vallonnée, heureux, un peu braillards. En moi-même, j'étais complètement hermétique à l'idée de retourner près de cette plage où je m'étais coupé le pied. Je prévoyais qu'en cas de baignade après déjeuner, je resterais au bord du rivage, et peut-être même prétexterais de prendre quelques photos pour ne pas mettre un pied dans l'eau.

Arrivés à Houlgate, nous empruntâmes non sans bruit le passage qui monte, à l'angle de la rue Baumier. Celui-ci conduisait à une sorte d'escalier naturel, glissant, les feuilles mouillées le tapissant de part et d'autre. Nous montâmes encore jusqu'à la table d'orientation par un chemin, puis continuâmes pour suivre le sentier qui serpentait entre les vieux arbres. En gagnant le départ du chemin du Sémaphore, qui relie Houlgate à Auberville, nous descendîmes un peu plus bas sur la gauche, essayant de trouver un terrain à peu près plat pour nous installer. Nous finîmes par nous délester de nos affaires dans une sorte de minuscule clairière au milieu de la flore environnante, avec vue sur la mer. Ce devait être l'un des seuls endroits qui ne fût pas envahi par la végétation.

Nous déjeunâmes dans la joie et la bonne humeur, et le parasol nous protégea tout l'après-midi des rayons encore forts du soleil de septembre. Nous nous mîmes à jouer aux cartes pour cinq d'entre nous. Je jouai les deux premières manches, et Félicien me remplaça ensuite pour les deux dernières. Laurent et moi jouions ensemble, tandis que JC et Julien formaient l'équipe adverse. Assis en tailleur, les cartes en main et une cigarette perchée au coin de la bouche, nous avions passé de longues heures à essayer de cumuler des points pour rafler les meilleurs résultats. Les coups tactiques fusaient et l'ambiance légère s'inscrivait dans le décor encore estival. Laurent m'encourageait volontiers, car je n'étais pas toujours sûre de mes choix. Le bruit des vagues venant s'échouer sur la rocaille à marée haute renforçait l'impression de vivre de nouvelles vacances.

Je m'installai ensuite près de Romain qui avait passé le plus clair de son temps à réviser, puis nous discutâmes un assez long moment. Lorsqu'il remit le nez dans ses cahiers, je poursuivis la lecture de mon livre du moment avec plaisir. Teddy était un peu en retrait avec son casque sur les oreilles ; il s'était endormi sur sa serviette – ce qui n'était pas une mauvaise chose, étant donné que le peu de fois où il avait ouvert la bouche, c'était pour se plaindre.

À mon grand soulagement, nous ne redescendîmes pas pour contourner les falaises et rejoindre la route qui menait à la plage, la mer étant montée.

Un vent d'ouest se leva presque d'un coup vers dix-huit heures trente. Impossible pour les garçons de continuer la partie de cartes dans ces conditions, nous décidâmes donc de vider les lieux et de flâner au centre-ville pour y passer la soirée. Le soleil déclinait, et je ne résistai pas à la tentation de m'aventurer dans les branchages pour m'approcher de la bordure de la côte, même si je savais que c'était dangereux. Il n'y avait plus de chemin. À cet endroit du littoral, les falaises de plus de cent mètres de haut avaient de quoi impressionner. Je m'avançai sur le terrain en pente, enjambant les buissons, mes cheveux virevoltant, puis plaqués en arrière, le visage enfin libre. À une trentaine de mètres du vide, je m'immobilisai et tombai d'admiration devant l'étendue infinie de mer scintillante, qui s'agitait en vagues argentées. Je ne pouvais pas avancer plus, car la nature avait repris ses droits. Chaque fois, cela me faisait le même effet ; j'étais fascinée devant cette immensité. Les derniers rayons du soleil, bientôt tapis sous d'épais nuages gris, miroitaient dans l'eau en d'aveuglants reflets. Je me retournai, comme pour partager cette étrange sensation avec les autres restés loin derrière, quand je vis Laurent à dix pas sur le côté. J'ignorais depuis combien de temps il était là, mais je fus troublée qu'il m'ait suivie. Je lui souris. Il se rapprocha de moi, moins d'un mètre nous séparait. Ses yeux intenses plongés dans les miens, l'air séduisant et vulnérable à la fois. Je me détournai pour dissimuler la crainte et l'émotion qui m'animaient. Il jeta un œil contemplatif vers la mer bruyante. Une mélancolie déconcertante me gagna soudain. Je ressentis son regard tendre posé sur moi, longtemps, et me demandai à quoi il pouvait bien penser à ce moment même. Puis je sentis grandir un sentiment de joie soudain, je n'avais plus peur. Mon cœur s'emballait et je l'écoutais accompagner le bruit du ressac. Je regardai Laurent et m'écartai de l'immensité bleue qui s'offrait à moi.

Ainsi dominés par le silence que nous nous imposions, nous nous éloignâmes du littoral côte à côte, pour remonter vers les autres. Nos tongs piétinaient un sol humide, s'agrippaient à des branchages, et le vent poussait nos jambes vers l'avant, caressées par les fruits des argousiers que je cueillais au passage. J'aurais juré que la main de Laurent avait frôlé la mienne en chemin.

Les autres nous attendaient plus bas vers la table d'orientation, entre bavardages et cigarettes, adossés à la rambarde. Félicien m'adressa son habituel sourire affable.

Arrivés aux voitures, nous nous arrêtâmes à la terrasse d'un café pour prendre un apéritif. Mais le ciel se couvrit vite, et nous filâmes manger dans une crêperie après un unique verre. Pendant le dîner, j'observais Laurent, l'air de rien, et je le sentis à mon égard agir avec une bienveillance teintée de gêne. Il osa à peine faire le pitre, alors que Félicien et Julien ne se privèrent pas en multipliant les blagues et imitations des uns et des autres ; leur humour était contagieux. Le repas s'éternisa. La pluie, dont les gouttes glissaient sur les carreaux, devenait assourdissante, inondant les trottoirs et les caniveaux. Nous n'étions donc pas pressés de mettre les pieds dehors.

Vers vingt-trois heures trente, nous rentrâmes sous la tempête. Laurent me déposa chez moi sans passer par le lotissement, car je ne voulais pas me coucher tard.

On était déjà à la fin de septembre. Les jours raccourcissaient et nous assistions, impuissants, à la fuite de l'été. Nous avions réitéré notre escapade une fois ensuite, mais l'air était nettement plus frais. Les hirondelles de rivage se rassemblaient déjà sur la côte, bientôt prêtes à migrer vers d'autres contrées.

Je commençais tout juste à me rendre compte que Maxence ne m'avait pas manqué depuis son retour. Je persistais à vouloir éviter de venir voir mes amis en pleine semaine, au cas où je tomberais nez à nez avec lui – ce qui restait plutôt improbable. Je choisis la prudence et l'épargne d'une belle déconvenue à tous les deux. Avec le peu de recul que j'avais, une seule certitude était née et se faisait jour dans ma tête, au fur et à mesure des journées qui s'échelonnaient. J'avais été blessée par la double offense de Maxence, avant toute autre chose. Double, d'une part parce qu'il y avait eu l'attente en vain de notre rendez-vous de retrouvailles, et d'autre part, parce que je l'avais subie devant témoins. J'avais dû assumer cette situation pénible et infligée aux yeux de tous. Le fait de ne plus voir Maxence, je le sais maintenant, était secondaire. C'était le geste que j'avais mal vécu. Je me rendais compte, au fur et à mesure que son image s'effaçait, qu'il ne m'aurait jamais rien apporté. Qu'aurais-je pu tirer d'un personnage triste comme les pierres ? Avec une telle personnalité dominante, aux antipodes de la mienne, l'échec était couru d'avance. Mais je n'avais pas voulu voir, ni écouter les mises en garde.

Octobre vint avec son lot de pluie et de vent. Pas une seule fois je n'avais pensé à Maxence. La présence de mes amis avait comblé sans mal le vide qu'il m'avait laissé.

Le mois fut ponctué d'escapades et de soirées pendant lesquelles le temps s'égrenait à une vitesse folle. Nous passions des moments tranquilles et des heures plus festives, selon l'humeur générale.

La vie que nous menions tous ensemble à cette époque me paraissait être la plus belle que j'aie jamais vécue, parce qu'elle était l'harmonie même, sans l'ombre d'un tracas. Je m'en rends compte maintenant. Mais le savais-je au cours, au cœur des minutes que comptaient ces instants-là ? On ne sait jamais vraiment que le bonheur est là alors même qu'on est en train de le vivre… Rares sont les prises de conscience qui nous disent que *c'est ça*, qu'*il est là*.

Laurent et moi nous rapprochâmes davantage, plus complices que jamais. Et malgré cela, je continuais de voir en nous une relation inaccessible, comme utopique, tant j'en ressentais la puissance sous-jacente. Cela m'effrayait. C'était d'une tout autre dimension qu'avec Maxence. Cela, je l'avais su dès notre rencontre. Mais mon intérêt pour lui s'accroissait à mesure que les jours s'écoulaient. Je n'y pouvais rien. En sa présence, je réalisais vraiment que ce que j'avais ressenti au départ en le voyant s'était accru. Et j'étais convaincue que cet amour pourrait nous détruire. Au point que je ne lui laissais pas la moindre chance de naître à la vie. Tant d'émotions confuses se perdaient en moi pour s'emmêler dans mon esprit hagard, et chaque fois qu'elles se manifestaient, je m'empressais de les chasser.

Puis il y eut une soirée particulière. Après un dîner chez Félicien, Laurent et moi voulûmes faire la fête en boîte. Mais les autres aspiraient à une soirée calme et, sans eux, ce n'était plus la fête. Nous restâmes donc à l'écart, tous les deux sur le canapé, emmitouflés dans des couvertures, devant les programmes télévisuels débiles du samedi soir.

Ce fut le seul soir où nous restâmes silencieux, en dehors des deux ou trois blagues qu'il s'était amusé à lancer, dans l'unique but de me faire rire. Je ressentis cet instant intimiste avec force, malgré la présence des autres qui jouaient aux cartes avec grand bruit, ou discutaient un peu plus loin.

Je finis par somnoler, la tête contre son épaule. Il ne profita pas de cette proximité pour se montrer audacieux avec moi ; j'avais simplement senti sa main s'approcher de mes cheveux une seule fois puis rebrousser chemin, frôlant au passage mon omoplate. Je me sentais, ce soir-là, attirée par lui de façon indicible et mystérieuse, mais en conformité avec mes convictions, je ne tentai rien. J'aimais la réserve qu'il affichait, ses manières et sa façon d'être à mes côtés, toujours, sans me brusquer. Je commençais à faire le tour de tout ce que nous avions vécu ces derniers mois, de ses comportements envers moi depuis que je le connaissais, de ses réactions… De tout ce qui me permettait de croire qu'il m'appréciait bien plus qu'il n'en laissait paraître.

Je continuais cependant de refuser l'hypothèse d'une idylle entre nous, dans la crainte de briser quelque chose, ou de lui avouer mes sentiments, et faire erreur sur ses intentions peut-être. Une chose était sûre maintenant : JC ne s'était pas trompé sur Maxence. Restait à savoir s'il avait vu juste au sujet de Laurent.

20

Une famille en hiver

Automne-hiver 1991
PARTIE 12

Nous étions à la veille de novembre. Les multiples couleurs automnales offertes par les feuilles des arbres étaient comme autant de sentiments qui alimentaient l'amour caché au fond de moi.

L'idée de sortir avec Laurent commençait à faire son chemin dans ma tête. J'étais forcée de reconnaître que je pensais à lui tous les jours. À chaque heure, presque à chaque minute. Cet amour-là était brûlant, dangereux. J'en entrevoyais la grandeur – ou bien, l'imaginais-je ? Curieusement, j'étais restée assez proche de Romain et nous avions, lui et moi, de longues conversations téléphoniques à ce sujet. Je lui confiais sans réserve mes doutes. Les autres, quand je les voyais, ne manquaient pas de faire une petite allusion à Laurent ou même de m'en parler sans complexe, une fois que ce dernier avait le dos tourné.

Un vendredi soir de la dernière semaine d'octobre, je me faufilai hors de la maison après dîner, sous un ciel étoilé. Sans prévenir mes amis, je débarquai chez eux vers vingt heures trente. Mais en frappant chez Félicien, j'eus l'impression étrange de le déranger. Il se montra aimable mais m'ouvrit à peine la porte qu'il retint entrebâillée, comme s'il ne voulait pas que j'entre. J'éprouvai à ce moment une curieuse sensation de frustration. Soudain, il s'écarta et laissa passer Laurent avec gêne, lequel sortit pour m'embrasser sur les quatre joues. Quel ne fut pas mon étonnement quand il me porta à bout de bras et m'entraîna un peu plus loin vers une allée, où il me posa en riant. Il s'éloigna sous les réverbères et je me laissai aller à le suivre, incrédule. Qu'est-ce que c'était donc que ce manège ?

Il me prit par l'épaule et mon cœur s'emballa. Je savais que j'aimais être avec lui. Il m'attirait indéniablement. Et ce soir-là, ce fut comme une révélation. Il avait une classe folle. Durant des semaines, je m'étais refusé à consommer cet amour sacré, de peur de l'abîmer. Pourquoi m'étais-je sentie prisonnière de cet émoi fugitif, que j'avais refoulé à la moindre occasion ? J'avais juste peur de tomber.

Pendant que je restais hypnotisée par sa peau encore bronzée, lustrée, sa barbe naissante et son sourire à en perdre la tête, l'odeur qu'exhalait son parfum venait intensifier mon trouble à chaque seconde. Je le devinais nu sous son épais pull à col V, et l'envie de l'étreindre me devint bientôt intolérable. Je me détournai de lui de façon à retrouver mon calme.

— Eh bien ? lui lançai-je de vive voix en revenant vers lui deux secondes après, pour masquer mon embarras.

— Je dois emprunter ses cours à Romain, me lança-t-il. Tu viens avec moi ?

Le sourire qu'il affichait me fit l'effet d'une espèce de drague tacite. Ce qui était inhabituel venant de lui. Je le sentais taquin, plus audacieux. Je ne parvenais pas à savoir si cela m'enchantait ou bien m'agaçait.

— Qu'est-ce que vous avez, ce soir ? lui demandai-je de but en blanc.

— Comment ça, vous ?

— Vous tous… Je vous trouve bizarres. Félicien d'abord, puis toi maintenant, dis-je, l'air suspicieux.

— Ah bon ? Non, non, t'inquiète, assura-t-il, plus sérieux.

— On aurait dit que vous ne vous vouliez pas me laisser rentrer dans la maison. Comme si vous aviez des choses à cacher, m'indignai-je, une main sur la hanche.

Je crus découvrir un curieux vacillement dans ses yeux et, n'osant plus le regarder, je gardai le silence.

— Il n'y a pas de quoi t'inquiéter, Anna, je t'assure, me confirma-t-il avec un regard attendri. Viens, on est à côté de chez Romain. Je récupère ses cours et on revient à la maison. Tu verras qu'on n'a rien à te cacher.

Fronçant les sourcils, j'eus un mouvement de recul.

— Pas de souci, Anna… Maxence est bien parti pour le week-end, je te le confirme.

— Arrête, c'est bon. Ne change pas de sujet. Maxence, je n'en ai plus rien à faire. Vraiment, insistai-je en haussant les sourcils, mon regard plongé dans le sien.

Il affichait un large sourire, comme satisfait par ma réponse. Grave, je ne le lâchai pas des yeux et hochai la tête pour appuyer mes dires.

Maxence, soudain, était devenu un personnage lointain. Je me sentais enfin libérée de lui, de son image, de l'emprise qu'il avait pu avoir sur moi. Le peu de fois que j'y pensais, je ressentais une vague pitié à son égard. J'avais eu le véritable amour sous les yeux pendant tous ces mois… Laurent. Pourquoi avais-je couru après un autre ? Pour assouvir une obsession égoïste, une passade ? Me faire valoir auprès d'un insoumis et peut-être tester Laurent de façon inconsciente ? Je ne le savais pas moi-même.

Nous restâmes chez Romain un court instant, il était seul dans la maison pour le week-end, et très concentré sur ses devoirs. Laurent, en sortant, me réitéra sa proposition de le suivre pour regagner la maison.

— Café ? me demanda-t-il, quand nous fûmes devant la porte.

— Oui… fis-je, hésitante.

Il ne bougea pas et me laissa m'avancer vers lui. Nous étions tous les deux dans la rue déserte, sans un bruit alentour, à l'abri des regards. Je percevais, plus que jamais, une attirance magnétique entre nous.

Pour éviter de briser la magie de l'instant, je me tus. Je sentis sa main maladroite se refermer sur la mienne et la presser. Il m'attira contre lui lentement et, comme s'il le regrettait d'emblée, recula.

C'est à ce moment-là que je sus que je l'aimais. Que je le voulais, comme jamais je n'avais voulu quelqu'un jusqu'à présent. Et je savais que c'était réciproque. Cela me terrifiait, mais c'était grisant d'être submergée par tant de trouble. Je fondais devant son air embarrassé, son trop-plein de respect pour moi. Je combattis une nouvelle envie de le serrer dans mes bras. Puis, ne sachant trop comment manifester mon attention, je le regardai et attendis qu'il fasse de même. Nos sourires se rencontrèrent. Cherchant n'importe quel prétexte pour m'approcher encore, je saisis sa chaîne et m'emparai de sa médaille, chaude d'avoir été collée à sa peau. Je la retournai entre mes doigts, me penchai pour la contempler. L'or gravé de ses simples initiales me fit l'effet d'avoir trouvé un objet rare. Sans rien dire, il la détacha de son cou en ne me quittant pas des yeux, et la passa autour du mien. Il admira le résultat et esquissa un sourire de satisfaction.

Nous nous rapprochâmes encore plus près l'un de l'autre. Et c'est cet instant que choisit Félicien pour ouvrir la porte d'un geste brusque. Je sursautai, reculai, puis me raclai la gorge pour faire diversion. Dans la seconde, Laurent s'était retrouvé à genoux en train de nouer son lacet.

J'entrai ensuite dans la maison, traversant le hall d'entrée. Pénétrant dans la cuisine, je ne remarquai rien à part un intérieur mieux rangé que d'habitude, imprégné d'une odeur entêtante de chocolat chaud et de rhum. De la vaisselle propre était empilée sur la table de la cuisine. En pivotant sur moi-même, j'aperçus une pile de chaises entassées dans un coin du séjour.

Je pressentais comme une ambiance étrange. JC et Julien étaient affalés devant la télé qui fonctionnait en sourdine avec un paquet de gâteaux à la main – ce qu'ils n'avaient pas l'habitude de faire chez eux, alors pourquoi ici ? Ils se levèrent en même temps pour me saluer avec leur chaleur habituelle, peut-être un peu forcée. Félicien faisait d'incessants allers-retours jusqu'à la cuisine, on aurait dit qu'il tenait un atelier culinaire.

— Désolé pour tout à l'heure, on faisait un peu de ménage. J'ai préparé du café, s'empressa-t-il de me dire, tout sourires.

Je ne me sentais pas très à l'aise pour une fois. Quelque chose clochait.

— Un café, et j'y vais. J'étais juste venue vous dire bonjour. Demain, c'est mon anniversaire, et je ne veux pas me coucher tard.

Je surpris Laurent et Félicien se jeter un coup d'œil en coin, fugace. Laurent fronça les sourcils et Félicien se pinça les lèvres.

— Tu le fais en famille, alors ?

— Oui, enfin le midi seulement. Même si je sais que ça va durer toute la journée.

— Même le soir ?

— Oui c'est possible, il y a de la famille qui reste parfois le soir. Enfin… Si je veux sortir… Tiens, d'ailleurs… Ça vous dirait qu'on aille fêter ça tous ensemble en discothèque ? m'écriai-je d'un coup, enthousiaste.

Ils me parurent hésitants. Ils avaient un air qui ne leur était pas naturel et qui me déstabilisa. Je n'y comprenais rien.

— Oui c'est une bonne idée, observa Félicien. On va prévenir les autres. On passe te prendre à quelle heure ?

— Je ne sais pas… Vers vingt-deux heures, c'est bien ?

— OK.

— Allez viens, je te raccompagne, m'annonça Laurent, alors que j'avalais ma dernière gorgée de café.

Je le suivis sans rien dire, après avoir fait un signe de la main aux autres. Je les quittai avec l'intime conviction qu'ils étaient en train de me dissimuler je ne savais quel secret. Enfermée dans mon silence pendant que Laurent conduisait l'Austin, je ruminais, et ne desserrai la mâchoire que pour lui adresser un bref salut en claquant la portière.

Je me souviendrai toute ma vie de cette fête pour mes dix-huit ans. Par la force des choses, de la journée passée avec ma famille, mais surtout, de la soirée qui s'ensuivit.

C'était officiel, j'étais amoureuse de Laurent. Il me semblait vivre dans un rêve. Tous les souvenirs de l'été avaient refait surface, ses attentions de la veille, et les instants passés ensemble, même courts, ressurgissaient. J'avais deviné l'intensité que pourrait avoir cet amour le jour de notre rencontre, avant même de tisser le lien le plus infime avec lui. Ce jour-là, mes doutes quant à ses intentions furent confirmés.

Félicien et Romain étaient venus pour me souhaiter mon anniversaire vers dix-huit heures trente. Je fus étonnée de l'absence de Laurent. Presque déçue, je les fis entrer, et ils parlèrent avec mes parents qui donnèrent leur assentiment sans difficulté quand ils me proposèrent de me joindre à leur dîner avant la boîte de nuit. Plus avenants qu'à l'ordinaire (cela changeait de la veille), ils me firent monter dans la Super 5 de Romain et me conduisirent jusqu'au lotissement.

Toute la journée durant je n'avais pensé qu'à Laurent et à quoi pourrait ressembler notre relation ensemble. Ce soir-là, je mourais d'envie de voir son visage. Car avant même que la soirée ne commence, j'avais décidé que ce soir serait notre soir. Je me sentais prête pour le conquérir, et j'étais disposée à être à l'écoute du moindre signe de sa part qui pourrait nous rapprocher.

Félicien m'aida à descendre de la voiture et, se plaçant derrière moi, il me cacha les yeux de ses mains, puis me guida vers une maison dans laquelle j'entrai avec précaution. Mon cœur s'emballait, palpitait. La sensation étrange de la veille avait disparu pour laisser place à l'excitation.

— Tout droit, tout droit… À droite. Tout droit, gauche. Un pied devant l'autre s'il te plaît, hein. (J'entendis un rire étouffé derrière nous, tandis que je marchais à pas lents.) Stop. Tu y es. Ne bouge plus.

Il retira ses mains et, lorsque j'ouvris les yeux, je me trouvais dans le noir le plus total. Je perçus un petit rire. Un instant, j'eus peur, puis j'entendis :

— Surprise !

La lumière s'alluma, sous les applaudissements de JC, Julien, et Félicien qui affichait un large sourire, Teddy qui était là aussi, s'occupant de la musique, Romain, Fred, Justin en retrait, un sourire timide au coin des lèvres, et j'eus le plaisir de voir enfin Laurent qui m'observait d'un regard tendre. David filmait sur le côté. Quel ne fut pas mon étonnement de découvrir une maison transformée. J'étais sous le charme du spectacle qui s'offrait à moi. Il y avait juste devant mes yeux une pancarte accrochée au mur où je lus « Joyeux anniversaire Anna », et des larmes vinrent aussitôt se nicher au bord de mes cils. J'avais eu plusieurs fois la certitude de compter pour eux, mais ils me le confirmèrent pour de bon ce soir-là. Les meubles avaient été poussés et une longue table, resplendissante de bougies et de bonbons disposés avec soin, traversait le salon et la salle à manger. Les murs et le plafond décorés entouraient un buffet de plats et de carafes qui avait été préparé sur le côté. Je reconnus là la patte méticuleuse de Félicien.

J'avais vraiment retrouvé mes amis. Et si j'en avais douté la veille, le repas cuisiné par Fred et orchestré par Félicien allait me prouver à quel point j'avais pu me tromper. Lui et les autres y avaient sans doute consacré une grande partie de leur journée, en plus du soir précédent. Tant d'efforts conjugués pour me faire, à moi, cette fête surprise… ! Je n'en revenais toujours pas. Quel honneur c'était ! Je me sentis si spéciale, tout à coup. Ils m'invitèrent à leur table, y allumèrent les bougies, et Romain commença à prendre des photos.

C'était donc des préparatifs de cette fête dont il était question la veille… ? Cette maison si bien rangée, leurs attitudes si changées… Du ménage, un vendredi soir ? J'aurais dû m'en douter. Seulement j'avais été à des lieues de penser qu'ils se seraient souvenus de la date de mon anniversaire. Et surtout, jamais je ne les aurais crus capables de comploter ainsi en secret pour organiser une soirée surprise pour l'occasion. J'appris plus tard que c'était de Laurent que venait l'initiative. Ce qui, à vrai dire, ne m'étonna pas. Il ne parlait pas toujours, mais agissait très souvent.

L'apéritif débuta dans une ambiance tamisée. Pour accompagner les bougies, une lampe sur pied avait été empruntée à l'une des maisons voisines. Laurent, tout près de moi, me jetait de temps à autre des coups d'œil discrets, qui me flattaient et exacerbaient mon intérêt pour lui. Je profitais du brouhaha général pour me montrer audacieuse. Pour les quelques photos que Romain voulait prendre, je me collai presque à lui, la main sur son épaule. Nous sirotâmes un verre de punch, puis je recueillis les anecdotes de Félicien et de JC sur la préparation de ce dîner surprise, et la panique que ma visite de la veille avait générée. Ils m'avouèrent avoir pactisé avec mes parents pour qu'ils ne me comptent pas à leur table au dîner. Puis nous parlâmes des absents, de ceux qui n'avaient pu venir, des rabat-joie qui avaient bien fait de rentrer chez eux, et de leurs anciens voisins, les terminales misogynes.

Le dîner fut ponctué de conversations animées. J'avais plaisir à discuter avec Justin que j'avais un peu perdu de vue, et avec Fred qui était un personnage des plus intéressants, en dépit de ses airs d'éternel râleur. Et désormais, je n'osais plus parler à Laurent sans rougir.

L'alcool aidant, des rires de déments fusèrent, devant les pitreries de JC et de Julien, sans compter celles de Félicien. Laurent se sentit à son aise pour entretenir la bonne humeur générale avec ses blagues, je le retrouvais complice avec moi, un peu plus à chaque minute. Je me libérai de mon trouble et il m'embarqua dans sa bonne humeur. Nous rîmes tant tous les deux, que j'en avais eu mal au ventre.

À l'unanimité, nous trouvâmes le repas excellent. Tout avait été savamment pensé, des entrées en passant par le vin et le champagne, jusqu'au dessert, un énorme gâteau de crêpes fourrées que Fred avait, disait-on, mis deux heures à concevoir. Il fut d'ailleurs à la hauteur de l'événement, avec un gros « 18 » placardé en son centre, mon prénom en lettres capitales juste dessous. Je soufflai les deux bougies en forme de chiffres puis, comme si je prenais conscience de toutes leurs attentions dans ce seul moment, la tête me tourna et je m'assis sur une chaise pour reprendre mon souffle. Tentant d'essuyer du bout des doigts les larmes que je sentais rouler, les doigts de Laurent parcoururent mon visage qu'il prit entre ses mains. Il sécha ma peau et, pendant cet instant, plus rien ne compta. Les bruits des conversations s'étaient envolés, la musique un cran plus forte s'était évanouie, les autres avaient disparu… Laurent et moi nous regardions comme des amoureux du premier jour, les yeux dans les yeux. Jamais personne ne m'avait contemplée de cette façon, avec désir et tendresse. J'étais incapable de bouger le petit doigt tant j'étais paralysée par son regard hypnotique. Mon cœur était prêt à sortir de ma poitrine, et Laurent lui-même m'entraîna au centre de la pièce pour danser un slow sur *Nothing Compares 2 U*, le titre de Sinéad O'Connor, devenu succès international deux ans auparavant. En entendant les paroles du premier couplet, « *It's been seven hours and fifteen days... since you took your love away* »[2], je n'avais aucun mal à m'imaginer la violence de la détresse d'une rupture… Et si Laurent et moi devions nous lier l'un à l'autre, cela finirait-il un jour ? Nous dansâmes, tout juste hésitants au départ, l'un contre l'autre. Tandis que j'avais la nette conscience de me sentir observée par les autres, ma réserve reprenait le dessus. La tête contre son épaule, je respirais son odeur et la chaleur de son corps m'embrasait. Mes cheveux, le long de mon dos, étaient retenus par sa main et je me sentais étrangement bien. À la fin de la chanson, j'osai enfin relever la tête, et il prit ma main pour la porter à ses lèvres. Il m'apporta un verre de champagne et me déclara :

— Joyeux anniversaire, Anna. J'espère que la soirée te plaît, lança-t-il avec un sourire amusé.

— Oh oui, beaucoup. C'est de loin l'une des meilleures soirées que j'aie passées jusqu'à maintenant !

Je souriais aussi. Sans doute de cet air un peu niais que je déteste.

— Vraiment, vous avez été des anges de me faire cette surprise. C'est si gentil…

Et là, il me fit pivoter tandis que Félicien et Fred s'avançaient vers moi. Je fus prise au dépourvu quand je vis la jolie boîte à l'emballage doré que Félicien me tendit, un rictus au coin des lèvres. Elle n'était pas grande, il la tenait dans une main. Elle semblait légère. Je pensai aussitôt à un parfum. Ce que contenait cette boîte me plairait à coup sûr, me dis-je en cet instant. J'attrapai d'une main fébrile le petit paquet, et les mots me manquaient déjà. J'entrepris, presque timide, de le déshabiller de son papier métallisé. Mes doigts caressèrent une boîte plate de velours rouge. Je levai un œil ébahi vers mes amis, comprenant soudain ce qu'elle pouvait renfermer. Je soulevai l'épais clapet. Les pierres colorées scintillaient entre des perles nacrées et de fins maillons d'or entremêlés. Le bracelet éblouissait mes yeux encore mouillés. Médusée, je regardai de nouveau les garçons, incrédule. Une attention. Une surprise ! Les larmes brouillèrent de nouveau ma vue, et je ne me donnai même pas la peine de les essuyer. Recevoir un si beau cadeau était de loin la dernière des choses à laquelle je m'attendais. Si élégant, choisi avec goût, et de la part de personnes qui m'étaient si attachées… Et dire que, la veille, j'étais à un cheveu de douter de leur amitié. Mes yeux s'arrêtèrent pendant plusieurs secondes sur la boîte restée ouverte entre mes mains. Et c'est le temps qu'il me fallut pour revenir à la réalité. Je les dévisageais un à un. Félicien affichait un sourire jusqu'aux oreilles, Laurent contenait sa joie sous un rictus nerveux, et le rouge de ses joues me confirmait qu'il partageait mon effusion. Romain se positionnait à différents angles pour immortaliser la scène.

Les autres discutaient et blaguaient entre eux, tout autour de nous.

— J'ai le bon d'échange si tu as besoin, me souffla Félicien.

— Tu plaisantes… Je l'adore. Pour rien au monde je ne l'échangerais ! m'empressai-je de lui répondre en secouant la tête.

— Les seuls bijoux que nous t'avons vue porter étaient des bijoux précieux, des bijoux fins, intervint David. J'ai donc conseillé aux garçons de prendre quelque chose de discret mais raffiné, ajouta-t-il, tout fier.

Il n'en manquait pas une pour se faire valoir celui-ci, pensai-je.

— Et tu as bien fait… C'est tout à fait le genre de maille fine que j'aurais choisi, j'adore !!

— Vas-y, mets-le ! me commanda Romain dans un petit rire, comme j'hésitais, la boîte à la main.

— Il y a un certificat… ? m'étonnai-je en soulevant le petit papier qui glissait du clapet.

— Eh oui… C'est de l'or, affirma Félicien, aussi sérieux qu'un pape.

L'étiquette d'une boutique d'Orléans me fit aussitôt comprendre que c'était Laurent qui avait effectué l'achat. Il s'était chargé de cela… Les renseignements, le choix final, c'était lui. Mon cœur fit un tour de plus. Les battements sourds, douloureux, achevaient de me donner des sueurs. Je savais ce que tout cela signifiait de son côté. Et je savais maintenant ce que cela signifiait pour moi. Je me trouvais face à l'évidence du couple que nous étions sur le point de former, lui et moi. C'était comme dans un rêve… Une soirée inespérée, un cadeau inattendu, l'omniprésence d'un être qui compte depuis longtemps et qui vous chérit dans l'ombre.

Laurent vint tout près de moi pour m'aider à passer le bracelet, duquel je ne me lassais pas de contempler les pampilles colorées qui pendaient, étincelantes. Je me sentais radieuse, exhibant mon poignet à des mètres à la ronde. Mon amour pour cet homme jaillit en ce moment même à la face du monde et, oubliant les autres, je me hissai sur la pointe des pieds pour approcher mes lèvres des siennes. Il se laissa faire, m'enveloppa les épaules de ses bras avec une tendresse infinie, et nos bouches se fondirent sans retenue. Notre baiser me parut interminable. C'était comme une délivrance, une finalité que nous attendions tous. Comme s'il avait escompté que j'ouvre le bal pour aller enfin dans mon sens, espéré un signe de ma part pour lui aussi agir. Quand nous nous écartâmes l'un de l'autre, ses yeux n'avaient plus le même éclat. Et j'étais certaine que les miens non plus. Une pluie d'applaudissements fondit sur nous, nous laissant un peu bêtes. Ce nouveau tournant ne m'empêcha pas d'aller vers chacun de mes amis pour leur faire une bise, et les remercier de ce merveilleux cadeau. C'était le plus beau jour que j'avais eu à vivre jusqu'alors. Tout y avait concouru. Portée par l'euphorie de tous les événements combinés, je papillonnais, glissant sur un nuage léger et ouaté. Je me sentais si bien, si aimée, et si jolie. Tout était permis, ce soir.

Laurent attrapa ma main et m'entraîna au centre de la pièce. Il me plaqua d'une façon si tendre contre lui… Il m'enlaça et, dans un soupir, je fermai les yeux. Nous dansâmes un nouveau slow qui nous transporta à des lieues de la maison en fête. Les battements frénétiques de mon cœur étaient si violents, que je crus bien mourir d'une crise cardiaque avant la fin du morceau. Je me sentais aspirée par le tourbillon de l'amour, c'était un moment magique.

La soirée était bien installée, plutôt amusante et trop arrosée, avec Teddy assurant comme un pro au rôle de DJ. Nous décidâmes donc à la majorité qu'elle continuerait dans cette maison. Et comme nous avions toujours une bonne raison de faire la fête, nous n'annulâmes pas la discothèque, qui fut reportée au samedi soir suivant. Nous passâmes les heures qui suivirent entre rires et danses. Puis, je discutai de longues minutes avec Romain. Il me révéla, en toute confidentialité et à ma grande surprise, que Laurent était amoureux de moi depuis longtemps déjà. Il le lui avait avoué juste avant le départ en vacances. Mais c'était à David qu'il l'avait d'abord confié. Je compris soudain mieux ses attitudes antipathiques envers moi. Il appréciait Laurent plus que je ne l'aurais cru.

Vers deux heures du matin, Teddy se mit à la guitare, et nous nous assîmes tous autour de lui, rompus de fatigue. Il nous joua sans mal son répertoire habituel, incluant en prime le classique *Hallelujah* de Léonard Cohen. Assise sur les genoux de Laurent, j'écoutais le tintement des cordes de la guitare sèche, que la voix mélodieuse de Teddy accompagnait avec grâce. C'était presque irréel. Bercée par la douceur de son chant, je me blottis contre Laurent.

Les heures avaient filé comme autant d'étoiles les nuits chaudes en été, et je constatai avec déception qu'il était déjà pour moi l'heure de rentrer. Seul Laurent offrit de me ramener avec l'Austin, les autres lui laissant la primeur de cette proposition. Mais il était hors de question qu'il prenne la voiture, il avait bien trop bu – quand bien même il n'y avait qu'un kilomètre à parcourir. Nous décidâmes donc de partir ensemble à pied. Félicien suggéra de nous suivre avec JC et Julien, car il n'aimait pas l'idée que Laurent revienne seul. Nous tombâmes d'accord, et sortîmes dans l'air froid du petit matin. Nous marchâmes, Laurent et moi, main dans la main, que nous serrions fort, si fort. Pas une lumière ne brillait dans la rue. Nous avancions alignés sur le bitume, guidés par les fins rayons du clair de lune.

— Une demi-heure de retard… Je ne pense pas qu'ils me le reprocheront. C'est… Ou plutôt, c'était, mon anniversaire quand même, fis-je en haussant les épaules.

— Cette fois, ils ne diront sûrement rien, mais il faut veiller les prochaines fois à bien respecter le couvre-feu, prévint JC de sa voix un peu râpeuse.

— Oui… Enfin, ce n'est pas comme si c'était mon style d'abuser non plus, objectai-je en claquant des dents, comme nous atteignions le portail en bois.

— On y veillera, ne t'inquiète pas, me souffla Laurent dans le cou en pressant ma main. (Il déposa un baiser sur mes lèvres.) Allez maintenant, va. On se voit demain.

— Je ne suis plus à deux minutes…

J'allumai une cigarette. Une chouette hululait au loin. Un silence inhabituel s'insinua entre nous tous. Les autres s'éloignèrent de quelques pas, et Laurent et moi nous enlaçâmes en nous enivrant de nos odeurs respectives. Nous devions nous apprendre l'un l'autre, nous apprivoiser. Soudain, je voulus tout savoir de lui. Son passé, ses amis, sa famille, ses habitudes, préférences, aversions… Tout. Pour la première fois je me sentais amoureuse. Passionnément amoureuse. Notre étreinte me parut longue et pourtant, une pointe de frustration vint me saisir quand il me lâcha. Il prit mon visage entre ses grandes mains glacées puis, capturant mes lèvres dans un baiser, il me sourit.

— Bonne nuit. Je t'appelle demain.

Sa voix était à peine plus rauque que d'habitude.

— Bonne nuit, lui lançai-je à mon tour avec un clin d'œil, la main sur la poignée en fer forgé du portail.

Il attendit que j'arrive à la porte d'entrée pour me faire un signe de main.

Je me souviens être rentrée chez moi en me laissant porter par une petite brise vaporeuse et invisible. Peu m'importait l'heure qu'il était. Il me fallait me déchausser, me déshabiller, me brosser les dents… J'accomplissais chaque geste avec allégresse, prenant mon temps, me repassant les temps forts de la soirée. C'était si bon de se sentir aimée en retour. Aboutir à cet amour qui nous échauffait depuis maintenant plusieurs mois me faisait battre le cœur plus fort que jamais. Je pressentais que tout pouvait arriver avec lui. Je ressentais la force du lien qui nous unissait, plus que toute autre chose. Tout s'était passé comme dans un rêve et, en me couchant, je revis le visage effarouché de Laurent entre le dessert et le cadeau surprise. Je sombrai en douceur dans un sommeil insouciant, ne pouvant m'empêcher de penser que ce que nous vivions depuis des mois avait été si peu, à côté de ce qui nous attendait désormais.

21

De l'amour

Année 1991-1992
PARTIE 13

Nos premières sorties en amoureux furent une balade en bord de mer, un après-midi – par chance il avait fait beau –, et une escapade dans un bar après nos cours respectifs, où Laurent m'offrit un verre. Il semblait fasciné par la mer en hiver. Cette immensité froide et sans baigneurs, courant sur des kilomètres jusqu'à se perdre dans l'horizon, nous donnait à apprécier une tout autre image des tableaux estivaux auxquels nous étions habitués.

Au fil des jours qui s'écoulaient, nous nous apprivoisions un peu plus à chaque fois. Nous étions maladroits l'un avec l'autre, comme si notre connivence passée était une entrave à notre nouveau rapprochement. Ce fut d'abord assez compliqué à gérer, de son côté comme du mien. Et c'est le week-end suivant mon anniversaire qui nous permit de retrouver à tâtons l'attraction qui avait fait les belles heures de notre entente. Aussi, la présence des autres nous remit dans cette ambiance collective si joviale, et, par bonheur, nous obligea presque à recréer notre cocon de complicité.

Ce fut chez Félicien et Laurent que nous nous réunîmes tous le samedi soir suivant pour partir en discothèque, à l'exception de Romain qui était rentré chez lui, et de Justin qui ne voulait pas sortir. J'avais l'étrange sensation de continuer d'exister dans un rêve. J'étais entourée de mes amis, insatiables facétieux, fidèles et sincères, et de l'homme dont j'étais follement amoureuse sans l'avoir su pendant des mois. J'avais eu l'amour sous les yeux au fil de ces jours, toutes ces semaines, et aveugles, mes pas n'avaient eu de cesse de me guider vers le néant. Jusqu'à mes dix-huit ans. Maintenant tout était différent. Car je n'avais peut-être pas eu l'aubaine de goûter à de tendres moments avec Laurent au cours des mois précédents, mais éprise de lui comme je l'étais, j'avais bien l'intention de me rattraper.

Nous nous amusâmes tous ensemble avec autant de gouaille que lors de nos excursions passées. Laurent me regardait avec les yeux de la tendresse. Je me sentais si désirée. Nos baisers enfiévrés me surprenaient chaque fois, mais ils reflétaient si bien le trop-plein d'abstinence que nous avions supporté jusqu'alors. La musique, rythmée et puissante, nous échauffait les tempes. Quand j'entendis le premier slow, mon cœur se serra. Je vis Laurent s'écarter de la table pour venir à ma rencontre, et je lui sautai dans les bras. *Nothing Compares 2 U* nous ramenait une semaine en arrière. C'était l'image de notre premier baiser. Pas tant par la signification des paroles de la chanson, mais par la valeur symbolique qu'elle avait pour nous. Nous dansâmes, et ne desserrâmes notre accolade silencieuse pour rejoindre les autres que lorsque le morceau suivant commença.

Nous finîmes la soirée encore éméchés – surtout moi, car Laurent conduisait – et passâmes la journée du lendemain collés au canapé, à débriefer sur le déroulement des événements de la veille.

Novembre s'installa. Laurent était imprévisible. J'aimais beaucoup ça. Il ne m'appelait jamais les mêmes jours, jamais aux mêmes heures. Ses visites étaient improvisées, mais coïncidaient avec mes moments libres. Je finis par me convaincre qu'il connaissait mon emploi du temps par cœur. Un jour, il vint même me voir m'entraîner à l'école de natation de Caen. Je ne l'aperçus qu'à la fin, encore une chance. Car dès que j'enlevai mon bonnet, il me fit signe, et mon cœur s'emballa. Je perdis tous mes moyens. Je ne me sentais pas féminine dans ma tenue de natation, en plus d'avoir l'horrible impression de ne pas être à mon avantage. Il n'avait pas ouvert la bouche, mais ses yeux brillants avaient exprimé une espèce d'admiration que je n'avais pas comprise.

Les semaines filèrent et notre complicité s'affirma. Laurent était égal à lui-même : pas toujours loquace, mais droit, et drôle dès qu'il en avait l'occasion. Bien sûr, nous avions abordé la question de nos ex, enfin plutôt de mes deux ex, pour ma part, tandis que lui avait enchaîné les aventures sans lendemain. Nous n'étions pas entrés dans les détails.

Aussi, nos baisers timides devinrent des étreintes passionnées. Notre désir mutuel se fit plus ardent. Nous n'étions plus des enfants. Le besoin que nous avions de nous toucher était chaque fois plus fort. J'avais envie de caresser sa peau, respirer son odeur, sentir ses mains sur mon corps… Il m'était impossible de passer un seul jour sans penser à me retrouver dans une situation plus intime avec lui. Cela devenait viscéral. La retenue céda peu à peu la place à la fougue des premiers effleurements. Les moments que nous partagions étaient parfois si sensuels, le désir tant omniprésent, que l'envie de consommer cet amour nous incitait à repousser sans cesse nos limites. Ses mains, au départ fébriles, étaient plus fermes, plus aventureuses, et je me laissai moi aussi aller à des gestes davantage audacieux.

Un soir glacial de décembre, nous revenions d'un mini-concert à Caen. Après être passés par le lotissement pour déposer les autres (JC, Julien et Félicien), Laurent me ramena chez moi. Nous restâmes à discuter dans la voiture. Il me prit par la main et me regarda sans détour. Il entrouvrit les lèvres comme pour parler, puis détourna la tête et soupira. Je le fixai et attendis, mais il ne prononça pas un mot.

— Quoi ? m'étonnai-je. Qu'est-ce qu'il y a ?

— Rien.

— Si, il y a quelque chose. Quand on dit qu'il n'y a rien, c'est qu'il y a forcément quelque chose, lui fis-je remarquer en souriant.

Il sourit en relevant la tête, le regard rivé au tableau de bord. Il prit ma main, la serra, et m'enlaça avec tendresse. Il m'embrassa, caressant mon visage, puis mes cheveux. Son baiser se fit plus empressé, puis il posa sa main libre sur mon épaule, sous mon cou, puis descendit. L'étreinte qui emprisonnait nos lèvres n'en finissait pas. Ses gestes étaient précis, plus affirmés, et je m'abandonnai sous ses caresses qui galvanisaient mon appétit d'en avoir encore plus. Je me sentais vulnérable, mais notre exaltation était telle que je l'incitai à passer sa main dans mon manteau puis sous mon pull. Il détacha mon soutien-gorge, laissant ses doigts courir sur ma peau frissonnante. Je ne supportais plus les cognements fous de mon cœur et, hors d'haleine, je posai ma main sur son jeans et remontai à tâtons vers son entrejambe. Quand Laurent glissa sa main dans ma culotte, je succombai à une volupté sans précédent. Mais dans un sursaut de lucidité, je me redressai puis le repoussai, essoufflée.

— Attends, attends…

Il s'écarta, désorienté.

— On est devant chez moi, je ne veux surtout pas que mon père ou ma mère se pointe et nous découvre, lui lançai-je sur un ton d'excuse.

— Tu as raison. Je vais rentrer. Désolé…

— Non. Déplaçons la voiture, objectai-je.

— Anna, ton heure limite est dépassée. (Il inspira.) Je n'ai pas envie que ta mère vienne me faire une tête au carré, insista-t-il, l'air grave, en se calant dans le siège.

— Si, allez... Mes parents savent qu'on est ensemble et ils ont confiance en toi. Viens... le suppliai-je en m'approchant, et lui prenant le visage pour l'embrasser.

Il se laissa faire, puis soupira encore.

— C'est non, Anna. N'insiste pas...

— Bon d'accord, répondis-je, en me lissant les cheveux et glissant mes mèches en bataille derrière mes oreilles. C'est sans doute plus sage.

Comme je tentais de rattacher mon soutien-gorge, il se contorsionna pour m'aider, mais entre le pull et le manteau qui compliquaient l'opération, je capitulai.

— Laisse tomber. Je me déshabille dans deux minutes pour enfiler mon pyjama.

— Comme tu veux, me sourit-il.

— On se voit ce week-end, maintenant ? lui demandai-je, sans cacher mon agacement.

— Oui...

Tandis que je hissais mon sac sur mes genoux, je vis son regard encore vague, comme perdu dans la nuit. Je me tournai vers lui pour capturer ses lèvres dans un dernier baiser, mais il inspira et je l'entendis déglutir.

— Anna ? fit-il en se redressant.

— Oui ?

— Tu n'as pas eu peur de... ? Avec moi, je veux dire... Tu as déjà...

— Quoi ? le coupai-je sans préambule, en l'examinant pendant deux secondes. Si j'ai déjà fait l'amour, c'est ça ?

Je souriais... jaune.

— Oui... articula-t-il dans un murmure.

— Tu veux savoir s'il y a déjà eu une première fois ?

Il baissa les yeux et se tut. Je savais qu'il ne parviendrait pas à formuler une phrase cohérente.

— Eh bien… Tu ne seras pas le premier, continuai-je. C'est bon ? Tu arrêtes de t'angoisser, maintenant ? questionnai-je, à mi-chemin entre colère et amusement.

— Oui… Excuse-moi.

— Tu as le droit de te poser la question et de savoir… J'espère que tu n'es pas déçu. Je me doute bien que pour toi ce ne sera pas la première fois, peut-être pas la deuxième, même. Peu importe. Ça arrivera quand ça arrivera entre nous, ne pressons pas les choses.

J'étais étonnée de ma lucidité, et de ma disposition à parler avec lui sans complexe d'un sujet si délicat. Je préférais paraître détendue, pour faciliter le dialogue. Même si je demeurais morte de trouille.

— Bon, j'y vais, finis-je par lui dire. Bonne nuit. On s'appelle.

Je déposai un tendre et furtif baiser sur ses lèvres. Il m'agrippa le menton avant que je n'aie pu me retourner.

— Anna…

— Oui ?

— Je suis désolé, je ne suis pas doué pour les discussions de ce genre… J'espère que tu ne m'en veux pas. Et surtout, j'espère ne pas avoir gâché ce moment.

— Mais non. J'adore quand tu perds tes moyens (mon petit clin d'œil lui indiqua qu'il n'avait à craindre aucune animosité de ma part.) Allez, je file.

— À demain au téléphone, sourit-il. Bonne nuit.

— Bonne nuit.

Et alors que je claquais la portière, je lui adressai un petit signe de la main. Je vis son regard perdu entre tristesse et confusion, et je partis le cœur serré.

La semaine qui suivit fut ponctuée d'une visite de Laurent pour un café, et d'un dîner avec les autres. J'avais d'importants devoirs à rendre et je m'étais restreinte à une seule sortie. Je détestais les contraintes, mais cette fois je m'y étais obligée. Nous retrouver seuls Laurent et moi avait été quasi impossible cette semaine-là.

Cela faisait déjà un mois et demi que nous étions ensemble, et je crois bien qu'il n'avait jamais eu de relation si longue avec une fille. Nous nous entendions à merveille, et je m'étais mise en tête de négocier avec mes parents le droit de dormir chez lui avant la fin de l'année. J'étais majeure maintenant. Mon empressement de le retrouver était tel que j'attendais notre prochain tête-à-tête avec impatience.

L'approche des fêtes de Noël avait cette saveur magique, et nous multipliâmes les grandes tablées chaque samedi soir.

Avant les vacances de Noël, nous avions fixé au soir du dimanche 22 décembre notre « repas de Noël » entre amis, soit le deuxième jour des vacances scolaires. Tous avaient décidé de quitter le village au matin du 24 décembre pour le réveillon en famille, sauf Félicien qui avait organisé son départ pour le 23.

Comme tous les habitants de la maison de Félicien participeraient à ce repas, à l'exception de David, nous avions convenu que la soirée se déroulerait chez Félicien. Nous étions sept. Dans les maisons d'en face, seuls Romain, JC et Julien devaient se joindre à nous.

C'était l'euphorie, ce jour-là. Ils avaient fait les courses la veille, d'après une liste que nous avions élaborée ensemble. J'étais venue en fin de matinée pour aider aux préparatifs du dîner. Fred et moi avions travaillé de concert dans la cuisine, encombrée de casseroles en tout genre, saucières, foie gras, fruits rouges, salade, et d'une grosse dinde sortie du réfrigérateur en milieu d'après-midi – que Félicien avait bien voulu farcir avec le subtil hachis à base de châtaignes et de champignons préparé par Fred. Laurent avait été attentionné avec moi mais, comprenant que j'avais peu de temps à lui accorder, il rejoignit JC et Julien pour une séance de jeux vidéo qui dura au moins deux heures. Une fois Laurent sorti de la cuisine, Fred m'avait lancé un regard en coin, émincant un oignon :

— Il est sacrément amoureux. (Je me pinçai les lèvres.) Je parle de Laurent, Anna.

D'emblée, je me sentis rougir. Je le regardais, interdite.

— Euh… Ah bon ? Je veux dire, pourquoi tu me dis ça, d'un coup ?

Il alla fermer la porte.

— J'espère que ça va marcher entre vous, Anna. Il t'aime.

— Arrête de faire le mystérieux, s'il te plaît, lui demandai-je avec mon regard noir.

— Cesse de m'intimider… Et continue de te concentrer pour couper ce foie gras, tu vas nous faire des tranches de travers, là, sourit-il. Laurent parle peu, comme tu sais. Mais quand il ouvre la bouche, ce n'est presque *que* pour parler de toi. (Un court silence s'insinua.) Il a des scrupules à fêter le réveillon du Jour de l'an avec ses amis d'Orléans…

— Ah oui ?

— Parce qu'il aurait voulu être avec toi… Je l'ai entendu le dire à Félicien dans la cuisine, hier matin.

Je me sentais toute chavirée, au point de ne pouvoir articuler le moindre mot. Rien qu'à l'idée de le suivre là-bas… Non, il ne fallait pas y penser. Mes parents s'y opposeraient sans négociation possible. Je laissai le foie gras, il pouvait attendre. J'attrapai une cigarette et je l'allumai près de la fenêtre entrouverte.

— Mais toi aussi, tu l'aimes… Toi aussi tu l'aimes, Anna, allégua-t-il en se retournant vers moi avec un sourire.

J'avais, deux jours avant la date de ce repas, saisi l'occasion pour obtenir le droit de rester chez mes amis pour la nuit. Notre première nuit, à Laurent et moi. Il avait d'ailleurs semblé à la fois surpris et mal à l'aise devant cette nouvelle. Nous avions prévu de le dire aux autres qu'en fin de soirée, ce qui nous évita des insinuations taquines de leur part au cours du repas.

La soirée fut, comme c'était prévisible, teintée de bonne humeur. Les six autres garçons avaient été missionnés pour mettre la nappe et le couvert. Romain et moi nous étions amusés à décorer l'ensemble avec des bougies de Noël, des paillettes dorées et des pommes de pin. J'avais préparé un petit cadeau amusant pour chacun : une boîte cartonnée emplie de divers sujets (papillotes, bonbons, quelques cigarettes et briquet pour les fumeurs, porte-clés… enfin tout ce qui pouvait tenir dedans), posée sur chaque assiette. Julien avait sélectionné des morceaux de musique tranquille pour le repas. Ce qui ne l'avait pas empêché d'enregistrer tout un tas de chansons rythmées, qui nous permettraient un peu plus tard de nous ébattre comme des fous, au milieu du salon transformé en piste de danse. Il avait même suspendu une boule à facettes, et utilisé les spots prêtés par Teddy pour ma soirée d'anniversaire.

Vers dix-huit heures, nous allâmes les uns après les autres occuper la salle de bains. À vingt heures, Fred nous appela pour l'apéritif. Julien mit en route la chanson de *Petit Papa Noël*, ce qui suffit à nous faire rire à l'unanimité, devant les coupes de champagne que JC préparait pour nous. Je fus admirative quand je nous vis tous les sept sur notre trente et un. Vêtue d'une longue robe de velours noir, derrière laquelle Laurent avait peiné à nouer et serrer les entrelacs, j'étais descendue la dernière. Une chaîne fine pendait à mon cou, en plus de celle de Laurent, d'élégants brillants à mes oreilles et, bien sûr, mon bracelet à pampilles multicolores, que je ne quittais plus depuis mon anniversaire. Je rougis sous le regard de Laurent, teinté de désir. Je fus ravie de voir qu'il avait mis un pantalon noir droit, qui lui changeait de ses habituels jeans, et portait une chemise chic mauve et blanche avec de jolis motifs abstraits. Il était rasé de frais, et l'odeur de son parfum s'accrochait déjà à mes narines. Les autres avaient sorti leurs pantalons à pinces et laissé leurs pulls au placard. Julien avait mis du gel et Félicien s'était tondu la tête.

Romain vint encore une fois nous arroser des flashs de son appareil photo, et nous prîmes les poses les plus délirantes. JC ne put s'empêcher de nous raconter ses blagues subtiles ou carrément grotesques, et Julien ne nous épargna pas ses imitations de deux de leurs professeurs ou de leurs précédents voisins, les terminales. Les rires fusaient. Félicien nous confia qu'il avait été compliqué pour lui de ne pas partir la veille, tant sa fiancée Émilie lui manquait.

Le repas fut délicieux, bien que ma sauce au foie gras se trouvât ratée pour la dinde. Félicien et Romain se relayèrent pour servir nos deux entrées, un plat et trois accompagnements. Nous restâmes longtemps à table, à rire, à refaire le monde. Après avoir chanté avec nous quelques chansons paillardes à tue-tête, Fred apporta un dessert glacé vers onze heures. J'étais épuisée d'avoir passé ma journée debout dans la cuisine. Le café me remonta un peu et je rejoignis mes amis pour danser. Laurent et moi étions collés l'un à l'autre. Après trois coupes de champagne et un slow avec lui, je m'écroulai sur le canapé. Un peu plus tard, Laurent me transporta dans sa chambre.

Quand j'ouvris un œil, la première chose qui m'apparut fut l'heure sur le réveil. Deux heures et demie. La pénombre. J'entendais des résonances, des basses. La musique. Et j'étais seule. Plus de chaussures, allongée sous les draps, en culotte et débardeur. Je me redressai sur les coudes. Soudain, des voix me parvinrent du couloir. Des rires aussi. Puis des chuchotements près de la porte, que je trouvai longs, très longs. Enfin, la porte s'ouvrit.

Je me rallongeai et m'immobilisai sur-le-champ, feignant le sommeil. Laurent entra dans la chambre en tâtonnant jusqu'à la lampe de chevet qu'il alluma dans un imperceptible cliquetis. Curieuse, j'entrouvrais un œil de temps à autre et l'observais se déshabiller dans la faible lumière. Et c'est là, que je le vis nu. Je refermai les yeux aussitôt. Il enfila un caleçon et un tee-shirt à la hâte, puis il se coucha près de moi sans bouger. Mais il n'éteignit pas la lumière tout de suite. Je compris soudain qu'il me regardait. Mon cœur battait à tout rompre. Il replaça la bretelle de mon large débardeur retournée, qui découvrait presque mon sein droit. Je sentis le feu me monter aux joues, et profitai de l'occasion pour ouvrir les yeux en simulant mon réveil.

— Pardon, je t'ai réveillée, s'excusa-t-il d'emblée dans un murmure.

— Pas grave… souris-je en me blottissant contre lui.

Son corps était chaud. C'était agréable. Il m'enlaça, sa main sur mes cheveux. Nous restâmes ainsi plusieurs minutes. C'était si romantique.

— Au fait… me souvins-je dans un sursaut. J'ai quelque chose pour toi.

Je me redressai et, sur le ventre, saisis à bout de bras mon sac, resté au pied du lit. Fouillant à l'intérieur, j'en sortis un petit paquet plat, carré, et recouvert d'un papier kraft.

— Le papier n'est pas beau, mais… je pense que ce qu'il contient te plaira, ajoutai-je de mon ton le plus énigmatique.

Je souriais, un peu niaise. Il tira délicatement sur l'emballage, et le bruissement du papier déchiré se fit violent à mes oreilles. Quand il tint entre ses mains le dernier album de Sinéad O'Connor *I Do Not Want What I Haven't Got*, il afficha un large sourire.

— Merci, fit-il en se tournant vers moi et en me gratifiant d'un baiser.

— Joyeux Noël, fut ma réponse murmurée.

Nous nous embrassâmes, longtemps. Le temps n'avait pas d'importance. Et à mesure que notre étreinte se resserrait, nos corps se collèrent, s'enroulèrent. Notre exaltation était telle, que notre respiration était devenue un souffle unique. Lorsque Laurent retira mon débardeur et me couvrit de baisers, je soupirai lentement. Et comme s'ils représentaient des obstacles pour nous étreindre plus fort, nous jetâmes à terre le reste de nos vêtements.

La caresse de ses doigts sur ma peau alanguie me fit frémir. Je m'enivrais de la sienne, brûlante, que je sentais vibrer sous mes mains, et son parfum acheva de me griser pour parfaire mon adoration.

— Tu es si belle, susurrait-il en engouffrant son visage dans mon cou.

Fébrile, je ne contrôlais plus mes inspirations, sentant mon pouls pulser à un rythme effréné. Quand il se glissa en moi, je ne ressentis pas la douleur déchirante dont j'avais entendu parler si souvent, je n'y pensai même pas. Nous fîmes ainsi l'amour ensemble pour la première fois au cœur de cette nuit de décembre.

Nous passâmes la journée du lendemain, un peu patraques, entre la cuisine et le canapé. Beaucoup de choses méritaient d'être rangées. À midi, nous regardâmes Félicien partir sous les flocons clairsemés, cotonneux, qui fondaient avant d'avoir atteint le sol. Nous jouâmes aux cartes tout l'après-midi.

Le soir, nous dînâmes des restes de la veille. Mes parents m'avaient laissée partager tous les repas de mes amis, car ils savaient que nous ne nous verrions pas pendant dix jours.

Le lendemain, le jour du réveillon, fila à une vitesse folle. C'était avec désolation et les yeux rougis que je saluai mes amis. Laurent me ramena chez moi et notre accolade fut si forte, que mes larmes se perdirent dans son cou. Il essuya les suivantes d'un revers de main et, dans un dernier baiser, prit la mienne pour y nicher un minuscule sachet. Il s'écarta puis recula, après avoir mis son doigt sur ma bouche pour m'imposer le silence. J'en restai interdite. Il monta en voiture, fit ronronner le moteur, puis ôta son bonnet. Quand il fit marche arrière pour se mettre à mon niveau, il abaissa la vitre. Il inspira une goulée d'air sous les flocons qui s'amoncelaient sur le capot, puis plongea son regard brillant dans le mien. Son rictus tendre me fit fondre.

— Joyeux Noël, Anna.

— Merci… À toi aussi. Joyeux Noël, Laurent, souris-je, béate.

— Je t'appellerai à mon arrivée.

Ma seule réponse fut un signe de tête. Je me penchai vers lui pour capturer ses lèvres encore une fois. La voiture disparut ensuite, tandis que je restais devant la maison à ouvrir le sachet. Je fus stupéfaite d'y trouver des boucles d'oreilles. De fins pendants dorés à la chaîne si fine, si sobre… J'étais aux anges. Je les suspendis aussitôt à mes oreilles. Quel cadeau magnifique pour penser à lui les jours à venir, et patienter jusqu'à son retour.

Durant ces vacances de Noël, nous souffrîmes autant l'un que l'autre de nos absences respectives. Pas une journée ne passa sans que nous nous téléphonions. Les jours me paraissaient si longs que je me couchais chaque soir avant vingt et une heures. Aucun livre, aucun film ne parvenait à m'extraire Laurent de la tête pendant plus de cinq minutes. J'écourtais les conversations avec mes parents, restais dans ma chambre la plupart du temps. Entre l'attente désespérée de la sonnerie du téléphone, la lettre de Laurent que je reçus deux jours après son départ, et à laquelle je répondis tout de suite, je n'y tenais plus. Dans sa lettre, il relatait de façon très brève ce qu'il faisait et avec qui, me racontant quelques anecdotes familiales au passage. Je fus comblée de lire que je lui manquais. Je passais quant à moi un temps infini à lui écrire en retour. Enfin prise dans le tourbillon des réunions familiales, je parvins à sortir de mon isolement.

Pour le réveillon de la Saint-Sylvestre, j'allai avec mes parents à un dîner, chez des amis de longue date. Leurs deux filles de neuf et quatorze ans étant également présentes, je tentais de faire bonne figure malgré mon humeur morose. Même si l'absence de Laurent m'était devenue insupportable à trois jours de son retour, je m'efforçais de ne pas y penser.

Lorsqu'il revint au village le samedi 4 janvier, Laurent s'arrêta chez moi sans passer par le lotissement. Je portais ses boucles à mes oreilles. Entre enlacements timides, rires complices et baisers fougueux, nous discutâmes, puis je l'accompagnai sans hésiter à sa maison au bout du village. C'était le premier des étudiants à être revenu dans le quartier. Je l'aidais à défaire ses affaires alors qu'il me racontait ses vacances entre amis et famille, à Orléans. Je m'obligeais à faire taire ma jalousie, quand il me dit de la façon la plus naturelle que deux filles avaient partagé leur soirée du Nouvel An. Son attachement que je ressentais de plein fouet, dans son attitude prévenante, dans ses gestes tendres, et en particulier à ce moment-là, m'encouragea à me raisonner en silence. La confiance était donc installée.

La soirée était à nous. Je découvris avec bonheur qu'il avait apporté une bouteille de champagne. Du Pommery, mon préféré. Nous en bûmes une coupe, puis il m'invita à sortir. Il m'emmena dîner dans un restaurant le long des berges de l'Orne, à Caen. Nous bavardâmes sans retenue, sa main sur la mienne. Nos éclats de rire attirèrent l'attention des autres clients. J'eus la satisfaction de constater que Laurent mettait un point d'honneur à me faire rire. Ce qui contrastait avec l'apparente réserve qu'il avait en général avec moi. Plus je l'observais, et plus j'éprouvais le désir brûlant de sentir sa peau contre la mienne. Notre repas achevé, nous nous baladâmes en ville et admirâmes les décorations de Noël avant que les commerçants ne les retirent.

En rentrant chez lui, Laurent me serra fort dans ses bras. J'en fus tout étourdie. Si bien que, quand il fit glisser mes vêtements un à un, je frissonnai. Ses caresses, au départ teintées de la timidité des retrouvailles, se firent plus audacieuses. Nue, je me pressai contre lui puis m'abandonnai, cambrée sous le feu de ses baisers. Nous fîmes l'amour une seconde fois, mes mains emprisonnées dans les siennes. J'avais oublié à quel point ce corps à corps, fiévreux, avait le pouvoir de me griser.

Un peu plus tard après la reprise des cours, nous organisâmes une énième fête pour célébrer la nouvelle année. Romain apporta les photos de mon anniversaire et du repas de Noël, qu'il avait fait développer. Il avait commandé des doubles et nous choisîmes chacun deux ou trois clichés.

Romain et moi continuions à avoir de longues conversations au sujet de Laurent et d'autres choses, que ce fût par téléphone ou quand je passais au lotissement. En revanche, je m'écartais un peu de Félicien, qui était trop proche de Laurent. Je ne souhaitais pas de malentendus entre eux par ma faute.

Janvier et février filèrent comme des fusées, entre joie de vivre et amour fusionnel. Laurent ne rentrait chez lui qu'un samedi par mois. La semaine était consacrée à nos devoirs respectifs. Cependant, nous nous voyions le mardi soir durant une heure, et le vendredi soir jusqu'à vingt-deux heures trente. Il venait me voir m'entraîner à la piscine chaque mercredi après-midi. Pendant le week-end, nous ne sortions quasi jamais la journée. Nous occupions nos samedis après-midi par des jeux de cartes avec les autres, ou regardions des films après le café, pelotonnés dans d'épaisses couvertures. D'ordinaire, nous dînions tous ensemble, sauf si Laurent m'emmenait au restaurant. Ce qui arrivait au moins une fois par mois. Nous continuions à avoir des débats collectifs de toutes sortes. Les derniers en date étant surtout au sujet du traité de Maastricht, au cœur de toutes les discussions. Quand le ton montait, il y en avait toujours un pour faire le pitre et enrayer les conflits. Il nous était arrivé d'aller tous nous défouler en discothèque, mais ces escapades nocturnes s'étaient limitées à deux fois depuis le début de l'année. Lorsque nous étions tous les deux, Laurent et moi, nos rires résonnaient au milieu de la nuit, au cœur de nos effusions passionnées. Le dimanche, Laurent venait déjeuner avec moi chez mes parents. Il ne franchissait pas la porte sans une pâtisserie que j'adorais.

C'est un vendredi soir du mois de mars, que Laurent et moi connûmes notre tout premier désaccord. Nous étions dans sa chambre – les autres regardaient un film, sauf Teddy que nous entendions jouer de la guitare dans la chambre de David.

— Tu te rends compte que, quand même, moi je t'ai présenté mes parents. Jamais tu ne m'as proposé de me faire connaître les tiens, m'indignai-je, rouge d'une exaspération trop longtemps contenue.

— Parce que tu crois que je n'envisage pas de t'emmener chez moi ? C'est ce que tu penses ?

Ses yeux en cet instant me parurent si sombres. Je me radoucis.

— Eh bien pour le moment, nous n'en avons jamais parlé. *Tu* ne m'en as jamais parlé, plutôt.

— Pas encore… corrigea-t-il. Tu ne connaîtras que ma mère. Mon père habite dans le Nord, avec ma sœur, Lise.

— Tu te dis que c'est trop tôt, c'est ça ?

— Je n'ai pas dit ça.

— Si. C'est ce que tu penses, je le sais.

— Non… Juste… Laisse-moi du temps. Tu es ma première relation, disons… sérieuse. Nous n'habitons pas à côté… Enfin pour le moment, si, mais ensuite…

— Donc, tu n'as pas envie d'y penser, le coupai-je, impatiente. Tu t'imagines qu'on va vivre comme ça indéfiniment ? Tu crois que nos trois cents et quelques kilomètres ne vont pas être un obstacle pour la suite ?

Mes yeux s'emplirent de larmes. La guitare se tut. Il me prit le bras avec douceur.

— Anna, calme-toi, murmura-t-il. (Il plongea ses yeux dans les miens.) On n'en est pas là... C'est début juillet, la fin des examens. On aura l'occasion d'en reparler... Pour le moment, profitons des week-ends ensemble ici.

Il me regardait sans se départir de sa gravité. Il hocha la tête puis ajouta :

— Dans plus de trois mois, Anna. S'il te plaît...

— C'est demain ! On dirait que ce n'est pas grave pour toi... J'en ai assez entendu, je m'en vais ! lâchai-je en claquant la porte.

J'étais déjà dans la rue quand il me rattrapa *in extremis* sous une pluie battante. Je me débattis d'abord, puis capitulai quand il m'enveloppa de ses bras, m'immobilisant. Il m'entraîna vers la maison, et se planta devant moi.

— Pardon, Anna... Tu chamboules mes habitudes, ma vie... Tu es un bouleversement à toi toute seule, et même si j'y étais préparé, c'est compliqué à gérer pour moi. (Je tentai d'ouvrir la bouche mais il me la couvrit de sa main.) Bien sûr que j'y pense, bien sûr que je me demande comment on va faire quand je devrai partir, mais ne t'inquiète pas, on trouvera.

Son sourire était sublime, l'eau ruisselant sur son visage.

— Anna...

— Pourquoi tu ne dis jamais rien ? Pourquoi tu ne dévoiles pas tes sentiments ?

— Je sais que j'ai un côté ours... (Il détourna le regard.) Mais je peux te dire que je tiens à toi bien plus que tu ne le crois. C'est tout ce que tu auras de moi ce soir. Allez viens, tu vas prendre froid. On rentre se sécher à l'intérieur. Après, je te raccompagne.

Les beaux jours arrivèrent sans crier gare, et nous offrirent nos premières balades ensoleillées sur la côte.

Chaque vendredi soir, nous prenions l'Austin et filions vers la mer, au son de *Wind of Change* de Scorpions. Ces minutes resteront gravées dans ma mémoire. Les effluves salés embaumaient l'air et je me sentais revivre. Après le passage à l'heure d'été, Laurent et moi avions pris l'habitude de nous asseoir au pied des falaises des Vaches Noires, à marée basse. Enlacés sur les galets, nous contemplions les magnifiques couchers du soleil, et écoutions le bruit des vagues. Puis il me parlait de ses amis d'Orléans, me décrivant la particularité de chacun d'eux.

Bientôt on organisa les premiers barbecues, et l'un d'entre eux eut lieu un samedi soir sur la plage. Cela me rappelait nos premières expéditions sur la côte et les soirées du printemps précédent qui avaient succédé à notre rencontre collective. Musique, alcool et bonne humeur étaient réunis pour fêter la proche fin de l'année scolaire et des examens. Malgré la fraîche température de l'eau, plusieurs garçons dont JC, Julien et David avaient trouvé le courage de se baigner. Presque tout le monde vint, y compris quatre garçons de terminales à qui je n'adressai pas un mot. Maxence avait décliné pour cause de retour chez lui. Nous nous étions croisés une fois lui et moi, un mois avant ; il était seul et j'étais main dans la main avec Laurent. Parce que la rancœur ne dure jamais longtemps, mon sourire n'avait eu d'égal que sa gêne. J'avais obtenu la satisfaction de le voir rougir aussitôt, et observer son regard fuyant.

Déjà le mois de mai, et la fête du village était en place avec son lot de forains, attractions, villageois, et un soleil de plomb. Encore des souvenirs à l'aube de l'été précédent. Que de nostalgie accentuée par le départ latent de mes amis. Nous passâmes cette journée tous ensemble à la plage, et ne revînmes que le soir, la peau rougie, pour investir les manèges en délire. Nous saluâmes mes parents au passage, embarqués dans d'improbables conversations avec le garde champêtre. Quand nous entrâmes dans la salle des fêtes, ce fut pour nous installer aux tables du repas auquel nous nous étions inscrits quinze jours avant, Félicien, JC, Julien, Romain, David, Laurent et moi. La musique était assez forte, la chaleur dominait encore. Notre complicité fraternelle guidait nos échanges, et nous avions l'air d'extraterrestres aux yeux des villageois attablés.

Au cours de la soirée, je présentai des connaissances de longue date à Laurent. Nous fîmes la fête jusque tard dans la nuit. Mes parents ne m'autorisèrent à passer la nuit avec Laurent qu'au moment où les garçons s'en allaient.

Fatigués mais curieux, nous participâmes deux jours plus tard au traditionnel concours de tirs à la carabine, au cours duquel JC remporta la coupe du vainqueur grâce à sa précision. Nous dînâmes ensuite — sur invitation de mes parents — avec les membres du comité des fêtes. Ce fut une nouvelle soirée sympathique et divertissante.

Ce soir-là, je compris vraiment à quel point ces moments étaient si précieux. J'étais à deux mois de ne plus revoir mes amis. Nos soirées, nos fêtes, me manqueraient indéfectiblement. Et quel était le pourcentage de probabilité pour que nous puissions nous réunir tous ensemble le même jour, une fois qu'ils seraient loin d'ici ? Quasi nul. À cette pensée, mon cœur se dérobait. Il me semblait déjà tant insurmontable de songer au départ de Laurent… Alors d'eux tous, j'en avais des suffocations. Laurent ne me parlait pas de ses craintes. Et en six mois, pas une seule fois il ne m'avait dit : « Je t'aime ». Il paraissait souffrir en silence. Je le sentais dans ses étreintes, chaque fois plus fortes.

22

Les promesses de l'été

Printemps-été 1992
PARTIE 14

Tout allait pour le mieux entre Laurent et moi, malgré nos révisions respectives, auxquelles nous accordions plus de temps que nous ne l'aurions voulu. Et même si la menace de notre séparation nous rendait vulnérables à mesure que les jours se succédaient, Laurent continuait d'éviter ce sujet. Je m'efforçais de me montrer tolérante face à son silence. Ses attitudes semblaient changeantes malgré son apparente insouciance. Et, chose étrange, il me parlait de plus en plus de ses amis orléanais. Comme s'il tentait de me préparer à son départ imminent, comme si l'imaginer avec eux et savoir qu'il les retrouverait me ferait mieux accepter son absence.

Un soir, alors que je fumais une cigarette à la fenêtre après que nous avions fait l'amour, Laurent vint se poster à côté de moi sans rien dire. De la musique nous parvenait d'une des maisons des terminales – et dire que tout cela allait bientôt s'arrêter. Nous approchions du mois de juin, et il nous restait un mois avant la fin des examens. Un mois à profiter les uns des autres.

La mine songeuse, il interrompit le silence que nous avions laissé s'installer.

— Anna… Dans un mois ce sera terminé.

Je sentais mon cœur cogner sous ma poitrine. J'inspirais en retenant les larmes qui me montaient aux yeux.

— Les semaines sont passées si vite avec toi… ajouta-t-il, comme je ne répondais pas. (Quatre secondes au moins s'égrenèrent.) J'ai bien réfléchi, annonça-t-il en regardant l'horizon.

Je déglutis, au bord du gouffre. Je continuais de regarder au loin, attendant la suite.

— À la rentrée prochaine, si tu es d'accord, je viendrai te voir au moins deux week-ends par mois. Et toi, tu viendras un week-end par mois, en train. (Il me regarda.) Mais d'abord, je t'invite à venir passer deux semaines fin juillet, chez moi, à Orléans. Qu'en dis-tu ?

Je n'en revenais pas. Depuis des jours que je n'en dormais plus, j'étais sur le point de lui faire, à un détail près, une proposition identique. J'avais eu du mal à le laisser terminer, tant je bouillonnais d'impatience de le serrer dans mes bras. Il ne se doutait pas de quelle détresse psychologique ses projets me délivraient. Je savais combien il lui en avait coûté de s'épancher ainsi. J'étais la principale concernée, et il aurait préféré se terrer plutôt que de m'en parler. Mais le temps jouait contre nous depuis trop longtemps, maintenant.

Avec fougue, je lui sautai au cou, puis capturai ses lèvres dans un interminable baiser.

— Merci, merci d'avoir pris le temps de réfléchir à tout ça. Je souhaitais tellement que tu fasses le premier pas… Et je suis heureuse que tu l'aies fait, souris-je, au comble de l'excitation.

J'aurais juré avoir vu une imperceptible lueur scintiller dans ses yeux. Un silence s'insinua avant qu'il n'ouvre la bouche.

— J'ai dû retourner le problème des dizaines de fois dans ma tête, j'en serais devenu insomniaque je crois… m'avoua-t-il en baissant le regard.

Je me blottis contre lui, encore palpitante. Quel bonheur de me sentir désirée. Je sentais son amour si fort, à ce moment-là.

— C'est d'accord ?

— Quelle question ! Oui, évidemment. Et plutôt deux fois qu'une, déclarai-je en écrasant le mégot de ma cigarette dans le cendrier.

Je l'enlaçai.

— Et tes parents ? Tu crois qu'ils le seront aussi ?

— Oui. Et si ce n'est pas le cas, je saurai les en convaincre.

— Anna… (Il déglutit. Avec lenteur, il se détacha de moi, me caressa la joue.)… Je t'aime. (Il me regarda, grave.) Il y a longtemps que je voulais te le dire, murmura-t-il en prenant ma main.

Pour la première fois, il m'avouait son amour… Je ressentis les frissons annonciateurs d'un trouble qui s'installait en moi, et je ne comptais plus les embardées que faisait mon cœur.

Penaude, je n'avais pas ouvert la bouche pendant au moins une minute.

— Je t'aime aussi, Laurent… parvins-je enfin à articuler.

Alors que j'avais senti cet amour s'ériger en moi, au tout début, je n'avais pas osé lui dire non plus. Il me prit dans ses bras avec tant de spontanéité, que je n'eus pas le temps de bouger.

— Je ne veux pas te perdre, Anna. On ne se séparera pas toi et moi, d'accord ?

S'il ne m'avait pas maintenue ainsi contre lui, je crois bien que j'aurais défailli.

— Je te le promets, lui dis-je, la voix tremblante, mes larmes trop longtemps contenues inondant mes joues et son épaule.

Avec le recul, je fus bien forcée de reconnaître que c'était à la faveur du compte à rebours bientôt écoulé que Laurent s'était déclaré. Nous aurions pu continuer de nous voir et ressentir, vivre nos sentiments, sans pour autant nous les dire. Je dus admettre aussi que les moments volés au temps qui passe et que nous avions vécus tous les deux, ou même tous ensemble, avaient cette saveur unique à cause de l'échéance qui planait. J'en étais encore à me demander de quelle façon je pourrais survivre à leur départ. Je ne parvenais pas à me projeter dans ce jour affreux, tant l'exercice me paraissait difficile. Et j'avais beau me repaître de chaque nuit, chaque heure, et chaque minute passée en leur compagnie, j'appréhendais l'avenir tout proche comme le glas qui annonçait autrefois l'agonie d'un mourant.

Tout alla très vite, ensuite. Nous étions en train de vivre nos dernières semaines. De tendres journées s'étaient écoulées depuis, allant des après-midi entiers que nous passions Laurent et moi allongés, à l'ombre des pommiers, aux débuts de soirées, seuls ou accompagnés, assis en haut des falaises des Vaches Noires. Amoureux transis, nous nous délections de nos allers-retours à répétition sur la côte normande. Nous ne comptions plus les dimanches sur le sable humide de la plage. Je redoutais tant que la présence de mes amis me manque de façon si cruelle, que je ne pouvais y penser sans avoir des suées, tantôt accompagnées de malaises. À cela s'ajoutaient la pression des examens, la chaleur oppressante qui nous collait à la peau, où que nous allions. Mon moral se dérobait, et je faisais tout pour ne pas le montrer.

La dernière semaine avec mes amis eut un accent particulier. Les maisons se rangeaient par des mains maladroites, les placards se vidaient, les valises se remplissaient de vêtements et de regrets. Laurent et moi nous vîmes tous les soirs, en dépit des révisions finales, cruciales.

Après avoir obtenu l'accord préalable de mes parents, j'avais lancé l'invitation à une fête que j'organisais chez nous. L'ultime examen de mes amis était fixé au mardi suivant, le 30 juin, et ils devaient rendre les clés des logements le lendemain midi. Quelles impressions bizarres tout cela me procurait… Je me sentais seule avant de l'être vraiment.

Le jour de ma fête, le samedi 27 juin, je consacrai toute mon énergie aux préparatifs, jusqu'à me perdre dans le moindre détail. Cette fête d'adieu devait rester dans notre mémoire à tous. Adieu à l'insouciance de la jeunesse, à l'amitié, au collectif que nous représentions, sa signification pour chacun, et qui s'envolerait à jamais de ces lieux. C'était aussi ma manière de remercier mes amis pour la confiance qu'ils m'avaient accordée, leurs innombrables invitations, et tous les instants que nous avions partagés. Mes parents ne me l'ont jamais dit, mais ils avaient sans doute senti la force des liens qui nous unissait tous. Cet effort de leur part était leur contribution à mon bonheur présent, intangible, et malheureusement éphémère.

J'avais acheté de nouvelles chaussures une semaine avant, reçu la veille un colis de vêtements élégants, que j'avais commandés pour l'occasion. Euphorisée par la soirée qui se profilait, je me languissais de pouvoir porter ces nouveaux atours.

Mon père avait proposé d'organiser un camping dans le jardin. Je dus avouer que cette idée était tout à fait originale, et j'étais ravie qu'il l'ait proposée, que mes amis l'aient acceptée si vite et avec enthousiasme. Mon père avait donc sorti des tentes du grenier, et s'était chargé lui-même de leur installation.

Ma mère s'était aussi prêtée au jeu et, ensemble, nous étions parties faire les courses le matin même. Nous avions préparé entre autres amuse-bouche et toasts, deux gâteaux dans une chaleur oppressante. Le repas principal étant des grillades de poissons et de légumes, je m'étais focalisée sur la décoration de la terrasse et du jardin, accrochant çà et là de petits lumignons multicolores. Je n'oubliai pas d'orner la table de jolies bougies tout aussi colorées les unes que les autres, apportant une touche fraîche et acidulée au milieu du lierre rouge qui serpentait entre les verres. Mon père s'était porté volontaire pour alimenter les différentes plages musicales, en utilisant mes CD et les siens.

Il y avait de la nourriture à profusion. En boisson, un énorme seau de punch pour l'apéritif, quantité de bouteilles d'eau minérale, un peu de vin et du champagne pour le dessert.

Nous avions de quoi profiter du repas dehors jusqu'à tard, le soleil ne se couchant pas avant vingt-deux heures.

Après m'être prélassée dans le bain dont j'avais rêvé tout l'après-midi, je décidai de porter les jolies boucles que Laurent m'avait offertes pour Noël. J'enfilai mes habits avec frénésie, et passai un soin infini à relever mes cheveux en chignon. Je fus ravie de constater que ma coiffure frôlait la perfection. Mon maquillage était naturel, mes ongles vernis. Je me sentais séduisante.

Dix-neuf heures. Je sursautai quand le premier coup de sonnette retentit. Quelle ponctualité ! Laurent était devant le portail avec JC, Julien et Félicien. Il se passa cinq minutes avant que Fred, David, Romain – et son appareil photo – et Teddy – et sa guitare – ne les rejoignirent. Justin, pris dans ses révisions, avait préféré ne pas venir. Je comprenais sa décision et étais d'ailleurs étonnée de la présence des autres plus sérieux comme Romain, Fred ou Teddy.

Je débarrassai leurs bras chargés de fleurs, sodas, vin et pâtisseries, et les fis entrer. Comme intimidés, ils pénétrèrent à petits pas et saluèrent mes parents dans la cuisine. Puis ils me suivirent sur la terrasse orientée plein ouest. Le soleil donnait des accents orangés rassurants à ma table décorée. Le CD de musique traditionnelle irlandaise que j'écoutais souvent les soirs d'été faisait une impeccable musique de fond.

Je pris conscience à ce moment que cette soirée était peut-être notre ultime nuit tous ensemble et pourtant, il me semblait avoir tant encore à partager avec eux. Il m'était impossible de me résigner à leur départ imminent. Notre présence à tous avait un avant-goût d'adieu ; chacun le savait bien. Mais tous les espoirs étaient permis ce soir.

Nous débutâmes l'apéritif en discussions tranquilles, un peu sur la réserve. JC et Julien crurent bon de dérider l'atmosphère avec quelques plaisanteries, et nous redevînmes nous-mêmes à la minute suivante. Laurent était plus mesuré qu'à l'ordinaire, sans doute à cause de la présence de mes parents. Je le reconnaissais bien là.

— Sympa, l'idée de cette soirée, commença Félicien, tout sourires, en retirant ses lunettes de soleil.

— J'avais le temps d'y penser, et de m'en occuper. Mon dernier exam était la semaine dernière, lui dis-je. Je voulais vous préparer un truc convivial et qui change de d'habitude, souris-je à mon tour. Bon, le seul souci c'est qu'il y a mes parents, plaisantai-je, un clin d'œil à l'adresse de mon père qui discutait, sérieux, avec Fred.

— L'idée du camping, pas mal, commenta David. On se croirait en colonie !

— Ça remplace la soirée qu'on n'a jamais faite quand nous avions parlé de camper sur les falaises, rappelez-vous. Même si c'est interdit, et quand bien même on aurait essayé… avec le vent qu'il y a eu certains soirs en bord de mer, ça aurait été impossible, répondis-je tandis que je me tournais vers la table pour attraper des verres.

— En tout cas, c'est plutôt agréable pour une dernière soirée… lança Romain, tout en sortant son appareil photo de sa housse.

— Il y a aussi mardi soir, objecta Julien, sec.

— On ne va pas faire tant la fête mardi soir, intervint David avec un fort accent toulousain. Puis Laurent aura probablement envie de passer sa dernière soirée avec

Anna… Et il faudra être en forme pour la route le lendemain, ajouta-t-il, en prenant son air sévère.

— Je passerai vous voir pour prendre un café, quand je viendrai voir Laurent. Vous n'avez pas l'intention de faire la fête, quand même ? demandai-je en plissant les yeux.

Rien que de me dire que c'était dans trois jours, je sentis tressaillir mon cœur et, j'encaissai le choc en prenant appui sur la chaise à ma gauche, tout en essayant de ne pas éveiller l'attention.

— La fête, non… fit Félicien, pensif. Juste un bon gueuleton tous ensemble, tout simple. Rien d'exceptionnel. Mais tu viendras, dis ? me demanda-t-il en se tournant vers moi.

Laurent saisit ma main avec douceur et la pressa. Il me sourit. Je savais qu'il voulait que nous allions au restaurant tous les deux. Je sentais à présent qu'il avait changé d'avis. Je reculai de deux pas, l'entraînant avec moi.

— On annule notre resto, alors ? m'enquis-je tout bas en me hissant sur la pointe des pieds pour atteindre son oreille.

— Oui, si tu préfères, me chuchota-t-il en se baissant. C'est notre dernière soirée. On a prévu de rester toute la nuit ensemble, non ?

— C'est toi qui décides… Ça te gêne si on dîne avec eux ?

— Non… Du moment que tu es près de moi.

Je frissonnai quand ses lèvres vinrent se poser sur mon front.

— Oh pardon… s'exclama Félicien d'un ton embarrassé. On est en train de briser une soirée romantique, votre ultime soirée… Désolé, j'aurais dû y penser, s'excusa-t-il encore.

— Non, non, ne t'excuse pas. On avisera le soir même, conclus-je d'un revers de main.

Chacun se servait des toasts dans les plats que nous avions disposés sur la table déjà chargée. Les conversations allaient bon train. Je fus ravie de voir ma mère prendre part aux blagues de JC, dont certaines un peu trop irrévérencieuses. Nous parlâmes des examens, de leur départ à tous et des projets de l'été. C'est ainsi que nous annonçâmes officiellement aux autres que nous avions décidé de nous revoir les week-ends, pour ne pas laisser s'éteindre notre relation malgré la distance. Ce fut là notre sujet principal de conversation jusqu'à ce que le soleil disparaisse. Les bougies allumées, le troisième verre vidé, nous nous mîmes à table.

Il faisait bon et la caresse du vent sur ma peau m'arracha un frisson. Laurent entoura mes épaules nues de son bras, et me donna un baiser sur la tempe tandis qu'il resserrait son étreinte. Les flammes vacillaient, de part et d'autre des assiettes, apportant réconfort et sérénité. Pendant la moitié du repas, Félicien nous fit l'éloge de sa fiancée qu'il semblait impatient de retrouver. Nous parlâmes aussi des grands événements survenus en début d'année, des controverses autour du traité de Maastricht, et de la terrible affaire du sang contaminé dont le procès s'était ouvert une semaine avant. L'interaction avec mes parents était assez intéressante à observer. Ces derniers allèrent jusqu'à avouer qu'ils ne voulaient plus voter social. David s'interposa sans détour contre JC qui semblait avoir une dent contre l'Union européenne. Je ne disais rien, et m'amusais de leurs désaccords. Laurent était moins expressif que d'habitude, il paraissait même agacé de ces discussions ennuyeuses.

Nous terminions notre dessert quand le barbecue fut déplacé et abaissé au milieu du jardin, entre les tentes. Il était minuit. Finies, les conversations agitées loin du politiquement correct. Nous bavardions, tranquilles, tout près du feu entre deux gorgées de champagne. La ronde que nous formions autour des flammes vives s'inscrivait dans ma mémoire comme autant de souvenirs d'enfance. Il ne nous manquait plus que les fleurs dans nos cheveux, et des joints pour remplacer nos cigarettes. Teddy paracheva le tableau quand il se saisit de sa guitare pour nous jouer deux titres des Guns N' Roses, et un de Scorpions.

Nous l'écoutions, portés par la mélodie, un peu fatigués, un peu endormis, comme si tous les moments vécus ensemble s'assoupissaient aussi. Nos coupes à la main, nous achevâmes de fredonner le refrain de *Wind of Change*. Mes parents applaudirent et nous abandonnèrent pour retourner dans la maison y passer la nuit. Ils avaient débarrassé les derniers vestiges de vaisselle sur les tables. Par bonheur, ils avaient aussi pensé la veille à prévenir les voisins du bruit qu'il pourrait y avoir. Les sons résonnaient dans la vallée. Nos bavardages reprirent et se prolongèrent avec la troisième bouteille de champagne. Les garçons ranimaient le feu à tour de rôle, celui-ci étant notre seule source de lumière. Peu à peu, le groupe s'étrécit et nous nous retrouvâmes plus que Félicien, JC, Julien, Laurent et moi. Un silence entre deux plaisanteries, un instant de flottement après maints éclats de rire, et l'ambiance était devenue un peu plus confidentielle.

— C'était quand même une putain d'année... commença Julien. Si on m'avait dit un jour que j'aurais à vivre un truc pareil, je n'y aurais pas cru.

— C'est sûr qu'à deux ans près tu pouvais te retrouver chez les terminales ajouta JC, en sifflant. Imagine ? Le mal de tête s'installe...

— Nous avons eu la chance de tous bien nous entendre malgré quelques désaccords, fit Julien, en buvant une grande rasade de champagne. Y a pas eu trop de dégâts, conclut-il.

— Ça, c'est normal, constata Laurent. La vie en communauté n'est pas si simple, surtout sur une année. On a fait de belles rencontres, ajouta-t-il en me lançant un regard teinté de timidité.

Les flammes qui dansaient projetaient des ombres étranges sur son visage. Il avala sa coupe cul sec.

— Et j'allais le dire, s'exclama Félicien en souriant. On a rencontré Anna, la belle Anna... Qu'en dis-tu, Laurent... ?

— J'en dis qu'elle va beaucoup me manquer les

quinze prochains jours… J'en dis que c'était une année magnifique, et de loin la plus belle que j'aie jamais vécue, et qui m'a permis de connaître des personnes qui sont devenues mes amis. J'en dis que ça valait le coup d'attendre le premier pas d'Anna… sourit-il, en ne me quittant pas de ses yeux étincelants. Même si au début c'était plutôt mal barré entre nous, asséna-t-il dans un éclat de rire.

J'étais stupéfiée qu'il puisse dévoiler des pensées aussi intimes devant les autres, même devant moi.

— Avoue que tu l'as aimée dès que tu l'as vue chez Cyril, hein ? le taquina JC.

Je vis Laurent baisser la tête et son sourire trahissait la réponse qu'il ne pouvait donner.

— Tu le sais bien… murmura Laurent.

— Elle, elle ne le sait pas… Je me trompe ? insista Félicien.

J'en avais les larmes aux yeux. Laurent me regarda.

— Non, tu ne trompes pas. Je ne lui ai jamais dit.

Je sentis aussitôt sa main chaude couvrir la mienne. Une pointe de tristesse et d'espoir mélangés dans son visage me fit fondre. Je m'agrippai à ses épaules, puis l'embrassai avec fougue.

— Je t'aime Anna, depuis que j'ai posé les yeux sur toi.

Il me serra dans ses bras. Deux secondes s'écoulèrent. Les autres firent mine d'applaudir et sifflèrent.

— Et nous nous reverrons, tous autant que nous sommes, déclara Félicien en se levant. (Il leva sa coupe, solennel.) Nous nous reverrons ! répéta-t-il d'une voix retentissante, comme si nous étions dans une cour d'école au milieu d'un brouhaha.

Nous l'imitâmes tous les quatre, et tous en chœur après lui, prononçâmes cette même phrase.

— Que ce soit à Orléans, Toulouse, Caen… ! continua-t-il, des larmes plein les yeux. Et ce soir, ou plutôt cette nuit, je veux porter un toast, mes amis, expliqua-t-il, grave. À l'amitié et à l'amour. À l'amitié et à l'amour ! acclama-t-il de sa voix presque enrouée d'avoir trop crié.

J'étais troublée de voir Félicien ainsi affecté par la valeur des liens noués entre nous tous. Je savais que quelques verres de trop avaient exacerbé ses émotions, mais d'ordinaire il n'en faisait pas étalage. Cela me touchait à présent. J'avais l'impression de mesurer pour la première fois l'importance de notre amitié.

— À l'amitié et à l'amour ! reprîmes-nous en chœur.

Il était près de deux heures du matin, et nous venions de terminer la dernière bouteille de champagne. Je décidai d'abandonner mes camarades pour rejoindre ma tente. J'avais lutté contre le sommeil depuis au moins une heure et je me sentais épuisée. Allongée sur le matelas pneumatique, le son de leurs voix et de leurs rires me berça plusieurs secondes d'affilée. Le temps de me dire que bientôt cela ne serait plus… après quoi, je sombrai dans une songerie engourdissante.

Le lendemain matin, je me réveillai avec la sensation pénible de manquer d'air. Une chaleur lourde envahissait l'atmosphère de la tente. Je retrouvai Laurent enroulé autour de moi, et m'extirpai tant bien que mal des draps pour jeter un coup d'œil à sa montre. Dix heures trente passées.

Après avoir revêtu ma robe, mollassonne, je mis un pied sur la pelouse. C'était comme si j'émergeais d'un vaisseau spatial. Il faisait un temps radieux, le soleil régnait en maître dans le bleu du ciel, presque irréel. Très vite, je réalisai que les seuls sons autour de moi n'étaient que des ronflements nonchalants. Nu-pieds, je montai d'un pas lent jusqu'à la terrasse, et constatai que mes parents avaient posé une corbeille de fruits et du pain frais sur la grande table, au centre de la vaisselle destinée à notre petit déjeuner. Je discutai avec ma mère, qui fut surprise de me voir la première levée. Je me douchai avant même d'avaler quoi que ce soit. Quand j'eus terminé, je fus ravie de m'asseoir auprès de mes amis qui étaient tous réveillés et devisaient joyeusement, en tartinant leurs tranches de pain. Selon notre habitude, nous établîmes avec amusement un bilan complet de la soirée, avec commentaires et anecdotes à la clé.

Comme nous mangeâmes pour vingt et qu'il était midi, nous prîmes le parti de profiter du soleil et filâmes direction la plage. Les révisions pourraient attendre la fin de la journée. D'autres n'étaient pas de cet avis, et c'est ainsi que Teddy et Fred nous quittèrent pour regagner le lotissement. Même Félicien, qui semblait malade, ne nous accompagna pas et rentra de son côté. Notre après-midi fut tranquille à l'abri d'un parasol, au milieu des premiers vacanciers. Entre baignades et parties de cartes, je fis une petite sieste qui me remit sur pied pour affronter le début de soirée. À dix-huit heures, nous étions rentrés au lotissement. À dix-neuf heures, tout le monde était douché.

Félicien se sentait mieux et avait pu réviser. Il avait même aidé Fred à préparer un repas léger pour nous tous. Je ne m'attardai pas. Après une glace et un café, je pris la direction de ma maison avec Laurent, qui m'escorta à pied sous le soleil déclinant. Il était vingt et une heures, la température de l'air avoisinait les vingt-cinq degrés. Je me sentais un peu morose. Nous restâmes dix minutes à fumer et discuter devant le portail, puis, nous nous enlaçâmes si longtemps, que je fus surprise de traverser la cour dans les ténèbres.

Nous arrivâmes vite à l'un des deux jours tant redoutés : la veille du départ de mes amis, le mardi soir. Laurent et moi avions partagé notre soirée précédente entre balade en bord de mer et restaurant. Nous choisîmes donc de passer notre dernier dîner avec les autres sur la terrasse, chez Félicien. Justin fit même l'effort de venir se joindre à nous, et Maxence vint prendre un café en coup de vent. Ce fut assez spécial. On avait mis la musique en sourdine, et la maison avait une odeur de vinaigrette et de sauce tomate.

Fred s'était surpassé pour ce dîner particulier. Il y avait trois entrées de crudités et de la ratatouille, en plus de légumes du soleil farcis. Loin des franches rigolades du samedi soir précédent, l'émotion qui nous dominait était palpable dans nos échanges, devenus désormais fraternels. Personne n'osa s'engager sur un sujet plus qu'un autre, ni trop se livrer aux habituelles fanfaronnades. Notre joie d'être ensemble cette ultime fois reflétait trop bien la séparation du lendemain. Comme si nous comprenions soudain que ces instants étaient les derniers. Presque tout le monde était sur la retenue, Félicien et Julien surtout ; même JC s'était abstenu de lancer la moindre raillerie, et avait raconté juste deux blagues – car il n'avait pu s'en empêcher.

Nous débouchâmes une bouteille de champagne que David avait amenée pour trinquer à cette dernière soirée. Après quoi, Teddy, Justin et David nous saluèrent pour rejoindre Maxence dans sa maison, et passer leurs derniers moments en jouant aux cartes sur la terrasse. Nous restâmes Félicien, Fred, JC, Julien, Romain, Laurent et moi, à discuter au clair de lune.

— Pour ne pas remettre ça à plus tard, nous allons tout de suite fixer une date pour nous revoir nous sept déjà, proposa Félicien, comme il revenait de la cuisine avec un calendrier cartonné à la main. Qu'en dites-vous ? Il faudrait choisir la ville, enfin chez qui on ferait ça… On pourrait ensuite proposer à Teddy et David, s'ils veulent se joindre à nous.

Nous nous regardâmes tous, un peu bêtes d'abord, enthousiastes ensuite. La contrariété du départ nous avait-elle tous paralysés à ce point ?

— On pourrait aller à la maison de campagne de ma grand-mère, proposa d'emblée Romain, visiblement excité par la perspective de nos futures retrouvailles.

— Mettons-nous d'accord sur une date d'abord. Déjà en août. Qui part en vacances ? demanda Félicien.

— Moi, du 1er au 15, fit Julien.

— Pareil, annonça Romain.

— Moi je suis là, en août : je pars deux semaines en juillet, ajouta JC.

— Vacances du 1er au 22 août, dis-je à mon tour.

— Et moi pareil, trois semaines du 1er au 22, ajouta Félicien, un stylo au coin de la bouche.

— Pareil, fit Laurent.

— Fred ? demanda JC.

— Je ne pars pas, cette année. J'ai pris un boulot tout le mois d'août, répondit l'intéressé.

— OK. Alors disons que le week-end idéal serait le dernier d'août. Le samedi 29, vous êtes disponibles ?

Nous répondîmes tous par l'affirmative les uns après les autres.

— C'est où Romain, cette maison de campagne ?

— Chez moi, dans le Jura. C'est au pied des montagnes. La vue y est magnifique, et avec un peu de chance, il fera beau. La maison est vide à cette période… Vous êtes d'accord ?

— Pour moi, de Toulouse c'est compliqué, mais oui je serai là, sourit Félicien en regardant tout le monde à la ronde.

— De la Normandie ce n'est pas le plus rapide ni le plus direct je suppose… Mais je vais annoncer la nouvelle à mes parents ; il faudra bien qu'ils acceptent, lâchai-je dans un petit éclat de rire.

— Ce serait impeccable, commenta Laurent en m'attirant contre lui.

Un week-end seulement. Un week-end dans deux mois. J'étais dans l'indécision. Je me demandais comment j'allais me remettre de leur absence simultanée et, à long terme, comment je pourrais continuer ma vie sans eux. Sans leur présence joviale, leurs mots réconfortants, cette ambiance chaleureuse que je retrouvais chaque semaine, sans nos discussions parfois houleuses, souvent amusantes… Sans nos soirées interminables. Tout ce qui formait une cohésion maintenant évidente, viscérale, serait perdu en ces lieux mêmes. Il y avait nous tous, et il y avait Laurent et moi. Y penser seulement était douloureux. J'appréhendais les quinze prochains jours qui allaient nous soustraire l'un à l'autre. Je décidai de chasser mes angoisses pour profiter de nos derniers instants.

Vers vingt-deux heures, nous partîmes Laurent et moi sous un ciel clair pour rejoindre notre repaire secret en haut des falaises, la mer étant à marée haute. Nous n'avions pas senti le vent qui se levait en souffle régulier dans la voiture, ni vu les nuages se précipiter tandis que nous contournions la plage à pied. Nous courions, emportés par nos rires, tels deux amants en fuite. Le ciel s'était obscurci pendant notre ascension et, arrivés tout en haut, nous ne distinguâmes plus la lune, cachée sous d'épais nuages noirs. Le vent, devenu violent, malmenait la mer qu'on entendait rouler plus bas. Je n'avais pas de peine à imaginer les hautes vagues crénelées, effrayantes, venant mourir sur les touffes végétales des falaises. Et soudain il se mit à pleuvoir. Une pluie battante, cinglante, nous abreuva en nous laissant désorientés. Nous nous abritâmes par réflexe sous les arbres les plus proches. Les gouttes s'intensifièrent. Nous décidâmes de retourner à la voiture, garée près des arbres, au bout du sentier à l'embouchure de la rue Baumier. Le chemin était glissant, et je dérapai à plusieurs reprises. Quelle mauvaise idée nous avions eue. Descendus à la table d'orientation, nous nous arrêtâmes, l'un contre l'autre, devant un spectacle fascinant. Des éclairs déchiraient l'horizon pour se perdre dans la mer démontée. Je tremblais de peur et de froid. Puis Laurent m'entraîna vers la voiture en hâte, qu'il fit démarrer aussitôt pour actionner le chauffage à fond.

— Avec la chaleur moite des derniers jours, il fallait s'y attendre, me dit-il. Tiens, retire ton tee-shirt, mets ce pull (et il me tendit un lainage qu'il avait attrapé sur la banquette arrière).

— Merci. Mes vêtements me collent, c'est horrible.

Lorsqu'un éclair jaillit pour illuminer toute la voiture, je vis la petite étincelle dans son regard. Son sourire triste. J'eus un élan de tendresse infinie pour lui. Il allait me manquer d'une façon indescriptible. Mon cœur se serra.

— Enlève-les, me sourit-il.

Nos regards ne pouvaient se détacher l'un de l'autre, comme aimantés par une force qui nous dépassait. Nous fûmes soudain emportés par l'envie de nous posséder, jusqu'à en perdre notre souffle, jusqu'à en perdre pied. Il m'attira à lui et ôta mon tee-shirt avec des mains impatientes. Sous les éblouissements réguliers de la foudre à des kilomètres, nous nous ressentîmes jusqu'aux confins de notre âme, assaillis par le feu de nos ardeurs.

Le lendemain, c'est à moitié nus que nous nous réveillâmes sur la banquette arrière de l'Austin, nos corps frileux enchevêtrés comme les branches d'un roncier. Je m'éveillai, surprise de nous trouver ainsi, au petit matin, respirer de concert. Notre énergie s'était perdue dans nos ébats langoureux de la nuit tout juste envolée. Le jour se levait à peine. Le temps était à l'image de cette date si triste pour nous, car il faisait gris dehors. C'était le jour J. Celui du départ tant redouté. Prise de panique, je me redressai d'un bond pour attraper mon tee-shirt et l'enfiler. Laurent ouvrit les yeux à son tour, et s'accouda sur un bras tout en se frottant les yeux de l'autre. Il était près de sept heures. Nous marchâmes main dans la main jusqu'aux vagues qui venaient nous effleurer les pieds. Je ne dis rien, tant je sentais une tension dans mes articulations, une paralysie dans mon cerveau encore embrumé. Laurent me serra dans ses bras avec une vigueur que je ne lui aurais jamais soupçonnée.

J'ignorais si l'un de nos amis avait remarqué notre absence de la maison, mais il fallait rentrer avant qu'ils aillent voir chez mes parents si nous n'y étions pas.

Et c'est le cœur serré que je quittai le bord de mer à ses côtés, pour reprendre le chemin de mon village. Notre dernier trajet ensemble. Et nous l'avions accompli tant de fois. Nous ne parlions pas. D'ores et déjà, une vague d'émotion me submergeait. Mon regard se perdait dans les reflets acier de la mer sans relief.

Il était huit heures trente quand nous arrivâmes tout près du lotissement. À ma grande surprise, Laurent ne s'y arrêta pas et poursuivit sa route, pour se garer devant chez moi. J'étais si déboussolée que je ne lui demandai même pas ce qu'il était en train de faire.

— Tu viens ? me lança-t-il comme si cet arrêt était prévu. Tu vas dormir une heure ou deux, et nous nous retrouverons après l'état des lieux, près de la maison, vers treize heures ?

Je le suivis sans réfléchir jusqu'au portail. Ma mère s'avançait vers nous.

— Bonjour, je suis venu vous dire au revoir, annonça-t-il d'un ton mal assuré.

Je ressentis une détresse immense en entendant ces paroles.

— C'est gentil à toi, lui répondit ma mère avec un large sourire. (Elle se retourna.) Daniel, tu viens ?

Mon père s'approcha de son pas léger.

— Nous avons pensé que tu pourrais rester une journée de plus… continua-t-elle à l'adresse de Laurent. Ce n'est pas joyeux de voir partir tous ses amis en même temps, alors… autant que vous soyez ensemble pour affronter l'« après » de ce moment… ?

Aussitôt, mon abattement se mua en une excitation que je peinais à contenir. Laurent lâcha ma main, la bouche ouverte.

— J'ai peur de ne pas bien comprendre… ? articula-t-il après quelques secondes, une pointe d'humour dans la voix.

— Mais tu as bien compris, rétorqua mon père, toujours calme et posé. Nous t'invitons à passer le reste de la journée et la nuit ici, expliqua-t-il en souriant. Et tu repartiras demain, quand bon te semblera.

J'assistais à la joie évidente de Laurent qui trépignait, arborant son plus beau sourire. J'étais, à peu de chose près, dans le même état que lui.

— Avec plaisir… C'est vraiment gentil à vous. Je dois prévenir mes parents. Merci de m'inviter.

Le départ des autres me fendit l'âme et le cœur, mais Laurent fut la gorgée d'eau qui m'aida à avaler la pilule ce jour-là. Un rayon de soleil perça le ciel chargé de nuages. Était-ce un signe d'espoir ?

Après l'état des lieux des maisons, vers treize heures trente au lotissement, chacun regagna sa voiture chargée de bagages et de souvenirs. Ils avaient tous rendez-vous avec leur famille pour le dîner, achevant de décharger les batteries et faire le bilan de cette année insolite. Les terminales avaient été libérés à midi, et il en restait une dizaine sur le parking, qui discutaient en fumant une cigarette. Maxence s'éclipsa vite après un bref adieu à tout le monde. Il n'avait jamais été proche de ses camarades, il n'allait pas commencer à faire semblant maintenant qu'ils partaient. C'était tout lui, ça. Il s'apprêtait à déposer le beau Justin à la gare de Caen, avant de s'en aller sur Bourges. Il ne tarda pas à le rejoindre mais avant, je fus surprise lorsque Justin me prit dans ses bras après avoir serré la main de chacun.

— J'ai été content de te connaître, Anna.

— C'est gentil de me le dire. C'est réciproque, même si tu as un sacré caractère qui n'a pas facilité les choses entre nous, lui lançai-je avec un clin d'œil.

— J'y travaille, me répondit-il en souriant. Prends soin de toi.

Ce fut au tour de Teddy, David et Fred de nous saluer, et de quitter le village pour toujours. Et c'est en les embrassant que mes premières larmes me piquèrent les yeux. Ensuite, il y eut Romain, qui fut lui aussi ému, à mon grand étonnement. Il me serra dans ses bras, fit de même avec Laurent. Il nous confia à quel point notre amitié était importante à ses yeux. Nous avions l'air gauche, mais il était peu probable que nos jugements respectifs aient raison de nos émotions en ce jour si spécial.

Puis il y eut les accolades avec Julien et JC, qui avaient prévu de rentrer ensemble. Nous nous empoignâmes tous les quatre, Laurent, Julien, JC et moi, puis tous les cinq quand Félicien vint s'ajouter à notre étreinte fraternelle. Nous sentir tous serrés ensemble cette unique fois signifiait ne plus nous revoir ici et en ce lieu. C'était si difficile de devoir payer ce prix. Je me sentais si vulnérable, à en pleurer, tant ce qui était en train de se produire m'aspirait dans une spirale de détresse à peine descriptible. Nous échangeâmes quelques mots, les miens presque inaudibles. Et je vis au visage de Félicien qu'il souffrait quasi autant que moi de ce que je vivais comme un arrachement, qui n'était autre qu'une rupture physique, un tournant qui s'amorçait dans la vie de chacun d'entre nous.

Laurent m'entraîna sans plus attendre vers sa voiture, et nous partîmes prendre un verre à la terrasse d'un café de Caen, le long des berges de l'Orne. Cet après-midi avait un avant-goût d'amertume, mais sans Laurent, il aurait été encore plus vide, et bien plus sinistre. Jamais je ne m'étais sentie à ce point incomplète. Mes sentiments jouaient au yo-yo. Et comme s'il venait faire un pied de nez à mon incertitude, à ma tristesse, le soleil faisait scintiller l'eau, semblant nous délivrer le message de nous aimer plus fort.

Ce jour-là, nous passâmes, Laurent et moi, un après-midi pour le moins inattendu. Des instants volés d'une escapade à Deauville, en passant par les glaces que nous partageâmes en bord de mer, et finissant par les bougies allumées par mes parents sur la terrasse, pour notre dernier dîner d'amoureux. J'avais oublié, l'espace de ces heures alanguies, notre séparation latente. Nous ponctuâmes de photos de nous chacune de nos excursions. La nuit fut calme et romantique. Nous restâmes un long moment dans le jardin, à boire du café et à bavarder sous le ciel étoilé. Nous poursuivîmes nos chuchotis à la fenêtre de ma chambre, entre éclats de rire, musique de fond acoustique et cigarettes. Nous nous allongeâmes vers une heure du matin, mais continuions à nous parler, comme deux camarades d'école peuvent le faire lors d'une soirée pyjama. Les heures qui passaient achevèrent de nous endormir, enlacés.

Nous nous enivrâmes de nos odeurs et de nos corps dans un ultime instant d'amour, au petit matin, juste avant le lever du soleil. Par intermittence, les pulsations de mon cœur s'emballaient. Je fermais les yeux pour tenter de m'apaiser. Je parvins ensuite à sombrer dans un demi-sommeil quelques heures encore, bien que la menace imminente de perdre Laurent alourdît ma contrariété à fleur de peau.

Je me réveillai, résignée à son départ, le plus douloureux de tous. Cependant, rien ne saurait décrire l'état de désespoir dans lequel je me trouvais quand je dus lui dire adieu. Je retins mes larmes au prix d'un effort de titan pour ne pas gâcher nos dernières minutes ensemble. Laurent avait l'œil brillant, mais me paraissait confiant en l'avenir. Pour lui, tout était réglé comme du papier à musique.

— N'oublie pas, la première chose que nous ferons quand tu arriveras à Orléans sera de partager une glace ensemble, me souffla-t-il en me gratifiant d'un sourire.

Il baissa le son du poste de radio.

— Oui… Je penserai à toi en mangeant des glaces entretemps, souris-je à mon tour, à demi aveuglée par un rayon de soleil.

— Pas qu'en mangeant des glaces, j'espère, ironisa-t-il avec une moue qui me fit fondre.

Il me caressa la joue. Notre baiser enfiévré me laissa chancelante et frustrée. Quand il me dit : « Je t'aime », le son de sa voix, plus rauque que jamais, résonna dans ma tête comme le cri d'un oiseau blessé. Mon sentiment d'abandon prit tout son sens quand je regardai sa voiture s'éloigner sur la route qui s'effaçait. L'odeur enivrante de son parfum m'enveloppait tout entière, tandis que je ravalais mon premier sanglot dans la manche de mon pull en coton.

Je montai dans ma chambre à l'atmosphère encore lourde de nos voix et de nos rires, pour cacher ma souffrance. Les mots, les pleurs, le désarroi se bousculaient dans ma tête… J'éclatai.

Les minutes se succédèrent, écrasantes. Et soudain, le besoin irrépressible de prendre une feuille et un stylo s'imposa à moi. Les mots s'écoulaient sous ma plume comme la dérive d'une embarcation abandonnée.

Sans cesser d'écrire, j'étouffais mes larmes avec mon bras. J'écrivais, sans retenue, encore et encore… Écrire pour ne pas souffrir. Écrire pour guérir. Écrire pour se souvenir.

Et tout a été dit.

23

Le retour d'Anna

Septembre 2007

Marianne avait pris ce matin-là le chemin de l'école, avec des questions plein la tête. L'histoire d'Anna avait remué en elle une foule de sentiments plus étranges les uns que les autres. Elle se sentait à la fois triste de savoir que le couple d'Anna et Laurent n'avait pas tenu, et soulagée, car dans le cas contraire, elle n'existerait pas en tant que fille de Guillaume aujourd'hui. Mais c'était la frustration qui l'emportait. Elle manquait d'informations clés. Oserait-elle ouvrir le dialogue avec sa mère ? C'était si personnel. Qu'elle ait pu entrer dans l'intimité de la jeunesse d'Anna avait suffi à exacerber la plus petite émotion en elle, ce lundi-là. Elle n'avait pu se concentrer plus de cinq minutes sur ses exercices de français. Elle se situait, par chance, à un excellent niveau.

Comment avouerait-elle à Anna sa lecture clandestine ? Elle se souvint que c'étaient les yeux bouffis qu'elle avait achevé de lire la dernière page, à près d'une heure du matin, ce matin même, le lundi. Elle n'avait plus bougé, ébranlée. Cette nuit-là, elle avait eu un mal fou à trouver le sommeil. Elle était passée de l'amusement à la joie, pour finir par la tristesse. Comment s'était terminée cette histoire ? De quelle façon s'était brisé leur couple ? Le saurait-elle un jour ? Elle brûlait pourtant de connaître la suite. Elle attendrait le retour d'Anna pour écouter le récit de son séjour à Orléans, puis observerait son attitude. Anna avait jadis connu cette ville, y avait autrefois séjourné à de nombreuses reprises. Ce nouvel épisode l'avait peut-être aidée à faire remonter à la surface d'anciens souvenirs ou anecdotes, qui l'amèneraient à se livrer sur le dénouement de sa relation avec son amour de jeunesse.

Anna arriva à la gare de Caen avec une espèce d'amertume qu'elle ne parvenait pas à chasser. Elle se savait fatiguée de devoir affronter cette nouvelle épreuve. Car selon elle, le plus dur restait à venir. Elle frissonnait d'avoir accepté de répandre une partie des cendres de Laurent sur les falaises, et vivait mal le fait de devoir assumer ce choix. Elle fixerait une date avant la fin de l'automne, afin de procéder à cette douloureuse opération. S'obligerait-elle à se confier à Guillaume ? Elle ne savait toujours pas. Mieux valait faire la paix avec Laurent et leur passé dès que possible, et tourner enfin cette page du livre qu'elle avait rouvert malgré elle. Même si elle ne maîtrisait pas l'avant-dernière partie de l'histoire, une seule question subsistait aujourd'hui : pourquoi Laurent avait-il disparu à jamais, sans explication aucune ? Longtemps, elle se l'était posée, mais l'avait abandonnée après sa rencontre avec Guillaume. Elle avait toujours été convaincue que Laurent la croyait coupable d'elle ne savait quelle faute. Il était sans doute trop tard aujourd'hui pour y réfléchir à nouveau. Laurent, l'impénétrable, avait emporté ses secrets avec lui. Même sa lettre d'amour déchirante n'évoquait pas de raison précise à la rupture de leurs contacts. Elle se souvenait de la phrase qu'avait dite JC après la cérémonie... « Je pense qu'il y a certaines choses que tu as dû savoir. C'est malheureux, je sais bien... J'en suis désolé. » *Certaines choses que tu as dû savoir.* Lesquelles ? *C'est malheureux, je sais bien... J'en suis désolé.* Mais de quoi ? Et pour quelles raisons ? Sa voix n'avait-elle pas tremblé ? Anna n'avait pas insisté, tout était allé si vite. Il faut dire que le moment aurait été plutôt mal choisi pour tenter d'en savoir davantage. Cependant, elle avait la nette sensation de manquer d'informations. Elle en était encore à s'interroger sur l'étrangeté de la situation elle-même. L'hostilité que Félicien avait montrée envers JC s'était révélée imprévue. Pourtant, il semblait être le seul aujourd'hui à pouvoir fournir une explication. Était-ce par respect pour la mémoire de Laurent ? Anna en était maintenant à se demander s'il n'existait pas un motif plus profond à tout cela. La rancœur de Félicien ne datait sans aucun doute pas du jour même. Pourquoi se trouvait-il être fâché contre JC après tant d'années ? Y avait-il un rapport avec le départ inexpliqué de Laurent ? Comment le savoir ? Divaguait-elle, encore une fois ? La fatigue, sans nul doute. Elle se souvenait d'avoir glissé la carte de Félicien dans une pochette intérieure de son sac. Oserait-elle lui téléphoner ? « Si tu as besoin de quoi que ce soit Anna, n'hésite pas. » *N'hésite pas.* Elle avait besoin de savoir. Rien de tel qu'une soirée en famille et une longue nuit de sommeil, pour repartir du bon pied le lendemain.

*

Malgré sa morosité, Anna tenta de faire bonne figure quand elle retrouva Guillaume qui l'attendait près de la voiture, en warnings devant la gare. Le sourire chaleureux qu'il affichait lui réchauffa le cœur, et elle oublia l'espace de plusieurs secondes l'épisode de la lettre et des cendres.

Guillaume la serra dans ses bras avec une douceur inaccoutumée. Elle se rendit compte à quel point elle était en sécurité à ses côtés. Ils montèrent en voiture. Elle reconnut d'emblée l'odeur significative des sièges en cuir.

Guillaume brisa le silence, sans préambule :

— Alors, ça s'est bien passé ? demanda-t-il, l'air sincèrement intéressé.

— Je dirais que oui. Tu sais un enterrement – enfin c'était une crémation –, c'est jamais drôle.

— Je sais bien, fit-il, d'un ton navré tout en baissant le son de la radio.

— Il y avait beaucoup de gens. Énormément, même. Je n'ai jamais vu autant de monde à une telle cérémonie. Cela ne m'étonne pas, à vrai dire, lâcha-t-elle avec un petit sourire en coin.

— De ?

— De lui. Du personnage qu'il était, de ce qu'il représentait pour les autres.

— Ah. Je vois.

Guillaume ne cilla pas. Là, Anna s'interrogea à savoir si ce n'était pas le bon moment pour lui parler de l'urne, qui était là, tout près, qu'ils transportaient dans cette voiture. À chaud, comme ça. Le poids qui l'oppressait serait peut-être un peu moins lourd à porter… Il fallait juste oser.

— Et toi sinon, ça va ? s'enquit-il, une once d'inquiétude dans la voix.

— Euh… Je… Oui. Oui, c'était très émouvant, j'ai un peu pleuré, je t'avoue.

— Je me doute bien, répondit-il d'un ton sec en fronçant les sourcils. Mais toi, le bébé, les contractions ? C'est ça qui m'intéresse maintenant, ma chérie, sourit-il en inclinant la tête vers elle.

— Impeccable, ne t'inquiète pas. Le voyage m'a épuisée à l'aller, mais le retour n'a pas été aussi éprouvant, rétorqua-t-elle tout sourires, tandis qu'ils franchissaient le portail en bois pour entrer dans la cour pavée.

Marianne se redressa sur le canapé quand elle entendit le cliquetis de la clé tournant dans la serrure. Elle se leva et eut un élan de tendresse lorsqu'elle croisa le regard de sa mère, sur le seuil de la porte. Elle lui paraissait si fragile et désolée, avec son visage bouffi et ses yeux gonflés. Elle repensait à l'histoire qu'elle avait lue pendant des heures, celle de la jeune fille d'il y a plus de quinze ans et qui se tenait devant elle maintenant, devenue une femme à présent. Un soupçon de culpabilité la piqua, mais Marianne courut enlacer sa mère avec une chaleur douce. Anna savoura en fermant les yeux ces secondes qui lui réchauffèrent le cœur.

— Maman ! s'écria Lilou en dévalant l'escalier. Tu es rentrée !

La petite s'agrippait à la jambe d'Anna. À défaut de s'accroupir, Anna se mit à genoux.

— Ma puce, ta sœur et toi vous m'avez manqué, chuchota-t-elle à son oreille en l'embrassant et respirant son odeur.

— Tu as accompagné le monsieur dans les étoiles ? Pour toujours ?

— Oui, en quelque sorte. Il est bien maintenant, là-haut, souffla Anna en souriant et retenant des larmes.

— C'est bien, maman. Viens, on va manger, fit-elle en lui prenant la main.

Que c'était bon de revenir chez soi. La mélodie doucereuse d'une guitare acoustique portée par une voix divine passait en sourdine. Elle reconnut *Hallelujah*, la version sensationnelle de Jeff Buckley. L'un de ses disques favoris. Elle oublia plusieurs minutes l'urne et la lettre qu'elle avait emmenées dans ses bagages, grâce aux notes parfumées du dîner qui s'échappaient de la cuisine. Elle décida qu'elle n'y penserait pas ce soir.

Le lendemain, Anna s'éveilla vers huit heures avec une impression de déjà-vu. Ou plutôt d'oubli d'une action qu'elle s'était vue accomplir. Elle resta une dizaine de secondes immobile, son esprit dérivant vers la curieuse conversation qu'elle avait eue avec JC. Elle se frotta les yeux et veilla à descendre de son lit en douceur. Elle se dirigea vers son sac de voyage qu'elle n'avait pas déballé. Elle put y distinguer sans difficulté les formes de la boîte carrée qu'elle y avait rangée. Elle ne bougea pas puis, se remémorant la veille de son départ, sortit de la chambre pour pénétrer dans le bureau. C'est là qu'elle comprit ce qu'elle cherchait. Le manuscrit. Qu'en avait-elle fait ? Elle se souvenait l'avoir posé sur le bureau, puis sur le divan, et des feuilles étaient tombées au sol… L'avait-elle rangé ensuite ? Elle ne le voyait pas. Guillaume. Elle se souvint soudain avoir préparé son sac sans jamais revenir dans cette pièce. C'est Guillaume qui avait dû s'emparer de ses pages. Les avait-il lues ? En avait-il eu le temps ? Non… Quelle idiote elle faisait. Pourtant rien ne semblait avoir changé dans son attitude, la veille. Et pourquoi n'en avait-il pas dit un mot ?

Elle revint dans sa chambre en se grattant la tête. Trop de choses allaient de travers. Le manuscrit égaré. Il y avait d'abord eu sa vision de Laurent, en pleine nuit. Comment interpréter toute cette étrange scène avec le recul ? Ses propos échangés avec JC, qui lui revenaient encore. N'avait-il d'ailleurs pas prononcé le nom de son mari ? Comment le connaissait-il ? Et l'attitude surprenante de Félicien venant s'ajouter à celle de Julien, pleine de confusion. Celui qu'elle avait connu toujours joyeux lui avait paru effacé, comme absent. Elle commençait à se persuader que tout était lié. De Laurent, disparu sans raison et qui, quinze ans après, lui adressait cette lettre d'amour pleine de regrets, sans plus d'explications, à ces épisodes improbables et dénués de sens, il y avait un fossé énorme. Ces mêmes amis semblaient détenir des informations qu'elle ignorait, et lui avaient paru craindre qu'elle n'en sache davantage. Les bras ballants, elle ne savait plus ce qu'elle devait faire. Comprendre ce qui avait motivé le départ de Laurent à l'époque ? Aller répandre ses cendres et rester dans l'indifférence ?

Elle fouilla dans son sac et en sortit la lettre de Laurent. Elle la relut, attentive, les larmes au bord des yeux. Elle tenta de voir entre les lignes, à l'affût d'un message dissimulé. Rien. Elle la lut encore, non rassasiée des mots de Laurent. Elle s'assit sur le sol, près du sac, en délogea de ses mains tremblantes le carton qui contenait l'urne et les cendres.

— Maman ?

Anna sursauta.

— Tiens, qu'est-ce que tu fais là, Marianne ?

— C'est toi, qu'est-ce que tu fais ? s'enquit la jeune fille, comme si sa mère avait des comptes à lui rendre.

— Je déballe mon sac d'hier. Je n'en ai pas eu le courage avant de me coucher, avoua Anna, en faisant glisser la boîte derrière elle. Alors ?

— Je commence à dix heures le mardi, rappelle-toi.

— Ah oui… J'ai d'affreuses absences, en ce moment.

— Tu devrais te reposer, maman. Papa vient de conduire Lilou à l'école, expliqua Marianne, les mains dans les poches.

Une pensée fugitive traversa l'esprit d'Anna. Se pouvait-il que… ?

— Dis-moi, ma chérie… Tu n'aurais pas mis la main sur des documents qui étaient dans le bureau, par hasard ? Un gros tas de feuilles… écrites à la main.

Marianne sentit la chaleur lui empourprer le visage, son pouls s'accélérer soudain.

— Non… Non. Je ne crois pas. Pourquoi ?

Elle osait à peine relever la tête pour regarder sa mère dans les yeux. C'était la deuxième fois qu'elle mentait en trois jours.

— Ils m'appartiennent. Ce sont des écrits précieux pour moi, rétorqua Anna, le regard vague. J'en parlerai à ton père, il a dû les ranger dans l'une des deux bibliothèques… Il me semble que je suis partie en laissant un sacré bazar derrière moi et…

— Non, objecta Marianne, paniquée, le souffle court.

Non, ne te dérange pas à aller voir papa, il est parti à l'école, ajouta-t-elle, ne trouvant rien d'autre pour détourner Anna de son projet dans l'immédiat.

— Je sais, tu me l'as dit déjà.

Anna plissa les yeux, s'attarda sur le visage de sa fille qui lui paraissait rouge.

— Tu es sûre que ça va ? Qu'est-ce qu'il y a, ma chérie ? s'enquit-elle en fronçant les sourcils. Ça n'a pas l'air d'aller fort, en ce moment.

— Si… Si, je t'assure. C'est que… Rien. Tout finit toujours par s'arranger.

Troisième mensonge. Oserait-elle lui parler de ses soucis de cours d'école ?

— Écoute Marianne, je sais que tu ne vas pas bien, ces derniers jours. Je suis ta mère, je te connais mieux que personne, murmura Anna d'une voix douce en lui prenant la main. Qu'est-ce qui ne va pas ?

Elle était décidément infaillible. Les mères et leurs super pouvoirs. Elle aurait dû le prévoir.

— Il faut que j'y aille, maman. Désolée, fit Marianne en reculant d'un pas. On en reparlera ce soir peut-être… À tout à l'heure.

Anna regarda sa fille disparaître derrière la porte, ses pas légers tintant dans le couloir, comme une nuée de papillons tombés à terre.

*

Marianne se réserva le droit de réfléchir pendant la majeure partie de cette journée, placée – une énième fois – sous le signe de la contrainte. Les derniers événements ne lui laissaient pas vraiment le choix. Avouer à Anna, ou taire sa lecture clandestine ? Comment le prendrait cette dernière ? Le lundi matin, en douce, elle avait rassemblé les pages, et les avait rangées dans le compartiment qu'elle avait repéré juste avant leur découverte. Marianne devait à tout prix empêcher Anna d'en parler à Guillaume. À compter que ce ne soit pas déjà le cas dès son retour à la maison ce soir, comment s'y prendrait-elle ?

Ses problèmes avec sa meilleure amie, Julie, étaient loin d'être réglés. Non seulement celle-ci lui avait tourné le dos, mais elle se rapprochait à dessein du garçon avec lequel Marianne s'entendait le mieux au lycée. Et qu'elle aimait en secret. Julie le savait bien. Ils étaient tous les trois dans la même classe. Rien ne lui faisait plus de bleus au cœur que de les voir rire ensemble, pendant les pauses. Elle s'était résignée à subir cette offense et attendre que le vent tourne. Comme ce devrait être le cas si la magie de l'amour n'opérait pas entre eux. Le destin se prononcerait et guiderait les pas d'Erwan vers une décision juste. Marianne pourrait-elle au moins se confier à Anna ? Il y avait pourtant eu ce baiser entre Erwan et elle… Ce garçon n'était pas gouverné par son cœur, mais par une sorte d'inconscience, une indécision aveugle. Marianne ne lui en voulait pas. Julie le manipulait. Elle avait honte d'être le jouet de personnes qu'elle chérissait.

Marianne redoutait désormais que sa mère ne l'attende de pied ferme à son retour. Cela ne l'aiderait pas à résoudre l'énigme de la rupture entre Laurent et Anna. À moins que… ? Elle commençait à comprendre. Si elle voulait en savoir plus, elle allait devoir baisser sa garde. Confier à Anna son amour pour Erwan, sa dispute avec Julie. Mettre des mots sur des situations. Car s'édifiait en elle ce besoin d'obtenir des informations susceptibles de répondre à ses interrogations sur le passé d'Anna. Pour cela, elle allait peut-être même se contraindre à parler à sa mère du manuscrit en pagaille qu'elle avait trouvé. Celui d'Anna, que celle-ci cherchait, si précieux à ses yeux.

Perdue entre rêveries insondables et vaines promesses, Marianne ne se leva pas tout de suite, quand l'ultime sonnerie retentit dans l'enceinte du lycée. C'est la tête pleine de divagations qu'elle prit le chemin de l'arrêt de bus pour rentrer chez elle. Elle entra dans la maison à tâtons, aperçut son père dans le potager, et Lilou qui jouait sur la balançoire. Elle se faufila dans l'escalier, fit craquer les marches en chêne, pour rejoindre sa chambre sans se faire remarquer.

La vie était redevenue comme avant le départ d'Anna. Des conversations animées à table, des éclats de rire, des cris de Lilou et, presque à chaque repas, un désaccord entre ses parents. Marianne s'amusait de toute cette agitation. Elle ne disait jamais rien, jusqu'à déconnecter pour atterrir sur la lune. Et ce soir-là, elle avait établi ses quartiers bien plus loin, sur une autre planète.

— Surprise ! Des crêpes pour Marianne !

Marianne se redressa sur sa chaise dans un sursaut qui l'effraya elle-même. Elle sentit le feu monter à ses joues, comme une gamine prise en faute.

— Merci maman… Tu as pensé à moi, il ne fallait pas te donner tout ce mal, fit Marianne en s'accoudant à la table avec un sourire timide.

— Écoute, j'ai beaucoup de temps en ce moment, et j'avais envie de te faire plaisir, ponctua Anna d'un clin d'œil complice, en débusquant la crêpière dans le vaisselier.

Anna partit mettre le CD préféré de Marianne, celui d'Amy Winehouse. Une fois les crêpes cuites et avalées à toutes les sauces, Anna baissa la musique et alla coucher Lilou. Il était vingt heures trente quand elle descendit, et la tisane de Guillaume arrivait à point nommé. Ce dernier s'éclipsa vers le salon pour regarder un match de football. Marianne s'attarda dans la cuisine et attendit.

— Marianne… Tu es encore là ? Tu veux une tisane ? Je peux te préparer une sauge-reine des prés, tu m'en diras des nouvelles, proposa Anna avec engouement en brandissant son sachet d'herbes aromatiques.

— Euh, non… Merci, ça va aller.

Sa mère semblait beaucoup plus détendue qu'au matin. Ses cheveux noirs brillaient, sa peau était devenue lumineuse.

— Tu es sûre ? Parce que tu as l'air angoissée, donc je me disais…

— Maman… la coupa Marianne, sans intérêt pour l'issue de la phrase qu'elle avait commencée. Tu as parlé à papa des feuilles que tu cherchais ce matin ?

— Non, je n'ai pas eu besoin, sourit Anna en relevant la tête. Je les ai retrouvées.

— Ah… Ah ?

— Exactement là où je les avais prises avant de partir. Je te dis que je perds la boule, dit Anna, en haussant les épaules. J'ai dû les ranger à la va-vite avant de partir, et dans la précipitation j'ai cru que je ne l'avais pas fait… Il m'arrive des tas de trucs de ce genre ces derniers jours, expliqua-t-elle, arquant les sourcils.

— Je… Je me demandais, comme tu avais l'air inquiète… OK. Très bien, fit Marianne, soulagée en dirigeant ses pas vers la porte.

— Merci, c'est réglé. Ça va mieux, toi ? s'aventura Anna, adossée au plan de travail, les bras croisés.

Pour toute réponse, Marianne fit la moue. Partagée entre pudeur et embarras, elle cherchait comment inclure sa mère dans la confidence sans l'inquiéter. En dire le moins possible et obtenir en échange des éléments sur la jeunesse d'Anna. Le disque s'était arrêté. On entendait au loin le public du stade en délire et les commentaires déchaînés des présentateurs.

— Je me suis disputée avec Julie. On ne s'adresse plus la parole depuis environ une semaine. Et je crois que ce n'est pas près de s'arranger… annonça Marianne, de but en blanc.

— Je me doutais bien que ça clochait. Ce sont des choses qui arrivent, fit remarquer Anna en mettant la bouilloire en route. Tu dis ça parce que tu es en colère contre elle. C'est ta meilleure amie, c'est normal, soupira-t-elle en lui frottant le bras avec affection.

Marianne déglutit. La discussion allait se corser. Et les explications, ce n'était pas son truc. Comme elle le redoutait, Anna voulut en savoir plus.

— Que s'est-il passé ? demanda-t-elle, entre hésitation et curiosité.

Les sons lointains du stade et la voix des commentateurs régnaient sans partage sur le rez-de-chaussée.

— Je… Nous… C'est à cause d'un garçon. Je t'en ai parlé quelques fois. Il s'appelle Erwan.

— Oh, je vois… Et il s'intéresse à l'une ou à l'autre, c'est ça… ?

— Eh bien… Oui. Aux deux. Je ne sais pas. Nous avons toujours été très complices lui et moi depuis l'année passée. Et ces derniers temps, plus que d'habitude. Nous nous sommes embrassés, il y a dix jours. Mais c'était comme si de rien n'était ensuite… Pour lui. Pas pour moi. Julie sait que je l'aime… Et nous nous sommes disputées car, tout à coup, elle s'est rapprochée de lui.

— Elle s'intéresse vraiment à lui ?

— Je ne crois pas, non. Elle fait ça pour me faire du mal. Je lui ai dit jeudi dernier que je la détestais… Mais j'ai regretté ensuite.

— Peut-être attend-elle des excuses de ta part ? s'enquit Anna, en versant de l'eau bouillante dans une tasse.

— J'ai essayé de lui parler. Et cette fois-là, elle s'est mise à draguer Erwan pour de bon et ne veut plus m'adresser la parole.

— Et lui, que fait-il ? Répond-il à ses avances ?

— J'ai l'impression, oui. Julie est une jolie fille.

— Mais lui as-tu dit à ton Erwan, que tu l'aimes ?

— Non… Quand on s'est embrassé, je suis partie. Il m'a téléphoné le soir, et je n'ai pas répondu. Je ne savais pas comment réagir… avoua Marianne, balayant une larme d'un revers de main.

— OK. C'était donc ton premier baiser ? demanda Anna sans ciller, les deux mains posées sur son ventre rebondi.

— Oui. Il a dû croire que je le repoussais…

— Je le pense.

— Qu'est-ce que je peux faire, maman ?

— Es-tu réellement amoureuse de lui ?

— Oui… Enfin, je crois, balbutia Marianne d'une petite voix en se tordant les doigts.

— Quand tu le vois… Sens-tu ton cœur cogner sous ta poitrine ? As-tu les mains moites, perds-tu tes moyens… ?

— Oui, c'est ça… Exactement ça !

— Et depuis qu'il s'est éloigné de toi, tu ressens toujours ces mêmes impressions, quand tu le vois ? Ce n'est pas qu'une question d'amour-propre, tu ne te sens pas seulement humiliée qu'il soit plus complice avec Julie qu'avec toi ?

— Oui, toujours pareil. Avec un gros pincement au cœur en prime. Je vois bien ses regards en coin quand Julie lui parle… Comme pour voir mes réactions.

Plus un son ne filtrait dans la cuisine, maintenant qu'Anna venait d'en fermer la porte. Marianne n'en revenait pas de la tournure que prenait cette discussion inattendue avec sa mère. Jamais elle n'aurait imaginé être en train de parler de son premier flirt avec elle. Les mots se mélangeaient, bourdonnaient, au rythme de ses pensées en fatras.

— Écoute, ma chérie, continua Anna, en fourrant une tasse d'infusion entre les mains de sa fille, c'est à Erwan qu'il faut que tu parles d'abord, et non à Julie.

Le regard dur d'Anna ne permettait aucun refus.

— Tu es sûre ? hasarda Marianne, prête à se laisser convaincre.

Elle huma l'odeur des herbes infusées avec dégoût.

— Crois-moi, je sais de quoi je te parle, poursuivit Anna d'une voix sûre. Ne cours pas après Julie, si elle continue de te rejeter. C'est qu'elle ne mérite pas d'être ton amie. Elle changera peut-être d'avis. Mais d'abord, Erwan doit savoir qu'il compte toujours pour toi. Je suis quasi persuadée que toi, tu comptes encore pour lui.

Une lueur d'espoir éclaira les yeux de Marianne. Anna observait sa fille, guettant une réaction plus caractérisée. Le bruit distinct de la trotteuse poursuivant son tour de la pendule résonnait presque entre les murs de la petite pièce. Et comme Marianne restait murée dans son silence, Anna renchérit :

— Marianne… Les malentendus n'amènent rien de bon. C'est une certitude. Si tu ne fais rien, la situation va s'aggraver. Ce que je ne souhaite pas.

— C'est compliqué…

— Oui l'amour, c'est très compliqué.

Anna toussota. Sa vue se brouilla. Son cœur se serra soudain. Elle prit une gorgée de sa tisane à peine chaude.

— Je vais te faire une confidence. Quand j'étais plus jeune, mon grand amour n'a plus voulu me voir du jour au lendemain…

— Papa ? feignit Marianne.

— Non, pas papa. Mon premier grand amour… Le garçon que j'ai aimé pour la première fois… Je me suis longtemps demandé pourquoi il m'avait abandonnée.

— Et ?

— Et aujourd'hui il est mort, et je n'ai pas plus la réponse à cette question, répondit Anna dans une moue qui lui déformait la bouche. Et pourtant, j'y pense encore.

Anna but d'un trait le reste de son infusion.

— C'était lui, l'enterrement ?

— Oui. Une crémation. C'était une crémation.

— Ah. Je suis désolée, maman.

— Ne le sois pas. C'est une fatalité à laquelle on n'échappera pas, tôt ou tard, soupira Anna en cognant tasses et verres dans le lave-vaisselle. J'ai souffert de notre séparation mais nous continuions de nous voir ensuite, nous étions sur le point de renouer, tu comprends ? Et d'un seul coup, il est parti, on ne l'a plus jamais revu. J'avais pourtant l'impression que nous nous aimions encore… Si fort. Nous étions faits pour être ensemble, mais… (Elle fit le geste d'envoyer tout en l'air.) C'est du passé. Ce que je veux te dire, Marianne, c'est qu'il ne faut laisser personne décider pour toi.

— Pourquoi dis-tu ça ? Tu sais donc ce qui s'est passé pour toi à l'époque… Je veux dire, c'était de la .faute de quelqu'un… d'autre ? insista Marianne, en fronçant les sourcils.

À l'instant même où sa fille en parlait, Anna venait de le comprendre. Laurent avait été influencé.

— Non. Je me dis juste que quelqu'un a peut-être manipulé Laurent. Et c'était une idée vague au départ il y a quinze ans, qui m'avait effleurée. Mais après toutes ces années, en y repensant et avec le recul, j'en suis pratiquement sûre aujourd'hui.

JC. Cela venait sans doute de lui. *Je pense qu'il y a certaines choses que tu as dû savoir [...] J'en suis désolé.* Cette phrase tournait en boucle pour remuer sans cesse le flot de ses pensées.

— Tu as des preuves, Laurent te l'a écrit, non ?

— Non… C'est une espèce d'intuition, des détails qui s'ajoutent les uns aux autres, souffla Anna, le regard flou. J'ai connu ton père moins d'un an après… et tout est allé si vite.

Anna s'immobilisa, muette. Cette réaction de Félicien, décidément étrange, peu après la cérémonie… Et n'y avait-il pas eu cet air penaud qu'avait pris Julien ?

— Tu ne regrettes pas ? … Maman ?! s'impatienta Marianne avec un signe de main sous les yeux d'Anna, figés sur la tasse qu'elle tenait entre ses mains.

— … Hein ? Quoi ? Mais tu es folle !

— Tu n’as pas pu oublier Laurent en six mois ?

— Ne t’ai-je pas dit à l’instant que l’amour, c’est *très* compliqué ? sermonna Anna un doigt planté sur Marianne avec un air de fausse colère. J’ai longtemps regretté Laurent. Mais j’ai aimé ton père sincèrement dès le début de notre relation. Toi, ne fais pas la même erreur que moi, s’il te plaît, ajouta-t-elle en prenant la main de sa fille. Il est vrai que si j’étais restée avec Laurent, je n’aurais pas connu ton père, mais… J’aurais évité bien des souffrances aussi. Car je n’étais plus rien sans Laurent au moment de cette absence. J’ai erré, enfermée pendant des mois… Jusqu’à ce que je rencontre ton père. J’aurais dû essayer de comprendre ce qui se passait, j’aurais dû parler plus avec Laurent. Là avait été mon erreur. (L’idée de contacter Félicien lui traversa encore l’esprit. Elle inspira.) Et c’est ce que tu vas faire avec Erwan. Lui parler. Tu vas aller le trouver demain, et tu vas lui parler.

— Maman… soupira Marianne en baissant ses jolis yeux qui pétillaient presque à nouveau.

— Marianne, tu veux que les choses s’arrangent ? demanda Anna, grave, de sa voix la plus rauque.

— Oui. Je crois que j’ai compris.

Marianne déglutit et leva la tête pour fixer Anna.

— Merci maman d’être là, chuchota Marianne en enlaçant sa mère, et l’embrassant sur la joue. Je vais faire ça, oui, je vais aller lui parler, affirma-t-elle en posant la main sur la poignée de la porte.

Si Marianne était montée se coucher pleine d’espoir ce soir-là, elle fut déçue de ne rien apprendre sur l’histoire de sa mère. Cette lettre était toutefois étrange, et elle n’abandonnait pas l’idée de savoir pourquoi Anna n’avait plus jamais entendu parler de Laurent, il y avait bientôt seize ans.

24

Une confession

Octobre 2007

« Je dois contacter Félicien. Il le faut. » Ne pas vivre avec des regrets… se disait Anna, qui venait de prendre sa décision.

Son vieil ami toulousain l'avait incitée en lui tendant sa carte. *N'hésite pas.* Serait-il gêné de son indiscrétion ? Exaspéré ? Peut-être. Il fallait le prévoir.

Seule dans sa chambre, Anna avait profité de l'absence des habitants de la maison. La boîte en carton dans laquelle était coincée la petite urne était grande ouverte et vide sur ses genoux. Il y avait eu cette carte qui était restée au fond, qu'elle n'avait pas remarquée tout de suite. Un mot de la main de Laurent, rédigé sur une feuille cartonnée. Son cœur bondit. Ce qu'elle y lut confirma d'emblée ses doutes.

« Très chère Anna, merci de consentir à répandre mes cendres sur les falaises. C'est que tu acceptes de pardonner ma crédulité. »

Anna fut intriguée par cette dernière phrase. *Sa crédulité* ? Mais *quelle* crédulité ? De quoi diable voulait-il parler ? Il devait y avoir une explication. Laurent devait penser qu'elle savait, que depuis tout ce temps, elle avait appris la cause de son départ. Seulement cela n'avait jamais été le cas. Son sang ne fit qu'un tour, son ventre se contracta. Elle resta quelques secondes perdue dans d'inlassables réflexions, avant de s'emparer du téléphone qui trônait sur le bureau. Elle allait mettre fin à ces questionnements, qui achèveraient de la rendre folle avant son accouchement. Explorer l'ultime piste dont elle disposait pour terminer ce puzzle impensable était, selon elle, la seule chose raisonnable à faire. Assez de supposer, d'imaginer, de se torturer l'esprit. Mettre en lumière des éléments clés qui, elle le sentait, auraient pu changer le cours de toute sa vie, s'ils avaient été portés à sa connaissance des années avant. Qu'allait lui dire Félicien ? Son cœur serait-il repu de ces révélations pour qu'elle puisse enfin monter sur les falaises et y répandre les cendres de Laurent ?

La tonalité ne sonna que deux fois.

— Allô ? articula une voix masculine.

— Félicien ?

— Oui ?

— Bonjour, c'est Anna, annonça celle-ci d'une petite voix, prenant place sur la chaise face à son bureau.

— Oh, Anna, comment vas-tu ?

Elle « entendit » son sourire au téléphone.

— Bien, je te remercie. Je m'excuse de te déranger.

— Non, je t'en prie, ça me fait plaisir. C'est mon jour de congé aujourd'hui, répondit-il avec son empathie naturelle.

— J'ai de la chance alors, sourit-elle. Écoute, tu vas sans doute trouver ça bizarre mais, si je t'appelle, après si longtemps, c'est pour te demander quelque chose.

— Oui ? Je t'écoute, murmura-t-il d'une voix monocorde.

Elle se leva d'un bond, inspira, et ses longs pas résonnèrent dans la pièce silencieuse. Puis elle se mit à expliquer l'incompréhension qui la tenaillait. Sans s'attarder sur cette lettre d'amour bouleversante ou même l'insolite visite qu'elle était persuadée d'avoir reçue de Laurent, elle exprima le malaise qu'elle avait ressenti face à JC le jour de la cérémonie, leur attitude à tous qui lui avait paru étrange : tout ce qui lui avait donné la sensation d'avoir été bernée d'une façon ou d'une autre. Puis, elle évoqua le mot de Laurent qui accompagnait l'urne, plus significatif, achevant de la conforter dans ce doute persistant. Tout s'emboîtait pour lui confirmer qu'elle avait raison de croire que Laurent avait quitté sa ville sur une erreur. Elle attendit la réaction de Félicien, longue à venir, et s'immobilisa, tandis qu'elle entendait son ami se gratter la gorge.

— Eh bien Anna… À vrai dire, je m'attendais un peu à ton appel. C'est bien plus obscur que cela en a l'air, répondit Félicien avec un long soupir. Tu ne m'as jamais téléphoné pendant les deux années qui ont suivi le départ de Laurent, et je me suis longtemps demandé pourquoi… C'est seulement il y a trois jours que je l'ai compris… Tu n'avais jamais rien su.

— Su quoi… ? À propos du départ de Laurent ? Mais pourquoi tant de mystère ? s'agaça-t-elle en haussant le ton. C'est à mon sujet ? ajouta-t-elle, hésitante, redoutant la réponse.

Elle ouvrit la fenêtre et inspira en fermant les yeux. Elle se rassit.

— Il y a effectivement des choses que tu aurais dû savoir à l'époque. Sur le départ de Laurent. Et cela te concerne, oui. Je ne suis pas sûr que ça changera grand-chose aujourd'hui, mais la vérité sera rétablie…

— Il faudrait que tu m'expliques, s'impatienta-t-elle. Je n'y comprends rien.

Elle déglutit, arpentant la pièce d'une foulée nerveuse.

— Et je serai heureux de le faire. Parce que Laurent l'aurait voulu ainsi. J'ai cru comprendre qu'il t'avait écrit. Le connaissant, loin de lui était l'idée d'entacher sa lettre avec les vieux démons qui sommeillaient en lui. Il a choisi des moyens disons… plus détournés.

— Vas-y. Je t'écoute, soupira Anna en se postant devant la fenêtre.

— Dis-moi quand je peux passer te voir. Un week-end, ou en semaine ?

— De quoi ? Venir ? Tu viendrais en Normandie juste pour me parler ?

— Ce n'est pas le genre de conversation que je tiens à avoir au téléphone, rétorqua-t-il avec la fermeté qu'elle lui avait connue autrefois.

— Euh… D'accord, murmura-t-elle, désarçonnée. Tu es disponible quand ? Vendredi par exemple ?

— C'est dans deux jours. Attends voir… (Elle entendit un bruit de feuilles et l'imagina consultant un agenda ou un calendrier.) Oui, c'est possible ce vendredi.

— Bon, OK. Je note. Quelle heure ?

— Le temps de monter… Disons treize heures ? Si je reste deux heures, je serai de retour chez moi avant minuit.

— Comme tu veux. Sinon, tu peux rester sur place pour t'éviter de reprendre la route. Je peux t'héberger, proposa-t-elle, hésitante.

— Je pense que ça devrait aller. Merci… Mais on verra. Devant la salle des fêtes du village de tes parents, ça te va ?

— C'est parfait. Alors je te dis à vendredi. Et je te remercie… pour ta disponibilité, souffla-t-elle dans un murmure.

— À vendredi, Anna.

Elle posa le téléphone sur son socle, le regard vide, le cœur tambourinant comme un fou emmuré. Elle avait chaud, elle le sentait. Et tandis qu'elle se trouvait devant la fenêtre pour la refermer, elle resta immobile, le vent au visage, comme abasourdie par la discussion invraisemblable et pourtant efficiente qu'elle venait d'avoir avec Félicien.

Le vendredi arriva vite, et Anna n'avait toujours pas parlé de l'urne à Guillaume. Ce matin-là, il faisait plus froid que d'habitude, et un gel tenace couvrait les routes.

Quand Anna vit débarquer Félicien à treize heures précises dans une Audi A4 break grise, elle ne fut surprise ni de sa ponctualité, ni de son choix en matière de qualité automobile. Il s'extirpa de son véhicule, preste et élégant.

— Coucou ! claironna-t-elle, tandis qu'elle sortait du sien pour lui faire la bise. Tu es venu seul ? questionna-t-elle.

— Oui, Émilie travaille, répondit-il d'un ton navré.

Elle n'avait pas remarqué le jour des funérailles, que son crâne était si dégarni. Son visage avait perdu en rondeur, mais ses yeux bleu vif avaient gardé leur magnificence.

— Tu as déjeuné ?

— Oui, je te remercie. Un sandwich, il y a une heure.

— Suis-moi, l'invita-t-elle, j'habite à trois kilomètres. On va prendre un café chez moi.

— Ce que ça me fait drôle de revenir ici, avoua Félicien d'une voix vacillante, regardant la mairie avec un léger sourire.

Ils remontèrent chacun dans leur voiture. Anna entra dans la cour, alors que Félicien se garait devant le mur de la propriété. Elle s'empressa de rejoindre le portail pour escorter son ami chez elle.

— Alors, c'est chez toi, ici ? demanda-t-il tout en marchant vers la porte, et regardant autour de lui. Tu t'occupes du potager ?

— Non, c'est mon mari, Guillaume. Il adore ça, sourit Anna en ouvrant la porte d'entrée.

Félicien retira ses chaussures qu'il déposa près de l'escalier. Il s'avança dans le hall en gardant son manteau à la main. Quand Anna vint l'en débarrasser, il admirait des photos récentes de Marianne et de Lilou.

— Ce sont tes filles ? L'aînée est grande.

— Quatorze ans déjà. Ça ne me rajeunit pas…

— Ah oui, quand même. Je savais que tu avais une grande fille, mais je ne l'imaginais pas ado.

— Si, si… fit Anna, en haussant les sourcils. Ils ont quel âge, les tiens ?

— Douze et neuf ans. Deux garçons, annonça-t-il avec un petit éclat de rire.

— Ah, tu ne dois pas t'ennuyer… répliqua-t-elle en riant. Tu n'as pas traîné non plus, toi. Mais bon, depuis le temps que vous étiez ensemble avec Émilie, c'est logique. (Elle se gratta la gorge.) Celui-ci aussi est un garçon, fit-elle en pointant l'index sur son ventre, l'autre main sur la poignée de la porte du séjour.

Anna pénétra dans la vaste pièce, claire, et débarrassa l'énorme table en chêne massif d'une pile de documents laissés la veille par Guillaume.

— Viens. Tiens, assieds-toi, l'invita-t-elle en tirant une chaise. Café ?

— Oui, merci.

Il la regarda s'éloigner vers la cuisine attenante, en fredonnant un air qu'il ne connaissait pas. Tout en admirant les tableaux anciens et les voûtes entre les pièces, il hasarda :

— C'est très mignon, chez toi. Vous devez être bien, ici. Et la région est toujours aussi belle.

— C'est sûr que ce n'est pas la chaleur du Sud, mais la vie y est bien agréable, lança-t-elle comme elle revenait avec deux tasses et des biscuits sur un plateau, qu'elle déposa devant lui. Sers-toi, proposa-t-elle en s'asseyant à sa droite.

L'odeur de café chaud embaumait l'espace. Félicien toussota et prit un biscuit qu'il garda à la main. Il le tourna plusieurs fois, le passa dans l'autre main puis, avec celle devenue libre, saisit l'anse de la tasse de café restée sur le plateau. Anna l'observait en silence tandis qu'elle buvait la sienne. Les yeux rivés sur la fenêtre face à lui, il porta la tasse à ses lèvres, but une gorgée. Il reposa la tasse, s'enfonça dans sa chaise, puis s'accouda en joignant les mains.

— Eh bien Anna, si je suis venu, c'est pour revenir sur ce passage du printemps 93… Quand Laurent et toi vous êtes séparés. Ou plutôt, à cet épisode de l'hiver 92-93 – cette erreur avec Julien, ce qui a détruit la confiance que vous aviez l'un pour l'autre, si je ne me trompe. Un simple baiser, il me semble… (Anna opina du chef. Il se gratta la gorge.) Excuse-moi, c'est un peu personnel, je vais essayer d'expliquer ce que je sais de façon neutre. OK ?

Anna leva des yeux résignés vers lui, et acquiesça d'un signe de tête, grave.

— Je t'en prie, murmura-t-elle en trempant les lèvres dans sa tasse.

— Donc… Il y a eu ce mauvais passage, et puis vous vous êtes séparés pendant des mois. Mais vous aviez gardé le contact, vous vous téléphoniez de plus en plus, commenciez à vous revoir. Vous étiez sur le point de vous remettre ensemble : soyons clairs. C'est à ce moment-là que Julien et JC sont venus trouver Laurent. Au moment, sans aucun doute, où il était le plus vulnérable. Ce jour-là, ils ont parlé tous les trois, comme d'habitude. Des conversations d'hommes. Voitures, soirée de la veille, sport, femmes. Le sujet a vite été ramené à toi, par Laurent qui manifestait sa joie de renouer un contact plus régulier. Ils ont donc évoqué encore une fois cet incident du baiser qu'il y avait eu entre Julien et toi des mois auparavant lors de cette soirée, prétextant tourner la page pour de bon, pour qu'aucune ambiguïté ne subsiste entre eux, et qu'ils restent amis malgré cela. Ils étaient dans la cuisine de Laurent à ce moment-là. Et il avait craqué. De la simple confidence qu'il leur avait faite de ne pouvoir vivre sans toi, se rappeler que cette vie entre vous deux avait été compliquée par la faute des incessants allers-retours en Normandie, ta présence chez lui un week-end sur deux, et qui l'avait souvent privé de voir ses amis… Il culpabilisait en se disant que c'était tout cela qui t'avait poussée à commettre cette erreur avec son ami. Il leur avait parlé à cet instant du lien qui n'était pas brisé entre vous, il leur avait dit qu'en te confiant ses espoirs, vous parviendriez, peut-être tous les deux, à recoller les morceaux. (Il laissa passer trois secondes.) Mais c'est aussi à ce même moment que Laurent vit les regards en biais entre Julien et JC. Leur embarras, leur hésitation. Les hochements de tête sceptiques de JC. Il se dit bien que quelque chose clochait et leur demanda ce qui se passait. Et ce qu'ils lui racontèrent dépassa l'entendement. (Il leva ses yeux vifs vers Anna.) Tu sais parfois, les gens ne sont pas ce qu'on croit qu'ils sont. Ils ont raconté à Laurent comment ils t'avaient surprise avec Toinou, chez lui, un soir. Puis un autre. Ce n'est pas vrai, n'est-ce pas ?

— Tu la connais, la réponse, Félicien… Tu sais bien que non, observa Anna, les yeux brillants.

— Ils ruinèrent tous les espoirs de Laurent en expliquant que Toinou était devenu ton nouveau petit ami depuis quelques mois. Il se situait près d'Alençon, donc il n'était pas loin de chez toi. Ils insistèrent bien sur le fait que n'étant plus en couple avec Laurent, tu avais été libre d'aller avec qui tu voulais. Cette précision sûrement, pour ne pas qu'il s'énerve. Ils lui bourrèrent le crâne avec tout un tas de fausses anecdotes de sorte qu'il fût impossible qu'il essaie de te contacter. (Félicien prit la main d'Anna et déglutit.) Ils téléphonèrent même à Toinou en présence de Laurent, pour qu'il confirme sa relation avec toi – ce qu'il fit, et Laurent finit même par s'engueuler avec lui. Mais là n'est pas le pire. (Il prit une longue gorgée de café.)

À un moment de leur conversation, l'un d'eux avait retiré un câble du téléphone de Laurent à son insu, profitant sans doute de son désarroi… De sorte qu'il ne pourrait pas t'appeler pour te demander des comptes une fois qu'ils seraient partis. Psychologiquement, ils avaient déjà bien œuvré pour l'en dissuader. Devant l'absence de cabine téléphonique dans son village, cela obligeait Laurent à se rendre chez sa mère à des kilomètres. Et comme si ce n'était pas suffisant, en partant, ils crevèrent les pneus de la voiture de Laurent. Si, si, comme je te le dis. JC et Julien saisirent ce prétexte en or pour lui rendre visite chaque jour, car sans voiture la vie devenait compliquée. Ils continuèrent ainsi de le dissuader de te voir. Il finit par abandonner alors cette idée d'appel les jours qui suivirent, pour digérer tout ça.

Tout ce que je te dis là, Anna, c'est Laurent qui me l'a raconté au moment de son départ de l'appartement qu'il habitait seul à Orléans. Il a juste cru que quelqu'un de mal intentionné avait saboté sa voiture. Ça s'est passé un après-midi de pluie, entre eux trois, en mars 1993. Tu sais, nous étions un peu moins proches qu'avant, lui et moi, la distance y étant pour beaucoup. Je fus très étonné de ce revirement de situation, de ton attitude que je trouvais peu plausible, et je le lui avais même dit… mais, à quoi bon ? Il était entêté. Tu sais bien que j'étais persuadé que vous étiez tous les deux nés pour être ensemble.

— Je ne comprends pas… Félicien… Pourquoi ont-ils inventé cette histoire ? Je m'entendais pourtant bien avec eux. Plutôt avec JC qu'avec Julien, après l'incident du baiser. Comment Laurent a-t-il pu les croire ? s'enquit-elle, sa voix à peine audible.

— Laurent était en décomposition, ma pauvre. Il était désemparé, tu avais fait une première erreur, n'oublie pas. Et il avait vraiment essayé de t'appeler de chez sa mère, la semaine qui suivit, mais deux fois tu n'avais pas répondu, une autre il n'avait pu se rendre chez sa mère au moment où il en avait besoin. Il commençait à se faire une raison… Tu n'étais plus avec lui.

— Félicien, je suis venue à Orléans avant qu'il ne quitte son appartement. Sans avoir de nouvelles, sans pouvoir le joindre, j'ai fait le voyage. J'ai pleuré devant sa porte. Je savais qu'il était chez lui. Il ne m'a jamais ouvert…

— Je sais… Il s'est laissé convaincre que tu n'étais pas une fille pour lui, il avait renoncé à toi. Il s'était résigné, cela faisait un mois déjà… Sans un signe de toi jusqu'alors, il avait pris sa décision. C'était terminé, conclut-il en haussant les épaules. C'est de cette histoire dont parlait JC lors de la cérémonie, ce qu'il pensait que tu avais fini par savoir. Mais ce n'est pas tout, se désola-t-il.

Anna restait silencieuse, ses deux mains jointes sur son ventre, les yeux en dérive sur les nœuds de la table en chêne.

— JC, Julien et Laurent, au moment de votre séparation, avaient parlé de monter leur boîte ensemble, continua Félicien en terminant sa tasse. Cela avait été dans l'immédiat un sujet de réconfort pour Laurent, qui perdait pied face à votre séparation, qui se sentait abandonné. Et plus Laurent était mal, et plus ils en discutaient. Plus ils y croyaient, plus ils échafaudaient des plans pour mener à bien ce projet, et plus le projet en question prenait forme. Les démarches et formalités administratives allaient bon train, ils étaient affairés sans cesse. Il était question que JC et Laurent cohabitent, dans son village près d'Alençon. Et tout était presque finalisé, quand Laurent avait commencé à montrer du scepticisme, jusqu'à son engagement final dans l'affaire. Il allait mieux, beaucoup mieux, et il se désintéressait du projet. Ils ont tout de suite su qu'il te revoyait. Tous ces plans n'avaient été qu'un passe-temps pour lui, un exutoire temporaire au mal de toi. Julien et JC avaient inclus Laurent dans leur grand projet, en grande partie car il possédait à lui tout seul la moitié des fonds pour pouvoir démarrer. Il était impossible de penser à monter la société sans lui. En revenant dans sa vie, tu as vite représenté un obstacle au montage de la boîte, Anna. Ils ont donc cherché un moyen de t'écarter. Ils ont mis sur pied cette première partie du plan, et l'ont exécutée.

Quand Laurent a quitté son appartement d'Orléans, le cœur lourd, un mois plus tard, il a habité en colocation avec

JC, comme prévu. Leur société se trouvait du côté de Saint-Paterne, en Basse-Normandie – Laurent était de retour dans une région pleine de souvenirs. Leur société commençait à marcher, ils avaient leurs premiers clients. Laurent semblait plein d'espoir, mais il avait gardé cet air maussade qui ne lui allait pas. Je peux te dire qu'il n'a vu aucune autre fille pendant cette période, alors que la plupart de ses sorties avec ses amis lui en avaient pourtant fourni l'occasion. D'ailleurs, nous nous sommes vus plusieurs fois, sur les douze mois qui suivirent, trois fois chez eux en Normandie, et une fois chez moi, je les avais invités. Et c'est ce week-end-là que j'ai entendu une conversation entre JC et Julien. (Il inspira.) Anna, j'ai fait la découverte d'un sombre complot dirigé contre vous deux. Presque un an après le départ de Laurent d'Orléans. Ils disaient que « Toinou avait bien joué le jeu, encore une fois », « que c'était dommage pour Laurent », mais que « reformer un couple cassé, de toute façon, n'avait jamais apporté rien de bon ». Ils disaient encore qu'il aurait été impossible de convaincre Laurent à nouveau de continuer avec eux, tu l'aurais dissuadé du projet, Laurent et toi auriez eu à coup sûr l'intention d'habiter ensemble, sachant que Laurent seul ramènerait l'argent et qu'une jeune société comme la leur ne rapporterait rien au début. Il lui aurait fallu un boulot fixe, alimentaire. « Nous avons fait ce qu'il fallait faire, c'est mieux pour lui » avaient-ils convenu. Et Julien avait ajouté : « On a assuré nos arrières d'avoir fait en sorte qu'Anna n'entre plus jamais en contact avec lui. »

Quand j'ai découvert tout ça, poursuivit Félicien en mettant sa main sur celle d'Anna, qui essuyait ses yeux et qu'il sentait fragile, quand ça m'a sauté au nez, le temps de bien comprendre, reprit-il, il s'est passé deux à trois semaines. Je n'ai rien dit à Laurent sur le coup. J'ai été trouver Toinou pour qu'il m'explique, entre hommes. Il n'a pas été fin, en me faisant croire qu'il ne se souvenait plus, que cela faisait longtemps pour lui. Il a fini par m'avouer qu'il avait dû jouer ce rôle il y avait plus d'un an car il avait perdu un pari. JC et Julien l'avaient provoqué, en disant qu'il ne marcherait pas dans leur combine de se faire passer pour ton nouveau mec, Anna, même contre trois bouteilles de rhum chacun. Et ils avaient vu juste avec lui… L'alcool. Il n'a pas pu résister. Aussi, je venais d'apprendre de la bouche de Toinou quel nouveau plan JC et Julien avaient mis sur pied deux mois après cet épisode, pour que vous n'entriez plus en contact Laurent et toi. Et comment Toinou avait dû jouer un nouveau rôle – mais cette fois en perdant au poker. Ils pariaient de drôles de trucs, JC et Julien. Je me demandais si c'était une bonne décision de prévenir Laurent… Autant de temps après ? Après réflexion, je lui téléphonai. Il fallait qu'il sache, oui, il devait savoir. Je l'ai donc rejoint en voiture un week-end, pour lui raconter toute l'histoire.

Anna se leva, pria Félicien de l'excuser, et disparut au fond d'un couloir. Félicien, seul à la table, se sentit oppressé par la lourdeur du silence. Quand elle revint vers lui, impassible, elle lui proposa un nouveau café et de l'eau, qu'il accepta. Muette et droite, elle reprit le plateau pour retourner à la cuisine, mais cette fois sans fredonner cet air qu'il ne connaissait pas. Elle alluma le poste en fond sonore. Elle revint à côté de son ami, se rassit, placide, après avoir posé le plateau sur la table. Elle soupira.

— Je… C'est triste. Ils sont tombés bien bas, articula Anna d'une voix faible. Jamais je n'aurais imaginé un tel mauvais coup de leur part.

Il attrapa la tasse fumante et souffla dessus.

— Tu vois maintenant jusqu'où deux – enfin trois – personnes sont prêtes à aller, la folie qu'elles sont capables de déverser autour d'elles, l'amour qu'elles peuvent briser avec de simples mots… (Il haussa les sourcils d'un air navré.) J'ai été très déçu aussi, crois-moi. Et tu n'imagines même pas la colère de Laurent lorsque je lui ai tout expliqué. Il s'est retiré de l'affaire, il a quitté l'appartement qu'il partageait avec JC du jour au lendemain. Il s'est blâmé d'avoir été si naïf. Il a cherché à te voir, aussi.

— Je ne l'ai pas… revu, souffla-t-elle, immobile.

— Et pour cause. Parce que là, maintenant, ce que je vais te dire, va, j'en suis sûr, t'affecter profondément. (Il se tourna vers elle et plongea ses yeux bleus dans les siens.) Je t'ai dit tout à l'heure, qu'il y avait pire. J'ai hésité longtemps avant de prendre la décision de te le dire. (Il avala un peu de café.) Leur complot a atteint une dimension tout autre quand ils ont été jusqu'à chercher un homme qui pourrait te plaire. Un homme qui pourrait te faire oublier Laurent. Car tiens-toi bien, Anna. Ce n'est pas par hasard si tu es avec Guillaume aujourd'hui…

Anna fronça les sourcils. Elle avait peur de ne pas bien saisir le sens de la phrase. Elle sentit une vague de chaleur monter de son dos à sa nuque, se répandre sur ses épaules. Elle cligna des yeux, incrédule.

25

Le secret des falaises

Octobre 2007

— Quoi… Tu veux dire, mon mari ? Il est dans le coup, c'est ça ? s'écria Anna, rouge, prête à exploser.

Elle posa des yeux sombres sur Félicien qui tournait et retournait sa tasse sur la table.

— Anna, non, Guillaume n'a rien à voir ; laisse-moi t'expliquer. C'est bien plus complexe que ça en a l'air… Je suis moi-même resté longtemps dans le doute, l'interrogation, à réfléchir à cette histoire, sans les tenants ni les aboutissants. J'ai mis du temps à saisir toute l'ampleur de ces mauvaises intentions, car Laurent était mon ami. L'un des meilleurs qui soient, en fait. Et il se trouvait que JC et Julien, aussi, étaient mes amis.

— Alors je t'écoute, Félicien, se radoucit-elle.

Elle attendait, elle le regardait. Il fixa un instant la fenêtre, se racla la gorge. Il consulta sa montre, reprit sa tasse de café, et en but une gorgée. Malgré son calme apparent, Anna trouvait cette attente interminable. Il tourna enfin la tête vers elle.

— Quand tu as laissé tomber l'idée de reconquérir Laurent, après son départ d'Orléans, il s'est passé plusieurs semaines pendant lesquelles tu as un peu déprimé, expliqua-t-il. Tu n'allais plus aux cours de natation. Tu les as repris un mois après. Ça a même été dur physiquement pour toi. Mais tu y allais presque tous les jours… Je suppose que ça t'évitait de trop ruminer. Ensuite, tu as repris les compétitions.

— Mais comment sais-tu tout cela, toi ?

— Je t'expliquerai ensuite, dit-il, sans montrer d'impatience. Je continue. Donc, tu allais souvent à la piscine. Et à la bibliothèque aussi. Ne me regarde pas comme ça, je sais tout ce qui s'est passé à ce moment-là, l'avertit-il en haussant ses épais sourcils. Tu t'étais donc inscrite à la bibliothèque car les deux seules choses qui t'intéressaient et pour lesquelles tu avais du temps, c'était nager et lire. Et reconquérir enfin Laurent, peut-être. Car il paraît que tu avais téléphoné chez sa mère. (Il s'arrêta pour reprendre sa tasse et la terminer.) Quand nos deux amis JC et Julien l'ont su, deux ou trois mois après, ils ont suivi tes habitudes quotidiennes pour être sûrs que tu restes bien du côté de Caen – trouvant que cela ne suffisait pas que Laurent et toi ne soyez plus ensemble. Ils n'étaient pas à l'abri d'un coup de fil de ta part chez sa mère, d'une rencontre hasardeuse entre vous deux, qui pourraient vous rapprocher une fois encore. Ils savaient qu'il avait gardé ton numéro. La société stagnait et n'atteignait pas les résultats escomptés, car c'est à peine s'ils parvenaient à verser leur salaire aux deux employés qu'ils avaient embauchés – alors les leurs, n'en parlons pas. Ils ne tenaient pas à ce que Laurent, déjà démotivé, les lâche. Ils ont donc rédigé ce mot qu'ils ont mis dans ta boîte aux lettres, en imitant l'écriture minuscule de Laurent. Celui qui faisait mention de ton coup de fil chez sa mère, que c'était terminé entre vous, que tu devais le laisser tranquille.

Félicien regardait Anna, qui s'était immobilisée, la bouche ouverte, la main sur le cœur.

— Mais cela encore n'était pas assez pour eux, fit-il d'un ton plus sec. Dans les connaissances de Toinou, il y avait un gars, dont je n'ai pas retenu le nom, qui avait un ami qui connaissait Guillaume. Ce dernier se lamentait de ne pas trouver de boulot en informatique dans la région. Il était de Flers. Et il se trouvait que JC, en le voyant une fois, lors d'une soirée avec leurs amis communs, lui avait trouvé des airs de Laurent, dans l'attitude, le caractère, le flegme, tout. C'est en le voyant que l'idée a germé, quand JC se demandait comment il pourrait te faire fuir la Normandie pour de bon, environ deux mois après le départ de Laurent d'Orléans. Dès qu'il a vu qu'on recherchait un technicien informatique pour remplacer celui qui prenait sa retraite à la bibliothèque, le gage qu'ils avaient exigé de Toinou – qui avait perdu au poker, je te le rappelle – était de contacter son ami, pour qu'ils aillent ensemble voir le type qui connaissait Guillaume, afin de le convaincre de se présenter pour le poste. De cette façon, tu allais le remarquer lors de tes visites, et vos regards se croiseraient… Guillaume a été embauché, et la suite tu la connais.

Anna resta bouche bée à tortiller ses doigts. Elle n'avait pas touché à son café. Du fond de la cuisine, le poste émettait des grésillements loin d'être mélodieux.

— Et c'est aussi simple que cela ? Je suis écœurée, Félicien. Ils nous ont manipulés.

— Ce qu'ils ont fait est lamentable. Ils ont été aveuglés par leur obsession de réussite. Mais il faut maintenant leur pardonner. Ils n'ont aucune excuse, c'est certain. Mais je crois qu'en réalisant, des années après, l'impact de leurs égoïstes manigances, ils ont fini par être dégoûtés d'eux-mêmes. Tu l'as bien vu par toi-même, lors de la cérémonie pour Laurent.

— Je suis perplexe, Félicien, je trouve ça dingue… railla-t-elle de sa voix rauque. Guillaume ne l'a jamais su ?

— Non… Je crois que ton mari n'en a jamais rien su, à l'époque.

— Ah, mais attends… Une fois j'étais tombée sur JC à

côté de la piscine justement… Je m'étais demandé ce qu'il faisait là. Je comprends mieux, maintenant. (Elle se tut puis tourna les yeux vers son ami.) Tristesse. Incompréhension. Interrogation. Je ne regrette absolument pas ma rencontre avec Guillaume, tout ce qui s'est passé entre nous, mais de savoir que le destin a été forcé… Ça, c'est inoubliable. Nous avons été, Laurent, Guillaume et moi, leurs jouets. Je pourrai peut-être pardonner, un jour… Mais oublier, ça jamais.

Elle expira avec lenteur. Et d'un coup, elle frissonna.

— Je le sais bien, Anna. Et Laurent l'avait bien compris, il y a plus de treize ans. Mais il était trop tard. Il a vécu avec cette histoire jusqu'à sa mort. Quand je les ai surpris en train de parler de leurs plans réussis, chez moi, j'ai su qu'un truc louche s'était passé. Cela faisait déjà un an, après que Laurent avait quitté Orléans. J'ai longtemps réfléchi, j'ai essayé d'obtenir des infos en plus de celles que j'avais eues de Toinou, pour déballer toute l'histoire à Laurent. Ça me paraissait si énormissime… Mais au final, tout s'était avéré réel. Déception colossale pour Laurent qui s'était laissé persuader que tu ne valais pas mieux qu'une autre en le trompant. Ce qui était, nous le savons, faux. Il fut si facile de te blâmer, alors qu'il réalisait soudain qu'une partie de ce qui était arrivé était sa faute. Par manque de discernement. Il venait de perdre ses amis avec cette histoire, et quand il était allé les trouver, pour leur crier sa colère, il avait empoigné JC, le meneur, et lui avait hurlé des insanités… (La voix de Félicien trembla.) Sa fureur retombée, Laurent s'était renseigné et avait cherché à savoir où tu habitais dans un premier temps. Après avoir découvert que tu étais avec un autre depuis près d'un an à Caen, et t'avoir vue enceinte de quelques mois, il s'est pris une énorme claque. Il a longtemps gambergé, et la raison l'a emporté. L'égoïsme lui a manqué, mais l'arrière-goût de la trahison de ses amis ne l'avait pas quitté. Il a choisi de renoncer à toi, pour respecter ta nouvelle vie. Il refusait de briser ton couple et ta future famille sous prétexte d'avoir été berné et de s'en être rendu compte trop tard, tu comprends ? C'est la culpabilité qui l'a retenu. Et le prix de sa crédulité passée fut de te perdre. Je dois t'avouer qu'il ne résista pas à une terrible dépression. Il s'est presque laissé mourir. Je l'ai vu Anna, et crois-moi, il en a bavé. Il avait payé sa dette depuis longtemps. (Il reprit la main d'Anna.) J'imagine aussi quel a été ton désarroi, Anna. Quand il est parti presque sur un coup de tête, ça a dû être dur à encaisser pour toi. Mais cinq ou six mois après, tu rencontrais Guillaume, ton mari, et tout est allé très vite. Tout ce que je sais de votre rencontre, c'est Toinou qui me l'a dévoilé, il m'a raconté comment JC et Julien t'avaient épiée, à tour de rôle, à la piscine ou la bibliothèque. Et pour finir, leur société a coulé trois mois après le départ de Laurent. Ce qu'ils avaient redouté était arrivé, malgré leurs manigances. Laurent était parti, il avait repris ses billes, et sans lui la boîte s'était écroulée. Ils avaient été punis. Au-delà de l'argent qu'il possédait, Laurent était un bon gestionnaire. Quand il fut remis sur pied des semaines après son séjour à l'hôpital, il retrouva une place de gérant dans un magasin de chauffages géothermiques.

— À l'hôpital, tu dis ? s'inquiéta Anna, perplexe.

— Oui, sa dépression…

Cette ultime révélation, si dure à encaisser, concordait désormais avec le mot de Laurent laissé dans l'urne.

La pendule affichait quatorze heures passées de cinq minutes. Anna savait qu'elle ne pouvait tenir son trouble à distance plus longtemps, aussi elle se leva encore, pour sortir dans la cour et respirer le grand air. Étourdie soudain, elle fut envahie de sensations plus étranges les unes que les autres. L'effet de savoir maintenant toute la vérité, et que Laurent ne l'avait pas rejetée sans raison, la soulageait. Néanmoins, elle ne se départait pas d'une rage qui lui chauffait les tempes et lui massacrait les yeux, qu'elle parvenait à peine à garder ouverts, tant ils piquaient. Mais les larmes ne coulaient pas.

Venait s'ajouter la frustration fugace de n'avoir pu accomplir cette vie avec Laurent, puis la culpabilité de ce sentiment déplacé. Enfin, la pitié qu'elle ressentit pour Julien et JC fut au-delà de toute autre émotion. Ils regrettaient, oui, sans doute. La vie était si imparfaite pour certains qu'ils avaient ce besoin de ravir leur bonheur aux autres ? C'était intolérable. Les émotions se succédaient sans qu'elle ne puisse les modérer. Son ventre s'était durci, elle tentait de respirer en profondeur pour atténuer la tension installée.

Dehors, un chien hurlait à la mort. Elle perçut tout le désespoir qui s'échappait de ses cris, il lui parut trouver un écho dans ce cœur orphelin. Le ciel était blanc, un vent fou se levait. Transie de froid, elle retourna à l'intérieur retrouver Félicien. Ce dernier rassemblait ses affaires et se préparait à partir.

— Ça va ? lui demanda-t-il.

— Oui, mieux, assura-t-elle avec un sourire triste, plantée devant lui. J'ai le cœur gros. Je n'avais pas vraiment oublié Laurent, les premiers mois de ma relation avec Guillaume. Aussi, j'ai pensé à lui à de nombreuses reprises les premières années.

Il lui prit la main et la serra.

— Anna, courage. Je vais devoir te quitter. La route est longue, annonça-t-il, comme il se levait.

— Es-tu sûr de ne pas vouloir passer la nuit ici ? Je peux m'arranger avec Guillaume, proposa-t-elle, d'un ton timide.

— Non, non, ça va aller, je t'assure. Il est presque quinze heures ; je ne suis pas si fatigué.

— Comme tu voudras…

— Ça m'a fait plaisir de te voir, Anna, même si ce n'était pas pour de franches rigolades, fit-il d'un air désolé en lui prenant le bras, une pointe de tristesse dans son regard.

Elle haussa les sourcils, absente.

— On a eu de bons moments quand même, à l'époque. Tu te souviens des soirées en bord de mer ?

— Je me souviens de nos soirées, tout court, approuva-t-elle. Et de nos journées aussi.

— Quand on allait à la plage, comme des touristes ?

— J'adorais ces moments-là, sourit-elle.

— L'insouciance et la jeunesse, c'était le bon temps. Même si je passais mon temps à vous parler d'Émilie, admit-il.

Il souriait, le regard vague.

— J'ai longtemps regretté cette époque, tu sais, confia-t-il, songeur. Et tu te rappelles de Romain qui avait perdu son maillot dans la mer agitée… Quelle histoire. ! ajouta-t-il, hilare. La mauvaise humeur de Teddy, les colères de Fred… Fred, Je l'ai revu quelques fois d'ailleurs. Et nous avons beau les renier aujourd'hui, JC et Julien nous ont bien fait rire…

— Et il y avait tes blagues, pas toujours fraîches, celles de Laurent… fit-elle en ignorant sa dernière remarque, dans un éclat de rire qui résonna entre les vieilles pierres. La vie, quoi… Ta gentillesse, Félicien, poursuivit-elle. Vous avez tous été des frères pour moi.

— Je te remercie, Anna. Nous tenions tous beaucoup à toi, tu le savais. Tu étais si pimpante, vraie et naturelle.

— Merci. Je crois l'être toujours, même si c'est un peu moins qu'avant, dit-elle avec un léger rire. Écoute, je suis contente de savoir que dans ta vie tout va bien, lança-t-elle, les yeux encore brillants.

— Moi aussi, répondit-il en s'avançant vers l'entrée. (Il la regarda.) Et maintenant, que vas-tu faire ?

— Là, tout de suite ? Rien… Je vais digérer. Réfléchir à tout ça, rétorqua Anna d'un air désabusé.

— Ce qui est passé est passé, Anna, révolu et enterré…

— Non, pas encore. Notre histoire appartiendra au passé quand les cendres de Laurent voleront sur les falaises.

— Tu vas y monter bientôt ?

— Dans les prochains jours… Peut-être demain.

— Tu veux que je reste pour t'accompagner demain ?

— Je te remercie, mais le temps que je me décide, ça peut être dimanche, donc ça risque de te retarder plus d'un jour. Je ne te cache pas que je suis désemparée, Félicien… J'ai besoin d'être seule pour réfléchir encore à tout ça, soupira-t-elle, épuisée soudain.

— Je vais donc te dire au revoir, annonça Félicien, arpentant le couloir, Anna sur ses talons.

Elle saisit la poignée de la porte d'entrée. Celle-ci s'ouvrit sur d'épais nuages qui noircissaient le ciel. Le vent qui s'était levé une demi-heure avant semblait s'être calmé. Ils traversèrent la cour pavée, et se firent leurs adieux devant le portail. Anna fixa l'Audi qui tournait à l'angle de sa rue, puis se réfugia dans sa maison alors que de grosses gouttes s'abattaient sur le sol.

Elle revint avec la sensation d'un grand vide dans le cœur. Elle coupa le poste de la cuisine, s'assit sur le canapé, les mains sur son ventre contracté. Le feu qui avait animé ses joues s'était éteint, et elle avait froid. Soudain, elle mesurait la fatigue et les récents événements, ajoutés à ces révélations d'une violence pour elle inattendue. Elle s'enfonça de tout son poids dans le cuir du canapé, pour ne plus bouger. Puis elle perçut les infimes vacillements de ses lèvres, qui devinrent des tremblements, et ses yeux la piquèrent. C'était comme si ses émotions lointaines, ensevelies, se précipitaient après toutes ces années de réclusion. Son désarroi était si palpable qu'elle se sentit chavirer. Sa bouche se contracta et elle ravala un cri. Elle prit sa tête entre ses mains et fondit en larmes.

Ils n'avaient donc été que des pions. Tous les trois. Le pire était venu des personnes auxquelles on s'attendait le moins. Et elle avait vécu une partie de sa vie sur la base d'une conspiration. Qui sait si leur relation aurait perduré si elle était restée avec Laurent ? Y aurait-il eu cette probabilité de rencontrer Guillaume, à la bibliothèque, ou ailleurs dans la région ? Autant de questions qui la désarçonnaient.

Qui aurait-elle choisi ? Et dire que Laurent le savait depuis toutes ces années, qu'au prix de la culpabilité qu'il prenait à sa charge, il avait souffert en silence… L'amitié de Julien et de JC s'était-elle transformée en une jalousie déguisée ? Et comment Laurent avait pu se laisser tromper par des personnes qu'il avait cru être ses amis ? Au nom de la passion, le châtiment d'une faute qui lui avait été rapportée, sans avoir été vérifiée ? Par manque de confiance en Anna, par pure naïveté. Ses amis avaient profité de la vulnérabilité de leur couple pour lui faire gober un tissu de mensonges. Ils lui avaient ôté tout espoir de reconquérir son amour… Et dupe, au comble du désespoir, il les avait crus.

Elle sentit les contractions s'apaiser. De réflexions en divagations, elle ferma les yeux, et s'endormit.

Ce fut vingt minutes plus tard qu'elle s'éveilla en sursaut, quand elle entendit la porte d'entrée claquer. Elle se redressa d'un coup, paniquée, et vit Marianne sur le seuil. En jetant un œil à la pendule, elle constata qu'il était seize heures.

— Ah, c'est toi… Tu m'as fait peur, lança Anna à sa fille, en se levant péniblement.

— Oh, pardon, maman ! Je ne pensais pas que tu faisais la sieste ici, s'excusa-t-elle, penaude.

— Moi non plus. Il semblerait que je sois très fatiguée.

— Ça va ? Des contractions ? s'inquiéta Marianne.

— Non, ça s'est arrêté.

Marianne posa ses affaires et jugea que c'était le bon moment pour discuter avec sa mère. Elle vint s'installer tout près d'elle en silence, sur le canapé. Anna se rassit.

— Ta journée s'est bien passée ? demanda Anna en se grattant la tête.

— Oui… sourit-elle.

— Erwan ?

— Maman… Je lui ai parlé. (Un large sourire fendit ses lèvres.) Il m'aime ! s'écria Marianne, en se levant et sautillant à pieds joints.

Marianne laissa s'échapper un petit éclat de rire. Anna avait retrouvé sa fille. Heureuse.

— C'est génial, ma chérie ! Alors, que s'est-il passé ?

— Tu ne me croiras jamais… ! Tu as bien fait de me raconter tout ça, hier soir. J'ai parlé avec Erwan. Eh bien figure-toi qu'il m'a avoué être amoureux de moi… Il était super heureux que je refasse un pas vers lui et… tu vas halluciner… : Julie et lui avaient monté ce coup pour me faire réagir ! Pour voir si je tenais vraiment à lui. Non mais, tu te rends compte ?

Anna haussa ses sourcils noirs. Elle se racla la gorge, qu'elle sentait râpeuse.

— Oui, je me rends compte, répondit Anna de sa voix la plus rauque. Je te l'ai dit : ne pas laisser les gens décider pour toi. On se fait toujours manipuler dans la vie… L'important est de s'en apercevoir. Avant qu'il ne soit trop tard.

— Oh, ils n'auraient pas joué à ce petit jeu bien longtemps, tu sais. Maintenant nous sortons ensemble Erwan et moi. Officiellement. Et j'ai retrouvé ma meilleure amie ! se réjouit-elle.

— Ils se sont excusés, j'espère, dit Anna avec une pointe d'agacement.

— Oui maman, ne t'inquiète pas.

— Je m'inquiète, s'il s'agit de jouer avec tes sentiments, objecta Anna. Mais je suis heureuse pour toi, ma chérie, avoua-t-elle en caressant les cheveux de sa fille, et souriant.

— Et c'est grâce à toi, maman, sourit Marianne à son tour.

— J'ai essayé de te conseiller. C'est normal, fit-elle d'une voix douce.

— Maman… Il n'y a pas que ça… (Elle toussota.) J'espère que tu ne vas pas te fâcher. Je… C'est moi qui ai rangé tes feuilles manuscrites. Parce que je les ai lues. J'ai tout lu, débita Marianne d'un bloc.

Anna crut que son cœur avait loupé un battement. La

chaleur monta dans tout son corps et elle ressentit un sentiment de pudeur soudaine. Elle resta immobile, dans le trouble le plus total.

— Lu ? Tu veux dire mes feuilles ? Tu as lu… mes souvenirs de jeunesse ? articula-t-elle avec lenteur, comme si elle réalisait les faits en même temps qu'elle prononçait les mots. Alors, là… Je suis sidérée, Marianne. En même temps, j'aurais dû m'en douter. Laisser tout ça sans qu'on n'y touche… C'était sûr que je ne les avais pas rangées… admit-elle avec un sourire navré.

— J'en serais devenue malade de te le cacher plus longtemps, soupira-t-elle d'un air coupable.

— Je comprends. Mais non, je ne vais pas me fâcher. C'est ma faute, après tout. (Elle déglutit avec une grimace.) Tu veux un thé ? Je suis certaine que tu as envie de savoir comment Anna et Laurent ont été séparés pour toujours, n'est-ce pas ?

Anna revint près de sa fille, lui saisit la main avec une douceur inhabituelle, et lui résuma le récit de Félicien en prenant soin d'omettre la manœuvre de JC pour lui faire rencontrer Guillaume à la bibliothèque. Elle lui avoua qu'elle avait été chargée post mortem, d'aller répandre les cendres de Laurent sur les falaises. En relatant l'histoire, Anna prit un premier temps de recul sur les informations assimilées une heure avant. Elle considérait la maturité de Marianne comme un encouragement à la confidence. Son incroyable discernement la rendait capable d'objectivité sur la situation.

Au terme de dix minutes à écouter sa mère, Marianne demanda, grave :

— Et tu vas le dire à papa ?

— Quoi donc ?

— Que s'ils n'avaient pas fait ça, tu ne te serais peut-être même pas intéressée à lui ?… À papa, je veux dire. Puisque tu aurais été à coup sûr encore avec Laurent… Tu aurais sûrement croisé papa à la bibliothèque, mais vu comme c'était l'amour fou entre Laurent et toi, tu ne l'aurais même pas regardé…

— Oh Marianne… Pourquoi dis-tu cela ? On ne sait pas ce qui se serait passé, si la vie avait continué son cours de façon normale. C'est le destin. (Elle sentit des larmes piquer à nouveau ses yeux.) Mais non… Bien sûr que je ne lui en parlerai pas. Seulement si l'idée de vivre avec ce secret m'est insupportable, conclut Anna en regardant droit devant elle.

— Ne sois pas si émue, maman. C'était il y a plus de quinze ans.

— Je sais. Le décès de Laurent a ravivé certains souvenirs, et les femmes enceintes sont toujours plus émotives, tu sais. Mais ça va bien pour moi, fit-elle en s'étirant et souriant, avec un clin d'œil.

C'est ainsi qu'Anna comprit que le meilleur remède au trouble qu'elle ne parvenait pas à dissiper, c'était d'agir, vite. Délivrer le passé du mal par le bien. Un exutoire à sa portée. Elle n'avait qu'une chose à faire, maintenant… Elle le savait. Pour libérer la mémoire de Laurent, malade d'avoir trop enduré. Elle se sentait presque mieux.

Bientôt dix-sept heures. Elle bondit hors du canapé. Et tandis que l'idée devenait nette dans son esprit, elle monta chercher la boîte contenant l'urne. Elle s'arrêta en hâte dans la cuisine pour y attraper son poste à bout de bras, jetant le tout dans un sac de sport et passant devant Marianne, ébahie.

— Je reviens, annonça-t-elle, à bout de souffle, ses clés de voiture à la main.

— Mais tu vas où… ?

La porte avait claqué pour seule réponse. C'est à cet instant que Marianne saisit toute l'importance de ce qu'Anna était sur le point de faire. Accomplir les dernières volontés de Laurent, maintenant que la loi du silence était brisée.

Hissée dans sa voiture, rejoignant la route de la plage, Anna calcula que vingt minutes lui suffiraient pour mettre les pieds sur les falaises. Le temps s'était radouci, le ciel se teintait d'un bleu tendre. Le soleil perçait, même à travers de frêles nuages, qui se bousculaient encore vers l'ouest.

À Houlgate, elle se gara de travers, dans sa hâte de s'approcher tout près de la falaise. Elle fouilla dans sa boîte à gants, la vida de plusieurs CD. Quand elle mit la main sur celui de Sinéad O'Connor, le plus précieux de tous, son cœur se serra. Elle avait juré de ne plus jamais l'écouter, quinze ans auparavant. Agissant comme un automate, elle l'inséra dans son poste éteint. Elle mit pied à terre avec son sac rempli du poste et de l'urne. Elle constata qu'ici il n'avait pas plu, car le sol était sec. Elle se déplaçait avec difficulté, portée par des jambes gonflées, fatiguées d'un ventre trop lourd. Elle gravissait le chemin qui menait à l'escalier. Avec peine, elle monta jusqu'à la table d'orientation, devant laquelle elle s'arrêta pour retrouver une respiration régulière. Elle n'avait croisé personne jusque-là. Elle reprit son chemin au milieu d'une nature verdoyante, étonnée de l'abondance des arbustes touffus, de la hauteur des arbres, des feuilles à peine tombées. Tant d'années s'étaient écoulées depuis qu'elle y était montée. La dernière fois, c'était pour y emmener Marianne, alors âgée de six ans. Tant de changements s'étaient opérés. La végétation avait pris depuis une large place, et elle constata que l'automne ne se pressait pas. Anna progressait au rythme d'une respiration pénible, sous le souffle léger d'une brise de mer qui lui caressait le visage. Quelle ne fut pas sa perplexité en découvrant que les anciens sentiers n'étaient plus praticables. Anna poursuivit son chemin dans le but d'atteindre le sommet de la falaise, même si elle se voyait contrainte de faire un détour en continuant par le chemin principal, plutôt sombre. Elle y croisa un coureur d'abord, puis un autre, et quelques jeunes gens, qui ne furent pas sans lui rappeler elle-même et ses amis de l'époque. Seule dans ce désert végétal, luxuriant, elle continuait dans un calme aérien, auquel le chant des oiseaux venait s'ajouter. Sans réfléchir, elle montait, animée par un impérieux besoin d'accomplissement, une émotion qui la poussait à gravir sans jamais s'arrêter. Elle cheminait jusqu'à atteindre l'emplacement des rendez-vous dominicaux de sa jeunesse.

Lorsque les arbres s'effacèrent pour faire entrer la lumière, elle déboucha tout près du chemin du Sémaphore. Elle fut d'emblée éblouie par la clarté du ciel dégagé et de l'herbe verte, respirant encore le souffle d'un vent faible. Elle aperçut des maisons et découvrit qu'au loin, une partie des lieux était couverte de bitume. Elle ne se situait pas tout à fait à l'endroit qu'elle avait visé, mais l'en avoisinait. C'est en s'approchant, qu'elle s'aperçut qu'il lui serait impossible d'y accéder, tant la végétation s'était étalée. Elle décida de poser son sac dans les herbes.

À deux mètres d'une pente douce, ses pieds plantés au-dessus des premiers arbustes, elle se tenait immobile, surplombant la mer de sa hauteur. Elle contempla d'abord les flots en apparence silencieux, d'un bleu foncé, mourant dans l'horizon. Puis, les paupières closes, elle huma les effluves d'iode qui montaient à ses narines pendant une dizaine de secondes. Elle ressentit de nouveau ce sentiment d'éternité devant l'étendue d'eau salée, cette plénitude qu'elle avait oubliée. Elle espérait qu'en dispersant les cendres de Laurent, lui aussi pourrait se repaître de ces mêmes sensations. Une spirale de souvenirs fluets se précipitèrent soudain dans sa mémoire, et Anna crut effleurer un instant la peau soyeuse de Laurent, sentir son parfum doux, unique, revoir son tendre sourire. Le goût de leurs baisers lui vint à la bouche et lui rappela combien passion avait rimé avec douleur. Tant d'amour gâché… Elle ressentait presque toute la détresse qui l'avait ruinée lors de cette séparation. Elle repensa à leurs moments de complicité volés au temps, ici et ailleurs. Elle crut même entendre des éclats de rire, mais pensa que c'était le fruit de son imagination. Elle sourit, chassant une larme d'un revers de main.

Elle s'en retourna vers son sac abandonné à quelques mètres derrière elle. Elle s'agenouilla en reniflant, puis dégagea l'urne de la boîte en carton, avec des gestes précis. Le pot granuleux était léger dans sa main. Sentant son cœur battre à tout rompre, elle inspira une seconde pour calmer son émotion. Une rafale l'ébouriffa et elle eut peur tout à coup. Était-ce vraiment le bon moment pour mener cette opération ? La fin de journée avait pourtant semblé prometteuse... Elle ne s'interrompit pas, mit le poste en marche. Elle avança les morceaux jusqu'au numéro six, les doigts tremblants, le cœur cognant. Et à l'instant où elle se leva avec l'urne entre les mains, tout s'apaisa. Il y eut comme un flottement, comme si le vent avait cessé, comme si le temps s'était arrêté. Elle eut un frisson en entendant les premiers accords de la chanson. Son pas était devenu léger, elle ne sentait pas son lourd manteau lui peser, et son ventre n'était plus une contrainte. Tandis qu'elle avançait vers la mer, elle entendit la voix irlandaise, magique, s'en imprégna. « *It's been seven hours and fifteen days, since you took your love away* ». Alors qu'elle s'ordonnait de ne pas pleurer, pas tout de suite, Anna mesura les paroles... Quinze jours pour Sinéad, quinze ans pour elle. Portée par la chanson de *Nothing Compares 2 U*[2], elle s'approchait pas à pas du bord de la pente.

Sans effort, elle souleva le couvercle en résine, osant à peine regarder à l'intérieur. « *Since you been gone I can do whatever I want, I can see whomever I choose, I can eat my dinner in a fancy restaurant* ». Elle écouta les paroles et ferma les yeux, succombant une dernière fois à l'empire du souvenir de Laurent. « *But nothing, I said nothing can take away this blues* ». Elle se revit avec lui, ici même, alors qu'elle avait à peine dix-huit ans. Leurs rires dans les vagues, leurs larmes avant de se quitter, mélangés à leurs silences, durs à supporter… De leur complicité à leur premier baiser, et à leur première nuit d'amour, la toute première fois d'Anna – son corps chaud, tremblant, crispé sous les doigts de Laurent, et enfin le cri qu'elle n'avait pu réprimer. Elle n'avait rien oublié. « *I know that living with you baby was sometimes hard* ». Elle inspira et rouvrit ses yeux parsemés d'émeraudes, sous les reflets rosés du soleil embrasant les flots. La mer, haute, lumineuse, semblait parée de mille feux. Jamais Anna n'aurait pu rêver à un instant si parfait pour exaucer la dernière volonté de Laurent. Elle éleva l'urne à deux mains, la pencha. La poudre grise s'échappa, glissant en pluie aérienne au-dessus de la falaise. Un vent de terre se leva, comme pour disperser les cendres jusqu'au pied de la mer. « *Cause nothing compares... Nothing compares to you* ».

— Adieu Laurent, articula-t-elle d'une voix à peine audible, retenant un sanglot.

« *Nothing compares... Nothing compares to you* ».

Anna venait de dire adieu à son premier amour, à ses erreurs passées… À sa jeunesse envolée.

Elle regarda la mer une dernière fois. Ses cheveux noirs ondulaient dans le courant d'air frais.

Elle essuya ses larmes. Elle se retourna sous la lumière orangée du soleil s'apprêtant à se soustraire à l'horizon, et rejoignit ses affaires laissées à terre. Les dernières notes de la chanson s'achevaient.

Il était temps pour Anna de rentrer, de retrouver sa vie. De retrouver *la vie.*

Nothing Compares 2 U

Prince – 1984

It's been seven hours and fifteen days
Since you took your love away
I go out every night and sleep all day
Since you took your love away
Since you been gone I can do whatever I want
I can see whomever I choose
I can eat my dinner in a fancy restaurant
But nothing
I said nothing can take away this blues
`Cause nothing compares
Nothing compares to you

It's been so lonely without you here
Like a bird without a song
Nothing can stop these lonely tears from falling
Tell me baby where did I go wrong
I could put my arms around every boy I see
But they'd only remind me of you
I went to the doctor n'guess what he told me
Guess what he told me
He said girl u better try to have fun
No matter what you'll do
But he's a fool
`Cause nothing compares
Nothing compares to you

All the flowers that you planted, mama
In the back yard
All died when you went away
I know that living with you baby was sometimes hard
But I'm willing to give it another try
Nothing compares
Nothing compares to you
Nothing compares
Nothing compares to you
Nothing compares
Nothing compares to you

Note de l'auteur

On apprend énormément en écrivant un livre. Et c'est de loin le roman le plus abouti que j'aie pu écrire jusqu'à maintenant, le plus intime aussi. Il m'a accompagnée toute l'année 2015 et ce fut un bonheur pour moi d'y prendre part chaque jour. J'ai adoré revisiter la Normandie à l'aube de l'automne 2015 et m'imprégner de son magnifique paysage côtier. Arpenter des kilomètres de plages et partir à l'assaut des falaises des Vaches Noires, sauvages et mystérieuses, fut une aventure extraordinaire.

Ce livre est un clin d'œil à ma jeunesse, à la jeunesse éternelle, et à celle de tous ceux qui se souviennent de l'insouciance de ces années-là, perdues entre l'adolescence et le monde adulte. La musique y est très présente, car elle est selon moi porteuse d'émotions ; marqueur du temps et des générations, elle a nourri mon inspiration au fil de l'écriture.

Le titre de départ du livre était *Comme une famille*, mais il se limitait à une seule partie de l'histoire, la vie d'Anna à dix-huit ans. Il a donc été associé au chapitre 16, dans lequel les valeurs symboliques de la fraternité sont plus marquées.

Je remercie toutes les personnes qui ont participé de près ou de loin à ce projet.

D'abord Clément, mon mari, qui n'aime pas lire ce genre de livre, mais qui s'y oblige chaque fois pour me rendre ses impressions.

Ensuite, Bénédicte et son stylo rouge intraitable, pour sa précieuse aide sur les corrections, ses avis, et sa généreuse disponibilité.

Un merci tout particulier à Catherine D. pour son suivi assidu, ses encouragements permanents, ses compliments qui m'ont beaucoup touchée, ses commentaires quasi quotidiens et ses conseils toujours bienvenus.

Merci encore et toujours à Maryse, plus fiable qu'une boussole en mer, pour sa patience, ses talents de correctrice me sont indispensables comme à chaque fois.

Merci à Joanna pour ses conseils, ses remarques justes et pertinentes, ainsi que son temps passé à la relecture.

Frédéric Clémentz, auteur et coach, animateur du blog « Écrire et s'enrichir », que je ne remercierai jamais assez, et qui m'a apporté son aide sur de nombreux aspects. Il a su m'éclairer pendant mes périodes de doutes, et m'accorder de son temps précieux en m'allouant ses conseils efficaces.

Magali, Lina, David, Caroline A., Caroline H., Carole V., Robert C., Cathy P., et Bénédicte encore, pour leur concours et leur aide dans certains de mes choix de présentation.

Je tiens aussi à remercier Micheline et Marc – mes parents, Bernard, et ma cousine Élodie V. pour leurs éternels encouragements. Sans oublier tous ceux qui me soutiennent dans l'ombre : Caroline A., Céline B., Cathy O., Gwénaëlle, Maïlys, ma cousine Sandra V., Déborah P., Patrick B., Liliane D., le regretté Jacquelin, Éric et Caroline, Monique et René, Philippe et Bernadette, Sylvain et Alice, Angélique et Georges, Thérèse… J'en oublie certainement, pardonnez-moi. Merci aux personnes qui me suivent sur Facebook.

Merci mille fois.

Écrire est un bonheur. Et j'aime le partager avec vous.

L'art discret de bien mentir

Audren

Nom : Obama. Prénom : Margaux. Rien à voir avec l'ancien président des Etats-Unis. Alors, quand on lui pose la question : « Vous êtes de la famille de… ? », elle répond « Non ». Mais, une fois, juste une fois, pour changer, elle répond « Oui ». Un tout petit mensonge qui va bouleverser sa vie. La jeune femme, qui est danseuse et n'a jamais connu de succès, est engagée sur le champ pour tenir le premier rôle dans le spectacle dont elle avait toujours rêvé. Margaux ne peut plus faire machine arrière, son mensonge la condamne à faire semblant d'être la fille cachée de l'ancien président. Le regard des autres change forcément et, pour couronner le tout, elle tombe amoureuse de deux hommes… en même temps ! Mais peut-elle leur faire confiance désormais ? Et, finalement, sa famille ne lui aurait-t-elle pas caché certaines choses sur ses origines ?

Se faire passer pour quelqu'un d'autre n'est vraiment pas une bonne idée…

Achevé d'imprimer en juin 2017
sur les presses de la Nouvelle Imprimerie Laballery
58500 Clamecy
Dépôt légal : juin 2017
N° d'impression : 706003

Imprimé en France

La **N**ouvelle **I**mprimerie **L**aballery est titulaire de la marque Imprim'Vert®